WOLF-DIETER STORL

MEIN GARTEN WISSEN

INHALT

PFLANZEN UND PFLEGEN 134

»SCHÄDLINGE« UND »UNKRÄUTER« 142

GARTENKALENDER 170

ANHANG 188

DIE NOTWENDIGKEIT EINES GARTENS

Es ist nicht nur der Garten, der vom Menschen gepflegt und gestaltet wird; der Mensch wird auch von seinem Garten beeinflusst, belehrt und "kultiviert". Der Garten wird zum Yoga (altlind. Yuga = Joch, in das der Körper gleichsam eingespannt ist) und der Gärtner zum Yogi: Seine Hände werden breit und feinfühlig, sein Leib erstarkt, sein Gesicht wird braun und gefurcht wie die Erde selbst, und seine Arbeit, die regelmäßige Pflege der Pflanzen und Geschöpfe, ist für ihn wie ein Kult. Er arbeitet mit den irdischen Kräften zusammen und erkennt das Götterwirken auf der Erde.

Wolf-Dieter Storl, *Der Garten als Mikrokosmos*. 1982

SCHWIERIGE ZEITEN

Was in diesem Buch steht, kann überleben helfen. Es sind nicht nur theoretische Erwägungen, die hier zu lesen sind – der Inhalt beruht auf langjährigen Erfahrungen aus dem wechselhaften Leben des Autors. Was kann man tun, wenn die Zeiten schwierig werden, die gemeinschaftlichen Institutionen nicht mehr richtig funktionieren und – möge Gott oder das gütige Schicksal es verhindern! – die Läden leer sind?

Wenn uns unsere Künste nicht weiterhelfen, dann sind wir Menschen gut beraten, wieder auf den Boden zu kommen und uns mit der Erde zu verbinden. Der Erdboden ist tatsächlich der Boden unseres materiellen Daseins. Der Humus, der die Pflanzen sprießen, wachsen und fruchten lässt, ist die Mutter unserer materiellen Existenz. Wir sind Kinder der Erde. Die Begriffe Humus und Humanität, also Menschlichkeit, hängen schließlich zusammen. Und Adam, der Name des ersten Menschen, bedeutet im Hebräischen »Erde, Acker«.

Die letzten Jahrzehnte waren besonders für die westliche Zivilisation eine Zeit des materiellen Überflusses. Man fühlte sich in Sicherheit.

Ernten und genießen, was man selbst angebaut hat – das macht glücklich und zufrieden. Selbstversorgung schenkt jedem das herrliche Gefühl von Unabhängigkeit.

Der Fortschritt schien unaufhaltsam. Neue Maschinen nahmen uns die schwere Arbeit ab, Herbizide und Pestizide hielten Nahrungskonkurrenten in Schach, Antibiotika und Wunderdrogen drängten Krankheiten bei Menschen und Nutzvieh zurück. Der mittelalterliche Traum vom Schlaraffenland war im üppigen Angebot der Supermärkte und Einkaufszentren Wirklichkeit geworden. Ein weltumspannendes Wirtschaftsnetz und, vor allem, billige fossile Energie in Form von Erdöl machten das Wunder möglich.

Doch dann, gegen Ende des zweiten Jahrtausends, erschienen dunkle Wolken am Horizont. Man erkannte, dass die Agrarchemie zunehmend Boden und Wasser vergiftet. Wir ersticken in unseren Abfällen, in Chemiegiften und Plastikmüll. Eine Welt voller Maschinen und Elektronik erzeugt immer mehr Stress; antibiotische Wundermittel verlieren an Schärfe und bringen durch Selektionsdruck neue mikrobielle Supererreger hervor. Allmählich wird klar, dass unsere Ressourcen – Erdöl, Kohle, Mineralien, Metalle, Uran, ja, sogar frisches Wasser – begrenzt sind. Wenn das fossile Öl knapp wird und als Folge immer teurer, wie können dann die Grundbedürfnisse der wachsenden Weltbevölkerung befriedigt werden? Wie kann dann der soziale Frieden gewährleistet werden?

Trend: Konsumverminderung

Die Weltenlenker versuchen das Ruder herumzureißen. In einer Zeit knapper werdender Ressourcen muss den Menschen Konsumverminderung schmackhaft gemacht werden. Ein neuer Verhaltenskodex wird gefordert, etwa der Trend zur vegetarischen Ernährung für die Massen: Als »heilige Kuh« haben die Rinder ausgedient, die »Großvieheinheiten« gelten plötzlich als Nahrungsmittelkonkurrenten, außerdem rülpsen sie das Treibhausgas Methan. Mit subventionierter Förderung erneuerbarer Energie aus Sonnenkollektoren, Wasserturbinen, Windrädern und Ölpalmplantagen auf der Fläche der letzten Urwälder will man die Energieengpässe erträglicher gestalten. Auch mit einer Politik der Bevölkerungsbegrenzung – China macht es uns mit der Ein-Kind-Familie vor –, mit ausgeklügelten Überwachungs- und Kontrollmechanismen und zugleich mit einer Brot-und-Spiele-Politik in den Medien versucht man, die Menschheit abzulenken und den Umbruch abzupuffern: ob nun der neue Superstar gesucht wird oder das neue Topmodel, oder ob man auf die inzwischen immer reizloser werdende Mischung aus Sex, Drugs & Rock 'n' Roll setzt. Aber wird die Umstellung so glatt vonstatten gehen, ohne soziales Chaos und Zusammenbrüche? Manche haben da ihre Zweifel, andere spinnen Fantasien von der Besiedlung ferner Planeten – dabei wissen wir nicht einmal, wie man richtig auf dem Planeten Erde lebt!

Amerika war immer das Land der Optimisten. Man schaute zuversichtlich in die Zukunft nach dem Motto: Alles wird immer besser. Aber während meines letzten Besuchs bei meinen Verwandten dort war von dieser Zuversicht kaum mehr etwas zu spüren. Einige sahen einen *foodcollapse* kommen, einen Zusammenbruch der Nahrungsmittelversorgung. Monsanto und andere Chemiekonzerne haben das Monopol für die Nahrungsmittelproduktion an sich gerissen. Aber ihre gewinnträchtigen Terminator-Samen und die genveränderten Pflanzen und Tiere funktionieren nur, wenn allzeit billige Energie, vor allem fossiles Öl, zur Verfügung steht. Terminator-Saaten für Mais und andere Hauptnahrungsmittel sind so stark manipuliert, dass sie kein keimfähiges Saatgut hervorbringen können – der Landwirt kann sein Saatgut nicht mehr selbst erzeugen. Er ist gezwungen, es jedes Jahr von Neuem beim Konzern zu kaufen. Die genveränderten Sorten, die die Menschenmassen ernähren sollen, stehen auf einer gefährlich schmalen genetischen Basis. Ein neuer Virus, ein Keim, ein Pilz – und die Hungerkatastrophe ist da. Es wäre nicht das erste Mal: Mitte des 19. Jahrhunderts befiel der Pilz Phytophthora die Kartoffeln in Irland und vernichtete die Ernte.

Kleingärten mit ihrer bunten Vielfalt von Gemüse, Kräutern, Obst und Heilpflanzen versorgen überall auf der Welt Millionen von Menschen mit gesunder, vitaminreicher Nahrung und Medizin, auch in schwierigen Zeiten.

Saatkartoffeln bestehen im Grunde genommen aus Klonen einer genetisch einheitlichen Pflanze; man pflanzt sie immer wieder aus. Bei der irischen Kartoffel war das der Fall; sie hatte eine sehr enge genetische Basis und war daher leichte Beute für den schmarotzenden Pilz. Die Bevölkerung Irlands wurde halbiert, Hunderttausende verhungerten, Hunderttausende wanderten aus.

Die Familienfarmen, auf die die Bevölkerung in Notzeiten wie etwa der Weltwirtschaftskrise zurückgreifen konnte, sind in Amerika inzwischen durch politische Maßnahmen zugunsten riesiger Agrarkonzerne praktisch verschwunden. Im östlichen Europa war es die Zwangskollektivierung, die die selbstständigen Bauern weitgehend vernichtete. Im EU-Raum wird eine ähnliche Entwicklung durch die Kommissare in Brüssel vorangetrieben.

KLEINGÄRTEN FÜR DIE ZUKUNFT

Studien, durchgeführt unter anderem von der Rodale-Gesellschaft (Emmaus, Pennsylvania), zeigen, dass der Leistungsgrad und die Energieeffizienz pro Hektar nirgendwo höher ist als auf kleinen, liebevoll gepflegten, intensiv bearbeiteten Flächen. Die Expertenkommission IAASTD (International Assessment of Agricultural Knowledge, Science and Technology for Development), die unter anderem von der UNESCO und der Weltgesundheitsorganisation WHO gesponsert wird, kam bei ihrer Sitzung in Johannesburg im April 2008 zum selben Schluss: Die Probleme Hunger und Armut werden am besten auf lokaler Ebene gelöst; in ökologisch benachteiligten Regionen können Kleinbauern und Gärtner bedeutend mehr Nahrungsmittel erzeugen als die hoch technisierten Agrargroßbetriebe.

Das hat sich in den Schrebergärten im verwüsteten Nachkriegseuropa gezeigt. Das konnte man in der Sowjetunion sehen, wo jeder einen privaten Garten besitzen durfte. Das ehemalige Sowjetimperium ist durch wirtschaftliche Inkompetenz zugrunde gegangen. Wäre nicht der Rückzug des einfachen Bürgers in die Datscha (russische Bezeichnung für kleines Landhäuschen im Grünen) möglich gewesen, dann wäre es noch schlimmer gekommen. Allein auf diesen kleinen Privatgrundstücken, die nur ein Prozent der Gesamtfläche ausmachten, wurden 30 Prozent der Nahrungsmittel der Sowjetunion erzeugt. Dagegen stammten von den 99 Prozent Ackerboden und Weideland der landwirtschaftlichen Produktionsgenossenschaften und Staatsbetriebe lediglich 70 Prozent der Lebensmittel – zudem stark subventioniert.

DIE AMISH, EINE GESELLSCHAFT MIT PERSPEKTIVE

Die Amish, eine Ethnie alemannisch-pfälzisch sprechender Bauern in Nordamerika, die jede moderne Technologie wie Strom und Kraftmotoren ablehnt, erzeugt auf ihren Farmen vergleichsweise so viel wie die kapital- und energieintensiven *corporation*-Farmen. Aber mit 87 Prozent weniger Energieaufwand! Das sollte aufhorchen lassen. Energielieferanten sind die Pferde – die erzeugen nebenbei noch Dünger und verdichten die Böden nicht so wie die schweren Maschinen –, einfache Windräder und körperlicher Einsatz. Das Modell funktioniert gut, lässt sich aber dennoch kaum auf die Gesamtgesellschaft übertragen.

Ich lernte die Amish als Junge im ländlichen Ohio kennen. In unserer Nachbarschaft gab es noch bis Ende der 1960er-Jahre eine Schmiede, in der sie ihre Arbeitspferde beschlagen ließen. Da konnte ich oft mit ihnen reden. In den schneereichen Wintern des Mittelwestens kamen sie mit ihren Pferdewagen gut weiter, während die Kraftfahrzeuge der »normalen« Bürger meist stecken blieben. Stromausfälle waren für sie kein Problem, ebenso wenig die Benzinpreise. Überhaupt sind sie unabhängig und selbstversorgend.

Als Wiedertäufer wurden die Amish um 1700 aus ihrer Heimat in der Schweiz, in Süddeutschland, im Elsass und der Pfalz vertrieben. Sie siedelten sich vor allem in Pennsylvania an. Heute leben sie als kinderreiche Großfamilien auf ordentlich gepflegten Einzelhöfen. Jede Hand wird gebraucht. Kinder helfen mit, sobald sie dazu in der Lage sind – sie füttern die Hühner, jäten Unkraut, hacken Gemüsebeete oder ernten Erdbeeren. Die Amish haben ihre eigenen Schulen, wo sie, auf hohem Niveau, das Notwendigste lernen: Rechnen, Schreiben und als Sprachen Englisch und Schriftdeutsch (Letzteres, damit sie die Bibel lesen können). Länger in die Schule zu gehen, verdirbt nach Ansicht der Amish die Kinder; sie würden dann zu verkopft und könnten nicht mehr vernünftig praktisch arbeiten. Man hält sich an die Arbeitsteilung, wie sie im ländlichen Europa seit Jahrhunderten, wenn nicht Jahrtausenden, überliefert wurde. Frauen kümmern sich um das Kleinvieh und den Gemüsegarten, ums Mehlmahlen, Brotbacken, Einmachen und Keltern, sie sind fürs Heilen und die Heilmittelherstellung zuständig; die Männer pflügen mit Pferden den Acker, versorgen das Großvieh, bauen Gebäude und regeln die Beziehungen zur Außenwelt.

Gemeinschaft ohne Stress

Das Leben der Amish ist arbeitsintensiv. Dennoch haben sie Freude daran und finden Erfüllung. Da ist nichts Abstraktes, Entfremdetes, denn man weiß, dass das, was man tut, notwendig ist. Man arbeitet nicht stumm alleine vor sich hin, sondern mit den anderen im kurzweiligen Zusammensein. Wenn ein junges Paar heiratet, trifft sich die ganze Gemeinde, um den Neuvermählten ein Haus samt Hof zu bauen. Fernsehen, Videos, PCs, Autos, Mode und Konsum sind nicht Teil ihrer Welt, auch nicht der Stress, wie wir ihn kennen. In anderen Worten: Diese gewachsene, selbstversorgende Kultur ist uns recht fremd. Wir dagegen leben in einer kompliziert konstruierten, meist urbanen Gesellschaft, wo der soziale Zusammenhang oft auf Kleinstfamilien reduziert ist, wo die Alten in Heime gesteckt werden und die Kinder in Totalschulen, wo staatliche Fürsorge gemeinschaftliche Unterstützung weitgehend ersetzt und Geld und Konsum für Lebensinhalt sorgen. Offensichtlich haben die Amish eine bessere Chance zu überleben, wenn es so weit kommen sollte, dass die Energiekosten ins Unermessliche steigen und die Wirtschaft kollabiert.

Selbstverständlich können wir uns heutzutage ebensowenig in Amish-Bauern verwandeln wie in indianische Jäger und Sammler, um Krisenzeiten zu überleben. Aber dennoch sind auch wir nicht hoffnungslos ausgeliefert.

Familiengärten

Schon ein kleiner Familiengarten kann in Zeiten steigender Lebensmittelpreise eine wichtige Rolle spielen. Ebenso vorteilhaft ist es, die essbaren Wildpflanzen und Heilkräuter zu kennen. Mit einer 500 Quadratmeter großen Fläche und weniger als 250 Arbeitsstunden kann eine vierköpfige Familie ihren Jahresbedarf an Gemüse, Salat und Kartoffeln decken. Das hat der Gartenexperte Gerhard Schönauer ausgerechnet. Mit einem 3000 Quadratmeter großen Garten kann sich diese Familie sogar mit Eiern, Fleisch und Honig versorgen, wenn Hasen, Tauben, Hühner und Bienen mit in der Gartengemeinschaft leben. Auf einem größeren Grundstück kann man schon ein paar Milchschafe, Ziegen oder ein Schwein halten. Diese liefern zusätzlich wertvollen Dünger und Kompostmaterial, denn »auch Kleinvieh macht Mist«! Mit mehr als einem Hektar könnte man schon eine Kuh halten und einen Karpfenteich anlegen.

Wenn das komplexe zentralisierte Versorgungsnetz, Transport und Energienachschub ins Stocken geraten, dann wird es eng. Die Staatsreserven an Nahrungsmitteln, die in Notzeiten und bei Katastrophen verteilt werden, sind gegenwärtig auf einen Vorrat für wenige Tage geschrumpft. Aufgrund dieser bedrohlichen Szenarien entstehen in den USA *grassroots*-Bewegungen – Graswurzelbewegungen, die auf autarke Selbstversorgung setzen. Man ist bemüht, die Nahrungsmittelerzeugung zu dezentralisieren und wieder in die Hände der Menschen zu legen. Die langweiligen englischen Rasen, die jedes Haus in den Vororten heute umgeben, werden zunehmend in Überlebens-Gemüsegärten (*survival gardens*) umgewandelt. *Mini farming*, Anbau auf kleinster Fläche, wird immer populärer. Es sind keine Aussteiger, alternative Traumtänzer oder Zivilisationsflüchtlinge wie in den Sechziger- und Siebzigerjahren, die das heutzutage propagieren, sondern ganz normale Bürger aus der Mittelschicht, Bewohner der typischen amerikanischen Vorstädte. Es ist ihnen nicht entgangen, dass die Lebensmittelpreise fortlaufend steigen, während die Gehälter stagnierten. Auch die Energie, derer es bedarf, um die Lebensmittel industriell zu erzeugen und dann mit Trucks kreuz und quer durchs Land zu fahren, wird immer teurer. Es ist den Menschen nicht entgangen, dass Obst und Gemüse vom Supermarkt zwar schön aussehen, prall und farbig, aber wenig Nährstoffe enthalten, dafür mehr Pestizidrückstände. Die Bürger versuchen, die Kontrolle über ihr eigenes Leben zurückzugewinnen.

Ein solcher Vorreiter des vorstädtischen *mini farming* ist Brett L. Markham; auf einer Fläche von 1000 Quadratmetern hat er neben seinem Beruf als Ingenieur mit einer Investition von 200 Dollar einen Garten angelegt, der seine Familie bis zu 85 Prozent nahrungsautark macht und zugleich durch den Verkauf von überschüssigem Gemüse noch eine Einnahmequelle (7000 Dollar im Jahr) erschlossen hat.

Nicht zu unterschätzen ist ebenfalls die an der Basis – im Schatten der etablierten Medizinindustrie – entstehende Gesundheitsbewegung, die auf altüberlieferte Heilmethoden und Heilkräuter zurückgreift. Zwar ist der Handel mit Heilpflanzen beziehungsweise die öffentliche Angabe von deren Indikation und Dosierung in den USA nicht legal, aber unter der Bezeichnung Nahrungsergänzungsmittel sind sie erlaubt. Das Wissen wird – wie ich es auf meiner Filmreise bei der Produktion von »Manitus grüne Krieger« erfahren konnte – in Workshops und sogenannten *gatherings* (Zusammenkünften) von kompetenten Wissenden weitergegeben.

Unauffällig und ohne große Medienaufmerksamkeit entwickelt sich ein Netzwerk des Überlebens. Der inspirierte Dichter und Seher Friedrich Hölderlin hat es schon vor 200 Jahren in dem Gedicht »Patmos« treffend gesagt: »Wo aber Gefahr ist, wächst das Rettende auch!«

WARUM ICH DIESES BUCH SCHRIEB

Was auch immer kommen mag, ich bleibe zuversichtlich. Ich bleibe am Boden, bleibe der Erde treu und in meiner Mitte. Schon öfter habe ich in meinem Leben Umbrüche erlebt und etwas über Überlebensstrategien erfahren. Als ich drei, vier Jahre alt war, ging der schreckliche Zweite Weltkrieg zu Ende. Hunger und Kälte suchten das Land heim. Im Winter hingen, da es keine Kohle zum Heizen gab, Eiszapfen an der hohen Decke in der Küche, wo wir uns aufhielten. Es ist nicht einfach für ein Kind, am Abend hungrig ins Bett zu gehen. Manchmal schwebte mir im Traum eine »Bemme« (Scheibe Brot) vor den Augen, und als dann die Zähne beim Zubeißen aufeinanderschlugen, wachte ich weinend auf. Wie viele andere gingen wir »hamstern«, tauschten bei den Bauern auf dem Land Silberlöffel oder Meißner Porzellan gegen ein paar Kartoffeln, Rüben oder was auch immer den Hunger stillen konnte.

Es waren amerikanische Truppen, die Westsachsen zuerst besetzten. Die Familienvilla wurde für amerikanische Offiziere »requiriert«, wir mussten in eine der Fabrikhallen umziehen. In diesen Tagen, unmittelbar nach dem Ende der Kampfhandlungen, war noch die *Non-fraternization*-Order in Kraft, ein »Verbrüderungsverbot«, welches die Annäherung an die Bevölkerung zu unterbinden versuchte. Als Kind kriegt man da einiges mit. Ein Nachbar erzählte ganz empört, dass die Amis altes Weißbrot und andere nicht mehr ganz frische Nahrungsmittel einfach auf einen Haufen warfen, mit Sprit übergossen und anzündeten. Es dauerte jedoch nicht lange, da wurde der *Non-fraternization*-Befehl von den einfachen GIs zunehmend unterlaufen. So etwa von James, einem freundlichen GI aus Chicago, der ein Auge auf meine Tante Anneliese geworfen hatte; immer wieder brachte er uns etwas zu essen mit. Bald konnten wir auch wieder in unser Haus zurückkehren.

Im Sommer zogen die Amerikaner ab. Niemand hatte das erwartet. An ihrer Stelle kamen die Russen. Die Westmächte hatten Thüringen und Westsachsen gegen einen Teil Berlins eingetauscht. Die einfachen russischen

Den Löwenzahn, eines unserer vitalsten Wildkräuter, liebe ich seit meiner Kindheit. Er kräftigt, als frischer Salat genossen, im Frühjahr unseren vom langen Winter erschöpften Körper.

Verschiedene Kohlarten – Kohlrabi, Weißkraut, Grünkohl –, ebenso wie Lauch und Sellerie, gehören, schon seit ich denken kann, zu meiner Überlebensnahrung – das hat sich bis heute nicht geändert.

Soldaten hatten selbst wenig zu essen. Obwohl es ihnen verboten war, kletterten sie immer wieder über die Zäune oder gingen in die Häuser, wo sie »mausten«, was sie finden konnten: Hühner, Gänse, Obst, Kohle.

Überleben in schlechten Zeiten

Einmal gelang es dem Großvater, der in besseren Zeiten Tuchfabrikant gewesen war, auf dem Schwarzmarkt ein Stück Butter gegen eine Rolle Tuch einzutauschen. Der ranzige Klumpen wurde im kühlen Keller wie ein wertvoller Schatz aufbewahrt. Für mich hatte er die Aura von etwas ganz Besonderem. Dass die Kostbarkeit ranzig war, wurde mir erst später in Oldenburg bewusst, als ich das erste Mal im Leben frische Butter zu essen bekam. Den Geschmack ranziger Butter mag ich übrigens noch immer.

Im Frühling sammelten wir Brennnessel, Giersch, Löwenzahn, Kresse und anderes Grünzeug, um Leib und Seele beieinanderzuhalten. Derweil gruben mein Großvater und Herr Glasl, ein Bauer und Zimmermann, der mit seiner Familie als Flüchtling bei uns untergebracht war, den Rasen der Villa um. Bald war daraus ein Gemüseacker geworden. Die Gartenlauben, in denen man in guten Zeiten an sonnigen Sonntagen Kaffee getrunken, Kuchen gegessen und geplaudert hatte, wurden zu Hühnerhäusern und Hasenställen umgebaut. So hatte man nicht nur Eier oder ab und zu mal ein Stückchen Fleisch für die dünne Suppe, sondern auch Felle zum Warmhalten und wertvollen Mist für den Komposthaufen.

Die Hühner wurden behandelt wie die Arbeiter in der Fabrik. Sie durften nicht einfach so ihre Eier in die Nestboxen legen – ihre Produktivität

Äpfel gab es auch in meiner Kindheit in jedem Selbstversorgergarten. Sie gedeihen zum Glück auch in rauen Gegenden wie bei uns im Allgäu, wenn man sich die richtigen Sorten in den Garten pflanzt.

wurde genau kontrolliert! Der Großvater hatte ein ausgeklügeltes System erfunden, bei dem hinter jedem einzelnen Tier eine Klappe zufiel und das Huhn so lange in der Box gackerte, bis es wieder freigelassen wurde. So konnte er genau feststellen, welche Hühner am besten legten. Das Huhn, das am wenigsten Eier legte, war Kandidat für die nächste Hühnersuppe.

Zum Glück gab es schon einige Obstbäume – Kirschen, Zwetschgen, Äpfel, Birnen –, auch Stachelbeeren und Johannisbeeren im Garten. An der Hauswand wuchs sogar ein Pfirsichbaum, aber im kalten Sachsen brachte er höchstens zwei oder drei reife Früchte hervor. Es war eine regelrechte Zeremonie, wenn der Großvater sie mit dem Messer teilte und jedem eine schmale Scheibe der köstlich süßen Frucht gab. Im Herbst sammelten wir fleißig Preiselbeeren, Heidelbeeren, Vogelbeeren und anderes Wildobst im Wald. Den Eichhörnchen machten wir Haselnüsse und Bucheckern streitig, und im Wald bei Klosterlausitz sammelten wir ganze Körbe voller Pilze. Meine Großmutter schien alle Pilze zu kennen. Stolz füllte ich mein Körbchen mit besonders großen Steinpilzen und Maronen und war sehr enttäuscht, als sich herausstellte, dass sie zu alt und voller Maden waren.

Ende 1947 »machten mir 'nüber« in den Westen. Dort, in Oldenburg, wartete mein Vater auf uns, der gerade aus der Kriegsgefangenschaft entlassen worden war. Versteckt im Waggon eines langsamen Güterzugs, fuhr meine Mutter mit mir den ganzen Tag und durch die Nacht, bis wir irgendwo im taufrischen Morgengrauen durch einen Stacheldrahtverhau krochen. Nun waren wir in der britischen Besatzungszone. Um Mitternacht kamen wir in der stockfinsteren Stadt an. Als Allererstes bereitete mir die Tante, in deren Dachkämmerchen wir untergebracht wurden, eine Tasse heiße Milch. Ich musste erbrechen. Ich war einfach die fette Vollmilch nicht gewohnt, sondern nur Magermilch.

Auch im Westen gingen die Menschen noch auf Hamstertouren, sammelten Beeren, Pilze und Bucheckern und legten überall kleine Selbstversorgergärten an. Zum Frühstück gab es immer eine Scheibe Brot mit Zuckerrübenmelasse von der Zuckerrübenfabrik. Insgesamt aber war die Versorgungslage in Westen nicht so schlecht wie im Osten. Und von Jahr zu Jahr wurde es besser.

Der Überlebenskampf, der Hunger in den ersten Jahren meines Lebens hat mich sicherlich geprägt. Denn es war für mich immer wichtig zu wissen, was man essen kann. Essbare Wildpflanzen interessierten mich ebenso wie der Anbau von Nahrungspflanzen. Wahrscheinlich deswegen räumte ich in unserem Hinterhof in Oldenburg als Neun- oder Zehnjähriger den Schutt weg und legte mir meinen ersten Garten an. Ein winziger Gemüsegarten mit einem

Kohlpflänzchen, einer Kartoffelstaude, etwas Petersilie und – weil sie mir so gut gefiel – einer Kanadischen Goldrute. Das Beet düngte ich mit den Pferdeäpfeln, die ich auf dem Schulweg aufsammelte und in meinem Ranzen verstaute. Es waren damals, ehe die Kraftfahrzeuge die Straßen wieder eroberten, viele Pferdewagen unterwegs. Der von starken Oldenburger Kaltblütern gezogene, mit Fässern beladene Brauereiwagen fuhr täglich vorbei, und die Bauern karrten noch ihre Kartoffeln, Gemüse, Äpfel und getrockneten Torf mit Pferdewagen auf den Markt. Meine pflanzlichen Zöglinge dankten es mir; sie wuchsen so gut, dass die Hausbesitzerin mich beschuldigte, gute Humuserde aus ihrem Garten gestohlen zu haben.

ABENTEUERLEBEN

Als ich elf Jahre alt war, wanderten wir nach Ohio aus. Der Wohlstand, der Überfluss, ja, die sorglose Verschwendung, die einem dort begegneten, standen im krassen Gegensatz zur Not im Nachkriegseuropa.

Überfluss und Verschwendung

Für uns war es, als wären wir im Schlaraffenland gelandet. Fernsehen gab es dort schon, überall fuhren dicke Straßenkreuzer, und in den Küchen standen Kühlschränke, so groß wie Kleiderschränke. Die waren vollgestopft mit Milchflaschen, Schinken, Eiern, Truthahnschenkeln; im Gefrierfach gab es Sahneeis und *popsicles* (Eis am Stiel). Wenn man draußen beim Spielen auf etwas Appetit bekam, ging man einfach in das Nachbarhaus und holte sich, ohne fragen zu müssen, einen Keks, ein Eis, ein Glas Limonade oder Milch, oder man machte sich ein Sandwich. Das war selbstverständlich.

Fleisch konnte man sich im Nachkriegseuropa höchstens mal am Sonntag oder zum Feiertag leisten. Hier aber, bei unseren Nachbarn, kam es Tag für Tag auf den Teller, und zwar in so riesigen Mengen, dass der größte Teil davon in der Abfalltonne landete. Deshalb roch es jeden Abend in der Ortschaft nach verbranntem Fleisch; es gab keine öffentliche Müllabfuhr, also wurde der Müll – Papier, Kartons, alte Kleidung, zusammen mit den Essensresten – in einer alten Öltonne verbrannt. Jeder hatte so eine Tonne hinter dem Haus.

Kleine Bäckereien wie in der Alten Welt gab es nicht, dafür aber eine Brotfabrik, welche die ganze Region mit watteweichem Weißbrot und

Den Zuckermais lernte ich erst in Amerika kennen, aber seitdem liebe ich ihn. Jedes Jahr verteidige ich meine Maispflanzen gegen diebische Elstern und schlechtes Wetter, um im Herbst frisch geröstete Kolben genießen zu können.

»Was von meinen Jugenderfahrungen blieb, war die innere Überzeugung, dass man, wenn man naturnahe lebt, auch die schwierigsten Zeiten überstehen kann.«

viel zu süßem Kuchen belieferte. Backwaren, die älter als einen Tag waren, wurden in große Säcke gefüllt und als Schweine- oder Hühnerfutter für wenige Cent an die Farmer verkauft. Auch wir haben uns jede Woche einen solchen Sack gekauft, denn noch waren wir mittellose Einwanderer. Beim Fleischer gab es Fleischknochen und Innereien – Leber, Niere, Lunge, Hirn –, alles umsonst. Diese »Schlachtreste« haben sich die Hundebesitzer für ihre Hunde oder die Trapper als Köder für ihre Fallen geholt. Aber auch viele Schwarze, die getrennt von den Weißen in den Armenvierteln wohnten, bedienten sich. Auch wir holten uns diese Leckerbissen und konnten kaum glauben, dass sie einfach verschenkt wurden.

Guerillas gegen Maos Truppen

Ich verdiente mein eigenes Geld mit Zeitungsaustragen und indem ich einem Nachbarn, einem alten deutsch-amerikanischen Hufschmied, beim Gärtnern half. Dem Alten bin ich dankbar, denn bei ihm lernte ich die täglichen Pflegemaßnahmen für den Gemüse- und Obstgarten sowie die Kompostierung kennen. Wenn ich nicht arbeitete, zog es mich in den Wald. Häufig schlief ich am Wochenende auf Moos gebettet unter dem Laubdach. Und während der dreimonatigen Sommerferien verbrachte ich oft ganze Wochen in der Waldwildnis. Weit weg von den Menschen schlug ich mein Lager auf, beobachtete die Tiere, erforschte Bachläufe und Hügel.

Und immer versuchte ich vom Land zu leben, so gut es ging. Am Lagerfeuer kochte ich mir Mais und Kartoffeln zusammen mit Wildspargel und Wildkräutern. Ich sammelte Wildobst, unter anderem Holzäpfel, Wildbirnen, Maulbeeren, Brombeeren, Himbeeren, Hagebutten, Erdbeeren, die kleinen, zuckersüßen Beeren des Zürgelbaums (engl. *hackberry*), der auch in Mitteleuropa gelegentlich in Parks anzutreffen ist, und die wilden, mit den Kaki-Früchten verwandten Dattelpflaumen (engl. *persimmon*). Das Bedürfnis, sich überall selbst versorgen zu können, gekoppelt mit einem Misstrauen gegen die so selbstsichere, im Überfluss lebende Gesellschaft, war tief in mir verwurzelt. In der Schule lernten wir zwar, dass der Fortschritt unaufhaltbar sei. Der Lehrer zeichnete uns das Bild von einer immer effizienter werdenden Landwirtschaft der Zukunft, wo Maschinen alles machen und der Farmer im weißen Kittel nur noch Knöpfe drücken muss; bis zum Jahr 2000 würden, dank der Antibiotika, alle Krankheiten ausgerottet sein und sich alle Menschen bester Gesundheit erfreuen; dank der Kernkraft würde es dann Energie in Hülle und Fülle geben. Ich war mir bei alldem nicht so sicher.

Es war niemand da, der mir das, was ich wissen wollte, beibringen konnte, und die heute so beliebten Survival-Kurse gab es damals nicht; sie hätten auch niemanden interessiert. Zum Glück besaß ich ein Pfadfinderhandbuch. Da standen einige Wildpflanzen drin, die man essen könne, wenn man sich in der Wildnis verläuft; auch wie man ohne Streichhölzer Feuer macht oder wie man praktische Knoten knüpft, erfuhr ich aus diesem Buch. Den Teil über essbare Wildpflanzen habe ich praktisch auswendig gelernt.

Manchmal begleiteten mich meine besten Freunde auf den Streifzügen im Wald. Es war die Zeit kurz nach dem Koreakrieg. In der Schule und in den Medien wurde ständig von der

»gelben Gefahr« gesprochen. In China hatte Mao Tse-tung den Sieg davongetragen und das kommunistisch gewordene, bevölkerungsreiche Land wurde allgemein als Bedrohung empfunden, gegen die der Westen gerüstet sein müsse. Das hat unsere Fantasie beflügelt. Ich überzeugte meine Freunde, eine Partisanentruppe – das Wort Guerilla gab es noch nicht – aufzustellen, falls die Rotchinesen Amerika angreifen und das Land besetzen würden. Wir begannen für den Widerstand zu trainieren: Dazu gehörten schwierige Kletterübungen, Nachtmärsche, mit den über dem Kopf gehaltenen Luftgewehren durch Sümpfe und Flüsse zu waten, unter Zäunen durchzurobben, Sprit von den Farmmaschinen zu klauen, um Molotow-Cocktails daraus zu basteln und diese dann an Brücken und leer stehenden Gebäuden auszuprobieren, Einbrüche ins Schulgebäude und die Beschlagnahme von Nahrungsmitteln aus dem Hauswirtschaftsbereich, wo die Mädchen Kochen, Backen und Haushalten lernten.

Auf Beutefang

Einmal überfielen wir ein Pfadfinderlager auf einem Hügel in der Nähe. Drei von uns Jungen schreckten die im Tal weidende Rinderherde auf, sodass diese laut brüllend in Panik davonstürmte. Die Pfadfinder wurden neugierig und verließen samt ihrem Führer den Zeltplatz, um zu sehen, was los war. Derweil schlichen mein bester Freund Jim und ich ins Lager der »Feinde«, machten die Zelte platt, gossen ihre Wasservorräte im Lagerfeuer aus, füllten unsere Rucksäcke mit ihren Vorräten und machten uns aus dem Staub. Den Pfadfindern blieb nichts anderes übrig, als das Lager zu verlassen. Wir feierten unseren Sieg mit einem üppigen Schmaus aus erbeuteten Fressalien.

Aus den Feldern klauten wir den milchreifen Mais und kochten ihn in unserem Camping-Geschirr mit allen möglichen Wurzeln und Grünzeug. Ab und zu holten wir uns nachts ein Huhn aus dem Hühnerstall eines Farmers und grillten es am Lagerfeuer: Es duftete immer herrlich, war aber meistens zäh wie Leder. Hühnerklauen war gefährlich: Wenn man nicht schnell genug zupackte, gab es einen Riesenradau, dann bellten die Hofhunde und der Farmer kam mit der Schrotflinte herausgestürmt. Die war für solche Fälle meistens mit Steinsalz geladen. Enten zu fangen war auch nicht einfach: Wenn sie merkten, dass wir anschlichen, schwammen sie schnatternd auf die andere Teichseite. Beim Angeln hatten wir mehr Glück. Die am Lagerfeuer gegrillten Fische waren lecker. Trotzdem angelte ich nicht gerne, da mir die Fische ebenso leidtaten wie die am Haken aufgespießten Regenwürmer.

Im Ganzen lebten wir ein richtig freies Tom-Sawyer-und-Huckleberry-Finn-Leben. Es machte Spaß und uns ging es dabei so gut, dass wir glaubten, eigentlich könnten wir auch ohne die lästigen Eltern überleben. Heute wären unsere Streiche wohl unter die Rubrik »Jugendkriminalität« gefallen oder sie hätten zumindest zur Folge gehabt, dass dem einen oder anderen von uns Ritalin verordnet worden wäre. Was von diesen Jugenderfahrungen blieb, war die innere Überzeugung, dass man, wenn man naturnah lebt, auch die schwierigsten Zeiten überstehen kann.

Erkenntnisse der Ethnologie

Jahre später studierte ich Völkerkunde und Kulturanthropologie. Die Steinzeit, die mehr als 99 Prozent der Zeit ausmacht, in der Menschen auf der Erde leben, und die Lebensweise der Jäger und Sammlerinnen, der einfachen Hackbauern und Gärtnervölker faszinierten mich. Genauere ethnologische Untersuchungen zeigten, dass im Gegensatz zu dem Fortschrittsdogma des 19. Jahrhunderts diese Stammesgesellschaften, die es noch bis in unsere Zeit gibt, keineswegs arm, rückständig und primitiv sind. Sie leben glücklicher und stressfreier als der moderne Zivilisationsmensch, und hungern tun sie auch nicht. In einer ursprünglichen, ökolo-

Rote, sonnengereifte Johannisbeeren frisch vom Strauch – wie köstlich! Doch wie viele Kinder lernen solche Genüsse heute noch kennen, wo Obst und Gemüse in Plastik verpackt aus dem Supermarkt kommen?

gisch intakten, natürlichen Umwelt stand ihnen eine Fülle von hochwertigen Nahrungsquellen zur Verfügung. Sie lebten, wie der Anthropologe Marshall Sahlins schreibt, in der »ursprünglichen Wohlstandsgesellschaft«. Erst wenn ihre traditionelle Lebensweise durch kolonialistische Ausbeutung gestört und ihre natürliche Umgebung vernichtet wird, dann entwickeln sich Armut, Dreck, Verfall und Rückständigkeit, denen man in der sogenannten Dritten Welt auf Schritt und Tritt begegnet.

Gut recherchierte Studien über die Lebensweise und Ernährung der San, der Buschmänner in der südafrikanischen Kalahari-Wüste, und bei anderen Jäger-und-Sammler-Gesellschaften zeigen Menschen, die – mit weniger Aufwand, als wir es kennen – ein gutes Leben führen und denen eine reichhaltige, breit gefächerte Diät mit mehr als genügend Kalorien zur Verfügung steht. Über 300 verschiedene Pflanzenarten werden bei den San gegessen, weit mehr als die wenigen Dutzend hochgezüchteten Arten, die in den Supermärkten angeboten werden. Dazu kommen eiweißreiche Insekten, Raupen und andere tierische Kost. Um eine Familie zu ernähren, brauchen die sammelnden Frauen und Kinder nicht mehr als zwei oder drei Stunden pro Tag.

Getrennt von Mutter Erde

Bei den Indianern oder den australischen Aborigines war es nicht viel anders. Voraussetzung war jedoch immer eine intime Naturkenntnis – ein Wissen, das sie sich schon von klein auf aneigneten – bei den täglichen Sammelausflügen mit den Müttern, den Großmüttern, Geschwistern und Tanten – bis es zur zweiten Natur wurde. Ein alter Ureinwohner erzählte einmal dem australischen Völkerkundler Georg Elkin: »Ja, unsere Jungen, wenn sie in die Städte gehen, entwickeln ein großes Maul, so wie die Weißen. Aber im Grunde genommen haben sie Angst. Denn wer nicht weiß, wie man sich von der Erde unmittelbar ernähren kann, ist tief verunsichert, er hat Angst und ist auch manipulierbar, wie ein kleines Kind, das seine Mutter verloren hat.«

Dieses Verlorensein, diese Entfremdung von der Natur, ist in unserer westlichen, über-technisierten Welt zum Normalzustand geworden, zugleich aber auch die untergründige, meist verdrängte Unsicherheit und Lebensangst. Je mehr wir in einer virtuellen Welt leben, die gespeist wird durch endlose Video-Unterhaltung und abstraktes Schulwissen, und unsere natürlichen Wurzeln vergessen, umso mehr Angst werden die Menschen haben.

Angst vor der Natur

Für mich als elfjährigen Jungen war die neue Welt, in die wir ausgewandert waren, aufregend und befreiend. Was für eine herrliche, wilde Natur! Gleich am Stadtrand. Es dauerte nicht lange, bis ich entdeckte, dass meine neuen Spielgefährten meine Begeisterung nicht teilten, sie sahen die Welt anders, als ich es gewohnt war. Für sie war die Natur etwas Gefährliches, etwas, wovor man sich schützen musste. Einmal entdeckte ich beim Spielen zu meiner Freude einen wild wachsenden Johannisbeerbusch mit reifen roten Früchten. Als ich anfing, sie mir in den Mund zu stopfen, schrien die anderen entsetzt: »*You're going to die* – Du wirst sterben! Rote Beeren sind giftig!« Als ich später einmal über den Schulzaun kletterte, riefen mir die Klassenkameraden nach: »Du verrückter *Kraut!* Da wirst du umkommen. Da sind Giftschlangen, tollwütige Tiere und *poison ivy* (Giftsumach)!« Ich war erstaunt über diese Reaktion, aber so entdeckte ich die Wildnis als mein persönliches Revier. Kein Mensch ging da hinein, außer dem Farmer, der Holz schlug, oder, im Herbst, die schwer bewaffneten Jäger, die praktisch auf alles schossen, was sich bewegte.

Viel später in Oregon – ich hielt gerade eine Ethnologie-Vorlesung am örtlichen College – kam die Sekretärin in den Hörsaal gestürzt: »Dr. Storl, bitte kommen Sie sofort ans Telefon. Ein Notfall, der Chefarzt will sie sprechen!« Der Arzt bat um Rat. Ein Junge hätte rote Beeren gegessen. Da man befürchtete, sie seien giftig, hatte man den Kleinen in die Notaufnahme gebracht und ihm den Magen ausgepumpt. Ob ich vielleicht wisse, welche Pflanze das sein könnte?

»Hatten die Beeren eine blass lachsrote Farbe? Und waren sie nicht sehr saftig, sondern eher trocken und mehlig?«, fragte ich.

Als er bejahte, wusste ich: Das waren die Beeren vom Manzanita-Strauch. Für die Indianer, die einst hier lebten, stellten sie ein Hauptnahrungsmittel dar.

In Europa scheint es nicht viel besser zu sein, was die Entfremdung von der uns tragenden und umgebenden Natur angeht. Es gibt eine Statistik, die besagt, dass der Bundesbürger im Durchschnitt lediglich sechs Wildpflanzen bestimmen kann: darunter Brennnessel, Löwenzahn, Gänseblümchen … und dann wird's schwierig.

Wir wissen zwar viel, gehen lange in die Schule, meinen, wir seien gebildet, aber wenn es um Wissen geht, das überlebensnotwendig sein kann, dann sieht es nicht gerade gut aus.

Lehrjahre beim Gärtnermeister

Es war wohl mein tief verwurzeltes Verlangen, der Erde und den Pflanzen nahe zu sein, das mich in eine biologisch-dynamische Kommune am Ufer der Rhone südlich von Genf führte. Eigentlich war die Aktion als ethnologische Feldforschung geplant: ein Ethnologe, der als Gärtner getarnt in das Dorf ging. Die Arbeit in dem Gemüsegarten nahm mich aber so gefangen, dass ich tatsächlich den Gärtner in mir wiederentdeckte, vorübergehend aus dem akademischen Betrieb ausschied und mehrere Jahre blieb. Dort lernte ich den Gärtner- und Kompostmeister Manfred Stauffer kennen. Er leitete den zwei Hektar großen Gemüsegarten, der die Gemeinschaft von rund 150 Leuten ernährte und zugleich so viel produzierte, dass biologisches Gemüse von hoher Qualität auch auf dem Wochenmarkt in Genf angeboten werden konnte.

Der magere, steinige Boden, Ablagerungen eines urzeitlichen Gletschers, gab wenig her. Deswegen hatte ihn die Stadt der Gemeinschaft auch kostenlos zur Verfügung gestellt. Manfred Stauffers Schlüssel zum Erfolg war vor allem eine intensive Kompostwirtschaft. Miste aller Art vom eigenen Kuh-, Hühner- und Schweinestall und von den Nachbarhöfen, Abfälle aus den

Haushalten, Hühnerfedern von einem Hühnerhof, Schlamm aus den Gräben, Haare vom Friseursalon und sogar die von der Genfer Hafenbehörde herausgefischten Algen ließen wir ankarren, um sie sachkundig zu kompostieren. Auf richtige Fruchtfolgen und Pflanzenzusammenstellungen wurde konsequent geachtet. Wir pflanzten Wildobsthecken, die den Wind bremsen, das Mikroklima verbessern und nebenbei Vitamine für den Wintervorrat liefern. Und obwohl weder Gift noch Kunstdünger verwendet noch mit schweren Maschinen gearbeitet wurde – ein Pferd, eine einfache Motorfräse und ansonsten Hacken und Grabforken genügten –, steigerte sich der Ertrag von Jahr zu Jahr. Über eine Zeitspanne von fünf Jahren verdoppelte sich das Einkommen des Gartens sogar. Der finanzielle Überschuss, der erwirtschaftet wurde, kam den anderen Werkstätten der Kommune zugute. Vieles, was in diesem Buch über das Gärtnern und Kompostieren steht, verdanke ich meinem Lehrmeister Manfred Stauffer.

Der spirituelle Gärtner

In diesem Dorf lernte ich auch Arthur Hermes kennen. Der alte Naturweise, der mir wie eine Wiedergeburt eines Druiden oder Priesters aus fernen Megalith-Zeiten vorkam, kam als Ratgeber. Ansonsten lebte er auf einem Einödhof in einer Waldlichtung hoch oben im Schweizer Jura. Für ihn war die Erde die Mutter Erde, der hohe Himmel der himmlische Vater und die Sonne Ausdruck des kosmischen Christus; Pflanzen und Tiere waren für ihn unsere Geschwister. Die Waldameisen nannte er »meine kleinen Mitarbeiter«. Von ihm lernte ich vor allem einen liebevollen Umgang mit den Pflanzen. »Wie kleine Kinder, wenn man sie zu Bett bringt, so soll man die jungen Gemüsesetzlinge in Mulch einbetten«, sagte er, »und mit dem Licht der Seele, mit der inneren Sonne, anstrahlen.« Dann würden sie kräftig wachsen und uns richtig ernähren. Auch ihm bin ich dankbar, denn vieles, was in diesem Buch steht, geht auf ihn zurück.

Irgendwann fing mich die Universität doch wieder ein und ich promovierte mit einer Dissertation über Schamanentum. Und dann gingen meine Frau und ich zurück in die USA, wo ich als Anthropologe eine Dozentenstelle suchen wollte. Da aber der neu gewählte Präsident Reagan gerade die Gelder für das Bildungswesen stark gekürzt hatte, gestaltete sich die Suche schwierig. An einem College in Oregon hatte ich Glück: Infolge eines Erleuchtungserlebnisses hatte der dortige Anthropologe von einem Tag auf den anderen seine Stelle gekündigt. Er wurde zuletzt gesehen, als er, ein hölzernes Kreuz tragend, barfuß in Richtung Kalifornien lief. In meiner neuen Stelle war ich in den ersten zwei Jahren zwar wie in einer Vollzeit-Stelle mit Vorlesungen beschäftigt, wurde aber nur als Teilzeit-Mitarbeiter bezahlt – ich verdiente zu wenig zum Leben und zu viel zum Sterben.

Gartenabenteuer in Oregon

Wir wohnten in einem umgebauten Hühnerstall, heizten notdürftig mit selbst gesammeltem Holz, ein umfunktioniertes Ölfass diente als Ofen, und unsere kargen Mahlzeiten ergänzten wir mit Wildgemüse und Wurzeln. Den Rasen hinter der Hütte gruben wir um und säten schnell wachsendes Blattgemüse ein – Spinat, Gartenmelde und Senf. Ehe anderes Gemüse reifte, war das Teil der täglichen Mahlzeit. Da lernte ich, dass es nicht unbedingt gesund ist, jeden Tag Spinat und Melde zu essen. Die Zähne wurden glasig und löchrig, denn die Oxalsäure raubt ihnen den notwendigen Kalk. Auch die Nieren schmerzten, denn die Kristalle der Oxalsäure reizen das Nierengewebe.

Neben meinen Seminaren als Soziologe und Anthropologe unterrichtete ich samstags biologisches Gärtnern. Der Kurs war überfüllt und ein Dauerbrenner, sodass uns das College ein Versuchsfeld zur Verfügung stellte. Aus den Vorlesungsnotizen wurde ein Lehrbuch mit dem Titel *Culture and Horticulture*, das später zum Underground-Bestseller wurde.

Die Karde heilt nach meinen Erfahrungen sogar Borreliose. Ich hatte mir diese Krankheit vor einigen Jahren durch einen Zeckenbiss eingehandelt und ohne Antibiotika durch selbst gemachte Kardenwurzeltinktur kuriert.

Nächste Station: Emmental

Die Ölkrise, die erste Energiekrise, brachte uns wieder in die Schweiz. Dort lebten wir auf einem Bauernhof im Emmental, wo die Kühe noch von Hand gemolken und von einem hofeigenen Bullen begattet wurden, wo der Getreideacker mit Pferden gepflügt und geeggt wurde, wo das Gras an den steilen Hängen mit Sensen geschnitten wurde, wo Käserei, frei laufende Hühner, Gemüsegarten und Getreidemühle noch eine ganzjährige Lebensmittelversorgung vom eigenen Hof ermöglichten und wo im November mithilfe der Pferde Bau- und Brennholz aus dem Wald geholt wurden. Das klingt zwar romantisch, aber es war härteste Arbeit. Wieso sind wir wegen der Energiekrise gerade dort hingegangen? Weil durch den Energieengpass offensichtlich wurde, dass die industrialisierte Landwirtschaft Amerikas zwar riesige Nahrungsmittelüberschüsse produzierte, aber nur dank eines extrem hohen Energieverbrauchs. Für jede gewonnene Nahrungsmittel-Kilokalorie mussten zehn bis fünfzehn Kilokalorien für Treibstoff, Herbizide, Fungizide und Pestizide ausgegeben werden. Das damalige China zum Beispiel wies ein wesentlich besseres Energieverhältnis auf. Die dortige Anbauweise war zwar sehr arbeitsintensiv, aber für jede verbrauchte Kilokalorie wurden zweieinhalb Kilokalorien gewonnen. Was uns interessierte, war der Vergleich mit der traditionellen mitteleuropäischen Landwirtschaft. Fazit: Die Energiebilanz sah recht gut aus.

Indien – Ostfriesland – Allgäu

In den folgenden Jahren beschäftigte ich mich mit der Kulturökologie der Prärieindianer und der indischen Bauern. Davon habe ich aber an anderer Stelle schon erzählt. In Indien veränderte sich mein Leben. Am Ufer des Ganges riss mich eine Krankheit aus meinem Selbstverständnis und konfrontierte mich mit dem tieferen Sinn des Daseins. Damals entschied ich mich, weniger dem berechnenden Ego zu folgen als der inneren Stimme, der »Stimme des Herzens« – mich also von der »geistigen Führung« leiten zu lassen. Diese ist, wie mir schon Arthur Hermes gesagt hatte, weiser als der Verstand. Nachdem ich genesen war, sagte mir diese »Stimme«, wir sollten nach Europa gehen, nach Deutschland.

Und so kam es, dass wir mit zwei Rucksäcken auf dem Rücken und praktisch ohne Einkommen – abgesehen von mageren Tantiemen für ein paar Artikel, die ich verfasst hatte – im ostfriesischen Moor landeten.

An diesem Punkt nun fängt die Geschichte an, die ich in diesem Buch erzähle – im Rückblick, eine echte *survival story*. Zufällig lernte ich den Kunstmaler Manfred Scharpf kennen und dieser sagte unvermittelt, er wisse, wo wir leben sollten: im Allgäu, auf einem abgelegenen Einödhof auf knapp 1000 Metern Höhe. Ich glaubte ihm.

NEUANFANG

Für 300 Mark verkaufte uns ein Junge einen alten, verrosteten Ford Transit. Wir packten unsere Habseligkeiten und machten uns von Ostfriesland aus, wo wir zuerst gelandet waren, auf den Weg in den Süden. Das Fenster auf der Fahrerseite war zwar kaputt – es ließ sich nicht mehr hochkurbeln – aber das rettete uns wohl das Leben, denn die Auspuffgase drangen durch die Rostlöcher im Boden und wir wären wahrscheinlich vergiftet worden. Zwei Tage deutsche Autobahn mit einem Fahrzeug, das höchstens 100 Stundenkilometer schafft, ist eine harte Geduldsprobe, insbesondere, wenn man aus einer anderen Kultur kommt. Eingeklemmt zwischen LKWs oder bedrängt von lichthupenden BMWs oder Mercedes auf der Überholspur, fuhren wir Richtung Alpen.

ANKUNFT IN DER WILDNIS

Das Haus, umgeben von Hochweide und Fichtenwald, stand leer, als wir ankamen. Uralt war es und düster. Eine alte, halb verhungerte schwarze Katze begrüßte uns. Das nächste Dorf war etwas über vier Kilometer entfernt, der nächste Nachbar ungefähr zwei Kilometer. Es war schon November, zum Glück hatte es noch nicht geschneit, was im Allgäu keine Selbstverständlichkeit ist. Und zum Glück hatte unser Vorgänger noch Holz dagelassen, so konnten wir mit dem alten Küchenherd kochen und heizen. Nun galt es so schnell wie möglich Vorräte für den bevorstehenden Winter zu beschaffen. Zu allem Überfluss hatte uns ein Freund erklärt, dass der Ford Transit nur noch eine Woche TÜV hätte, dann dürften wir nicht mehr fahren. Außerdem seien die Reifen völlig abgefahren und so glatt, dass wir uns damit nicht erwischen lassen dürften. Woher sollten wir so etwas wissen? In Amerika kannte man damals keinen TÜV.

Im Raiffeisen-Lagerhaus am Rand der nächsten Stadt fanden wir, was wir brauchten: Strohballen – das sollte unser Bett werden, das Nest für meine Frau, unseren kleinen Sohn und für mich; einige Säcke voll Getreide, Roggen und Weizen zum Brotbacken; Gerste, um *chang* – das Hausbier, das wir in Tibet kennengelernt hatten – zu brauen; Kisten voller Möhren, Kartoffeln und Kohl zum Lagern im Keller; und schließlich Säcke mit Bohnen, Linsen und Trockenerbsen. Für Schinken und Trockenfleisch reichte das Geld leider nicht.

Aber einen Sack Milchpulver brauchten wir unbedingt noch. Wir kannten das aus Oregon, wo die Landhippies, wenn sie keine Kühe oder Ziegen hatten, Trockenmilch bei Bedarf mit Wasser verrührten. Da wir einen Säugling dabeihatten, dachten wir, ein solcher Milchvorrat wäre eine gute Idee. Wir wunderten uns nur, dass der Lagerhausangestellte noch mit verschmitztem Lächeln kommentierte: »Passt nur auf, dass ihr nicht zu dick werdet!«

Anton, der Jäger, der manchmal am Einödhof vorbeikam, löste das Rätsel der vermeintlichen Trockenmilch. Es sei Milchsurrogat für die Kälbermast, ein Gemisch mit hormonartigen Zusätzen, die eine schnelle Gewichtszunahme garantieren. Er brachte den Sack zurück und bekam auch das Geld erstattet.

Ora et labora

Kaum hatten wir die notwendigsten Besorgungen gemacht, da war es auch mit dem Fahrzeug-TÜV aus. Das Fahren wäre inzwischen aber sowieso unmöglich gewesen, denn im Winter liegt der Schnee mindestens anderthalb Meter hoch, und auch mit Schneeketten hätten wir es auf der teilweise steilen, kurvenreichen Schotterpiste nicht geschafft. Und den Sprit hätten wir sowieso kaum bezahlen können. In den folgenden Jahren benutzten wir den unangemeldeten Kleinbus jedoch, um Holz für den Winter aus dem Wald zu holen.

Das im Dreißigjährigen Krieg gebaute Haus war Teil eines Benediktinerklosters gewesen. *Ora et labora,* »Bete und arbeite!« hieß der Leitspruch dieser in schwarze Kutten gehüllten Mönche.

Der passte genau zu unserer Lage. Tagsüber war ich unermüdlich am Holzhacken und Zersägen von altem Holz, das in unmittelbarer Nähe des Hauses im Wald herumlag. Eine Axt und eine Schwedensäge waren alles, was ich hatte. Eine Motorsäge wäre unerschwinglich gewesen. Mit diesen Werkzeugen zimmerte ich auch unsere ersten Möbel: Tische, Regale und Hocker. In der Scheune lagen jede Menge alter Bretter herum, die ich zu diesem Zweck verwenden konnte. Mit dem Klauenhammer, den ich dort gefunden hatte, zog ich die krummen, rostigen Nägel aus den Brettern, hämmerte sie gerade und benutzte sie zur Herstellung unserer ersten Einrichtung.

Auch meine Frau war die ganze Zeit beschäftigt. Sie versorgte unser kleines Wickelkind, backte Brot, nähte unsere Kleidung, stopfte die Socken und richtete unser Haus wohnlich ein. Es schien mir, als ob sie die meiste Zeit damit verbrachte, Windeln und Kleidung zu waschen. Waschmaschine, Trockner und dergleichen gab es nicht. Auch keinen Staubsauger, Kühlschrank oder was auch immer heutzutage für einen Haushalt selbstverständlich ist. Sie versuchte sich auch im Bierbrauen, so wie sie es bei den Bäuerinnen in Ladakh gesehen hatte, wo das Brauen zu den hausfraulichen Aufgaben gehörte. Leider schlug der Versuch immer wieder fehl, denn es war unmöglich, den Gärbottich über Nacht gleichmäßig warm zu halten. Die Fenster waren zugig und es wurde sehr kalt. Das Wasserrohr, das von der Zisterne ins Haus führte, fror einige Male zu. Wir wärmten es mit Kerzen auf, und das Wasser floss wieder – Gott sei Dank ohne Rohrbruch!

Schleimbeutelentzündung

Bei Kerzenschein mahlte ich jeden Abend das Getreide für das Brot des nächsten Tages. Das dauerte immer einige Stunden, denn eine richtige Handgetreidemühle konnten wir uns nicht leisten, geschweige denn eine elektrische. Also benutzen wir die Kaffeemühle. Ich kurbelte und kurbelte, wie die tibetanischen Buddhisten ihre Gebetsmühlen. Das Mahlen hatte etwas Meditatives an sich. Und nachdem ich fertig war, fielen wir erschöpft ins Strohlager.

Das endlose Holzsägen und Werkeln im feuchtkalten Wetter machte sich in den Ellenbogen bemerkbar. Schließlich konnte ich sie kaum mehr bewegen, und die Arme, insbesondere die Finger, schwollen an. Als wir in diesen Tagen ins Tal gingen, um beim Bauern etwas frische Milch für den Kleinen zu holen, kommentierte die Bäuerin, ja, das kenne sie; das habe ihr Mann auch gehabt und er sei deswegen sogar zweimal operiert worden. Das sei eine Schleimbeutelentzündung. Nun hatte ich wenigstens einen Namen für die Beschwerden.

Heilkräuter – unsere Rettung

Ja, was macht man da? Einen Arzt und Medikamente konnten wir uns nicht leisten. Krankenversichert waren wir sowieso nicht. Was man da macht, ist nach heutigen Begriffen recht altmodisch: Man betet, hofft auf die richtige Intuition und auf das Selbstheilungsvermögen des Körpers. Es war zu spät im Jahr, um entzündungshemmende Kräuter zu sammeln. Aber wir hatten noch einen großen Beutel getrockneten Ackerschachtelhalm. So kochten wir das Kraut in Wasser auf und wickelten die Ellenbogen in heiße Kräuterpackungen – eine recht unorthodoxe Behandlungsweise, aber nach einer Woche war das Leiden vorüber.

Auf ähnliche Weise haben wir über die nächsten Jahre unsere Krankheiten und Verletzungen – Lungenentzündung, Nierenentzündung, Ohren-, Halsschmerzen, Knochenbrüche, Fieber – geheilt. Wir entwickelten ein tiefes Vertrauen in die Kräfte der Heilkräuter. Auch bei schweren Erkrankungen haben sie uns nie im Stich gelassen. Schließlich sind Heilpflanzen die älteste Medizin der Menschheit, und die Erfahrungen, wie man sie anwendet, reichen Jahrtausende zurück – was man von den synthetischen Produkten der Pharmaindustrie nicht sagen kann.

»Nur wenn man mit der Natur zusammenarbeitet, schenkt sie einem reiche Ernte.«

UNSERE WICHTIGSTEN HEILKRÄUTER – EINE AUSWAHL

Jedes Jahr sammeln wir die notwendigsten Heilkräuter. Die besten sind jene, die wild wachsen – da, wo die Natur sie hingepflanzt hat. Einige jedoch, die nicht in unserer Gegend beheimatet sind, haben wir in den Garten gepflanzt. Das Wissen um diese Heilpflanzen ist ein wichtiger Teil der Kunst des Überlebens. Für uns haben sie Arzt und Apotheker ersetzt.

Ackerschachtelhalm 1

Der Ackerschachtelhalm, ein lebendes Fossil aus dem Devon vor 400 Millionen Jahren, ist eines der stärksten Heilkräuter. Wenn man einen Aufguss aus ihm bereitet, spült er die Nieren. Wenn man dagegen eine Abkochung (Kraut in Wasser 20 Minuten köcheln lassen) macht, dann löst sich die biologisch verwertbare Kieselsäure und diese, mehrmals am Tag getrunken, hilft wiederum beim Aufbau von Knochen, Haut, Haaren, Nägeln, Bindegewebe und Gelenkschmiere. Es ist klinisch bewiesen, dass Ackerschachtelhalmsud Knochenbrüche schneller heilen lässt. Das habe ich selbst des Öfteren erfahren: zum Beispiel als mich mein Pferd abgeworfen und ich mir Elle und Speiche des linken Arms gebrochen hatte. Anstatt zum Arzt zu gehen, den Bruch eingipsen zu lassen und Schmerztabletten zu nehmen, packte ich den Arm in frisch geraspelte Beinwellwurzel und – damit er durch versehentliches Anstoßen nicht wieder brach – schiente ihn mir meine Frau mit gespaltenen Weidenstäben. Dazu trank ich dreimal am Tag den Sud aus gekochtem Schachtelhalm. Der Bruch heilte in knapp vier Wochen vollkommen aus. Das zu weißer Asche verglühte Kraut kann auch messerspitzenweise eingenommen werden bei Magenverstimmungen und Magengeschwüren.

Baldrian 2

Dieses Kraut, das gerne an Bächen in Waldnähe wächst, ist eines der besten Beruhigungs- und Entspannungsmittel. Wenn man, etwa wegen

anhaltendem Stress, so verspannt ist, dass man nicht schlafen kann, lässt es einen einschlafen und gut durchschlafen. Lange glaubte man, es handle sich vor allem um einen Placebo-Effekt, da Laboranalysen keinen eindeutigen Wirkstoff ausmachen konnten. Neue Untersuchungen bestätigen jedoch die Wirkung. Diese ergibt sich aus dem Zusammenspiel vieler einzelner Komponenten. Die Apotheker vermuteten früher, dass die Wurzel ein Jahr lang gelagert werden sollte, damit sie optimal wirkt. Aber meine Erfahrung bestätigte mir, dass auch die frische Wurzel, als Tee oder einfach gekaut, die erwünschte Wirkung hat. Im Gegensatz zu den Beruhigungs- und Schlaftabletten der Pharmaindustrie macht Baldrian nicht süchtig. In früheren Zeiten wurde die Wurzel in Wein eingelegt und als Liebeselixier getrunken.

Beinwell 3

Dieses Raublattgewächs habe ich mir in den Garten gesetzt, wo es munter wuchert und von den Wühlmäusen weiterverpflanzt wird. Beinwell (von Bein = Gebeine, Knochen, und well = wallen bzw. heilen) ist der beste Knochenheiler, den man sich vorstellen kann. Am besten wirkt die schleimhaltige, frisch geraspelte Wurzel, aufgetragen als Umschlag auf die Stelle, an der der Knochen gebrochen ist. Die Packung muss täglich ein- oder zweimal gewechselt werden. Die Wurzel enthält auch Allantoin, einen stark wundheilenden und entzündungshemmenden Wirkstoff. Die Brüche, die wir uns bei der Arbeit auf dem Hof zugezogen haben, konnten wir erfolgreich mit Beinwell heilen.

Brennnessel 4

Die Brennnessel verfügt über unglaublich starke Heilwirkungen. Der Schweizer Kräuterpfarrer Johann Künzle meinte, sie sei so heilkräftig, dass die Menschen sie wahrscheinlich ausgerottet hätten, hätte sie nicht ihre Brennhaare, um sich gegen übermäßige Ernte zu wehren. Das Kraut ist nicht nur ein vitaminreiches Frühjahrsgemüse. Als Tee aufgegossen wirkt es »blutreinigend« oder entschlackend, deshalb ist es hilfreich bei Ekzemen und rheumatischen Beschwerden. Der Tee hilft bei Harnwegentzündungen, Nierengrieß und Blutarmut und regt die Bauchspeicheldrüse an. Die Samen sind, ähnlich wie Ginseng, ein leistungssteigerndes Gesundheitselixier; sie enthalten Phytohormone, viel Vitamin E, Linolsäure, Mineralien und andere Vitalstoffe. Sie sollen auch die Potenz anregen, weswegen sie den Mönchen und Nonnen im Mittelalter verboten waren. Inzwischen wurde entdeckt, dass eine Tinktur aus den Wurzeln bei der Behandlung von Prostatabeschwerden wirksam ist. Seit der Steinzeit verwendete man die Brennnessel als Faserpflanze zur Herstellung von Seilen, Stricken, Netzen und Textilien.

Engelwurz 5

Schon in Zeiten der Pest erkannte man, dass die Engelwurz das Immunsystem stärkt. Ärzte kauten die Wurzel bei ihren Krankenbesuchen, um sich nicht anzustecken. An kalten, feuchten Herbst-

6

7

tagen kann man sich jeden Tag einen Tee aus der Wurzel vorbeugend gegen Ansteckung bei Grippegefahr machen.

Die Engelwurz ist zweijährig: Im ersten Jahr sammelt sie Kraft und konzentriert diese in der Wurzel. Im zweiten Jahr schießt die Energie in die Blüte, dabei werden die Wurzeln holzig und verlieren an Kraft. Man muss also im Herbst die Wurzeln des ersten Jahres ernten. Früchte wie Wurzeln regen Leber und Verdauung an und helfen bei Magen-Darm-Beschwerden. Sie wirken auch krampflösend auf die Verdauungsorgane und die Lunge. Junge Triebe und Stängel können als Wildgemüse verzehrt werden.

Goldrute 6

Es gibt nichts Besseres für die Nieren als die Goldrute, egal ob es die einheimische ist oder die Kanadische Goldrute oder die Spätblühende Goldrute, die beide aus Nordamerika stammen und sich als Neophyten bei uns angesiedelt haben – als »neue Pflanzen«, die hier nicht heimisch waren. Mit einem Tee oder einem Kaltwasserauszug aus dem getrockneten Kraut (1 bis 2 gehäufte Esslöffel pro Liter) kriegt man jede akute Nierenentzündung weg. Auch Nierensteine und chronische Nierenerkrankungen lassen sich langfristig mit dieser Pflanze ausheilen. Goldrute kann man auch dem Erkältungstee und dem Heuschnupfentee beimischen, da sie die Schleimhäute abschwellen lässt.

Holunder 7

Jeder Hof hatte in früheren Zeiten seinen Hofholunder. Für die alten Waldvölker Nordeuropas war er ein heiliger Baum, der Göttin geweiht in ihrer Gestalt als Frau Holle. Bis in die Neuzeit galt der Hofholunder als »des Bauern Apotheke«. Die Blüten – man nennt sie auch Fliederblüten – wirken, als Tee aufgebrüht, immunstimulierend und schweißtreibend; sie haben, wie neuere Untersuchungen bestätigen, eine virenhemmende Wirkung. Bei allen Virenerkrankungen – Grippe, Masern, Mumps, Röteln, Windpocken, Schnupfen, Herpes – leistet der Aufguss gute Dienste. Traditionell werden zur Blütezeit im Juni die Blütendolden in Bierteig getaucht, frittiert und mit Schlagsahne verspeist. Eine Köstlichkeit!

Die im Herbst gesammelten schwarzen Beeren waren einst Kultspeise. Eine Holunderbeeren- oder Fliederbeerensuppe sollte den Körper auf den Winter vorbereiten und gegen Wintererkrankungen wie Grippe und Erkältung schützen. Das tut sie auch. Die vitaminreiche, Abwehrkräfte stimulierende Suppe wird gemacht, indem man die Beeren, ohne zusätzliches Wasser, zusammen mit Zucker und einigen Gewürzen wie Zimt, Nelke und Kardamom kocht und durch ein Sieb passiert, um die Kerne zu entfernen.

Die Innenrinde, der Bast, wurde seit der Steinzeit als ausleitendes Purgativum verwendet, als Mittel, das Erbrechen und Durchfall erzeugt, um den Körper von Giftstoffen zu reinigen. Die Wurzel, in Wein gekocht – schreibt der alte Kräuterarzt Leonard Fuchs –, wirkt stark wassertreibend. Die Blätter wurden in Schweineschmalz gekocht und zu Salbe verrührt, mit der man Frostbeulen behandelte.

Auf alten Holundersträuchern wächst der Holunderschwamm oder das Judas-Ohr – ein essbarer Pilz, der in der chinesischen Küche als Mu-Erh-Pilz einen festen Platz hat. Auch er hat eine immunstärkende Wirkung. Zudem wird er in der chinesischen Medizin als Blutverdünner geschätzt.

Huflattich 8

Die strahlig gelben Korbblüten des Huflattichs, die noch vor den Blättern erscheinen und zu den ersten Frühlingskündern gehören, gelten als bestes Mittel für angeschlagene Bronchien und gegen Husten. Ein Tee aus Blättern und Blüten wirkt schleimlösend und reizlindernd. Der lateinische Name Tussilago bedeutet ja »Hustenstiller«. Blätter und Blüten enthalten Gerbstoffe, Bitterstoffe, Schleimstoffe und Flavonoide, die für die Heilwirkung verantwortlich sind. In den 1980er-Jahren glaubte man, dass gewisse Alkaloide im Huflattich die Leber schädigen könnten. Genauere Untersuchungen ergaben aber, dass in der geringen Menge, die man als Tee zu sich nimmt, die Alkaloide keine negative Wirkung auf die Leber haben. Aus eigener Erfahrung kann ich bestätigen, dass die frisch zerstampften Blätter mit Quark gemischt und als Paste aufgetragen hervorragend bei Venenentzündung helfen. Junge Huflattichblätter ergeben ein gutes Wildgemüse. Man kann sie als Roulade zubereiten und verschiedene Füllungen darin einwickeln.

Johanniskraut 9

Johanniskraut, einst dem Sonnengott Baldur oder Belenos geweiht, ist ein wichtiges Heilkraut. Der Tee aus dem getrockneten blühenden Sonnenkraut wirkt stimmungsaufhellend bei Depressionen, Schwermut und Verstimmungszuständen. Johanniskrautpräparate haben eine dämpfende Wirkung auf Viren, weshalb sie bei der Behandlung von HIV-Infektionen eingesetzt werden. Da das Johanniskraut den Leberstoffwechsel beschleunigt, schleust es Gifte und Toxine schneller aus dem Körper heraus. Das wird zum Problem, wenn man gleichzeitig andere pharmazeutische Produkte einnimmt, wie etwa Medikamente, die nach einer Organtransplantation das Immunsystem unterdrücken, Psychopharmaka oder auch die Antibabypille. Diese werden dann in ihrer Wirksamkeit eingeschränkt. So manches ungeplante »Johanniskraut-Baby« ist deshalb geboren worden.

In früheren Zeiten wurde mit dem getrockneten Johanniskraut geräuchert, um ungute Stimmungen und Spannungen in Haus und Hof aufzulösen. *Fugademonum*, »Teufelsflucht«, ist einer der alten Namen des Heilkrauts.

Das Johanniskraut-Öl oder Rot-Öl wird aus den Blüten gewonnen, indem man diese in Oliven- oder Sonnenblumenöl für zwei Wochen an einem warmen Ort auszieht (mazeriert). Das Öl wird in die Haut eingerieben und hilft bei der Wundheilung, es heilt Nervenschmerzen (Neuralgien), Muskelzerrungen, Verbrennungen und kann sogar Neurodermitis lindern. Da das Öl lichtempfindlich macht, sollte es nicht vor dem Sonnenbaden verwendet werden; es kann den Sonnenbrand verschlimmern.

Kamille 10

Die Kamille ist noch immer die beliebteste Heilpflanze in Mitteleuropa. Für die alten Angelsachsen war das *maythem* eines der neun wichtigsten Heilkräuter, insbesondere für Frauen. Die Blüten, verwendet als Tee, Spülung, Salbe oder Umschlag, haben eine entzündungshemmende, wundheilende und krampflösende Wirkung. Der Tee beruhigt Magen und Darm. Darmentzündung (Kolitis) lässt sich gut damit behandeln. Bei Lungenentzündung und Bronchitis hilft ein Kamillendampfbad. Dabei wird der heiße Kamillentee in eine Schale gegossen und der Patient atmet die Dämpfe ein, wobei ein Tuch über Kopf und Schüssel gebreitet wird, damit der heilsame Dampf nicht entweichen kann. Auch zur Behandlung von Haut- und Fußpilz eignet sich der Kamillentee.

Die verwandte, nach Ananas duftende Strahlenlose Kamille, die gern auf Wegen zusammen mit dem Wegerich und dem Vogelknöterich wächst, hat ähnliche krampflösende, antiseptische Eigenschaften. Da sie aber das ätherische Öl Chamazulen nicht enthält, hat sie keine wundheilende Wirkung. Die Strahlenlose Kamille ist auch ein gutes Wurmmittel.

Knoblauch 11

Der Knoblauch war oft unser Helfer, wenn jemand eine beginnende Lungenentzündung hatte. Eine Knoblauchmilch wirkt Wunder. Da das antiseptische ätherische Öl, Allicin, über die Lungen ausgeschieden wird, reinigt es diese dabei. Ansonsten wirkt die Knoblauchzwiebel blutverdünnend, sie senkt erhöhte Blutfettwerte und ist deswegen gut für Herz und Kreislauf. Knoblauch hat auch eine desinfizierende und wurmtreibende Wirkung.

Karde 12

Die Karde, sagte schon Hildegard von Bingen, treibt Gift aus dem Körper. Sie gehört zur Familie der Skabiosen; das Wort kommt vom lateinischen *scabies* (»Krätze«, Psoriasis) und weist auf die Krankheit hin, die damit bekämpft wurde. Inzwischen hat man die entschlackende, ausleitende Wirkung der Karde auch zur Behandlung von Borreliose entdeckt. Dafür wird aus der Wurzel eine Volltinktur oder ein Tee gemacht. Die Pflanze ist zweijährig; die Wurzel wird gegen Ende des ersten Jahres gegraben und verwendet. Im zweiten Jahr ist die Wurzel wertlos, denn alle Kraft geht in die Samen. Früher hat man mit ihr auch Hämorrhoiden behandelt.

Klette 13

Für die Germanen war die Klette eine echte Bärenpflanze, voller Heilkraft. Die können auch wir uns zunutze machen. Die Klettenwurzel wirkt pilzwidrig, keimtötend, harn- und schweißtreibend und regt die Gallensekretion an. Sie ist ein gutes Lebermittel. Klettenwurzelöl, also Auszüge der Wurzel in Oliven-, Sonnenblumen- oder anderem Pflanzenöl, hilft als Einreibung bei Gelenkbeschwerden, Schwellungen, Muskel- und Gliederschwäche. Das Öl hat eine stärkende Wirkung. Es eignet sich auch hervorragend als Haaröl und hilft bei Schuppen und Haarausfall. Die Blätter kann man aufkochen und als Kompresse bei Furunkeln und Hautunreinheiten verwenden, ebenso wie bei Krampfadern und Venenentzündung.

Nelkenwurz 14

Die Nelkenwurz wächst unter Hecken, am Waldrand und in lichten Wäldern. Die nach Gewürznelken riechende Wurzel enthält Gerbstoffe und ein ätherisches Öl (Eugenol), das stark antiseptisch und schmerzbetäubend ist. Es ist dasselbe keimtötende Öl wie das in der Gewürznelke enthaltene, das Zahnärzte verwenden. Ehe wir uns einen Zahnarzt leisten konnten, haben wir die Nelkenwurz als Schmerzstiller und zum Austrocknen von Zahnentzündungen verwendet.

Quendel 15

Die ätherischen Öle im Quendel oder Wilden Thymian haben eine starke keim- und pilzhemmende Wirkung, deswegen pflanzen ihn einige Ameisenarten auf ihre Hügel. Die Blätter des Zwergstrauchs aus der Familie der Lippenblütler haben schleimlösende, auswurffördernde und krampflösende Wirkung. Sie gehören auf jeden Fall mit in den Hustentee. Thymiantee galt einst als Mittel für den Magen bei Magendruck und -krämpfen. Quendel tut auch der Milz gut, es reinigt die Lymphe. Als Badezusatz hilft der Aufguss bei entzündlichen Hautkrankheiten, auch bei Prellungen und Verstauchungen.

Wegen seiner desinfizierenden Wirkung war der Quendel einst Bestandteil des duftenden Kräuterbettes, Freyas oder Marias Bettstroh genannt, auf dem die Frauen ihre Kinder gebaren. Selbstverständlich ist der Wilde Thymian auch ein köstliches Küchengewürz.

Sanikel 16

Sanikel, oder »Saunigel«, wie es Einheimischen nennen, habe ich erst im Allgäu kennengelernt. Bei den armen Bergbauern dort und im benachbarten Vorarlberg und Appenzell gilt der im Buchenwald wachsende Schirmblütler seit jeher als Allheilmittel. Auf jeden Fall schwören sie darauf, dass Blatt und Wurzel bei inneren Blutungen, äußeren Wunden, bei Bauchweh, als Hustenstiller und Knochenheiler hervorragend wirken.

»Wer Günsel und Sanikel hat, schlägt den Wundarzt mit einem Patt«, besagt ein Schweizer Sprichwort. Das aromatische Blatt, das in seiner Form leicht mit dem Kriechenden Hahnenfuß verwechselt werden kann, wird im Frühling gesammelt und dann für den späteren Gebrauch getrocknet.

Schafgarbe 17

Die Schafgarbe ist eine meiner Lieblingspflanzen, ein echter grüner Verbündeter, wie es die Indianer sagen würden. Manche Schnittwunde und Entzündung hat sie uns geheilt, manche Bauchschmerzen gelindert, manche Grippe und Erkältung abgekürzt. Eine lästige Prostataentzündung hat sie mir ausgeheilt, indem ich täglich heiße Schafgarbensitzbäder nahm. Die Schafgarbe enthält ätherische Öle, die krampflösend, entzündungshemmend und keimhemmend wirken. Als Teeaufguss und Sitzbad eignet sich der schöne Korbblütler, im Hochsommer in voller Blüte geerntet, ausgezeichnet bei Frauenleiden wie etwa Menstruationsbeschwerden, Weißfluss oder Unterleibskrämpfen. »Schafgarbe im Leib tut wohl jedem Weib«, sagt der Volksmund.

Das Heilkraut enthält zudem Bitterstoffe, die Leber, Galle und Darm tonisieren und überhaupt gut für die Verdauung sind. Inzwischen hat die Forschung bestätigt, dass die Schafgarbe auch eine antivirale Wirkung hat.

Auf jeden Fall kommt die Schafgarbe mit in das Heilkräuterbüschel, das wir jedes Jahr zwischen Mittsommer und August zusammenstellen. Diese uralte vorchristliche Tradition hat auch die Kirche in ihren Ritus integriert und segnet die Kräuterbüschel, die am Hohen Frauentag, dem 15. August, von den Frauen in Bayern in die Kirchen getragen werden.

URBARMACHUNG

Im ersten Winter kam der Schnee erst spät. Es schneite so viel, dass wir den Hof mehrere Monate lang nicht verlassen konnten. Wir brauchten schon einen halben Tag, um zumindest die drei Kilometer bis hinunter zum Briefkasten an der Hauptstraße zu kommen. Mehr als einmal im Monat schaffte ich es nicht, mir den Weg durch den tiefen Schnee zu bahnen. Eilbriefe oder Telegramme hätten keine Chance gehabt, rechtzeitig gelesen zu werden. Wenn der Ostwind wehte, zog es eisig durch die Fensterritzen, aber in der Küche am Herd war es warm. Glücklicherweise reichte das Holz.

Unsere kalten Strohbetten wurden jedoch allmählich zum Problem. Die Gelenke taten weh, rheumatische Beschwerden quälten uns. Erste Hilfe leisteten eine heiße Wärmflasche und das Einreiben mit rotem Johannisöl.

»Ohne Kenntnis der Wildkräuter hätten wir damals in den ersten Jahren auf der Niederalp nicht überlebt, weil wir uns keinen Arzt leisten konnten.«

Anfang April hüpften plötzlich Frösche über den alten Schnee, um dann im Tümpel hinter dem Haus fröhlich quakend und brummend ihre Hochzeit zu feiern. Raben saßen auf den Tannen, schauten zu und warteten auf den Froschlaich. In den sonnigeren Lagen zog sich die weiße Decke schon von den Matten zurück und gab den Weg frei für einen zarten grünen Schimmer. Die kleinen, runden, fleischig glänzenden Blätter des Scharbockskrauts waren das erste richtig saftige Grün. Scharbock ist der alte Name für Skorbut. Die Blättchen wurden in früheren Zeiten gegessen, um den bösen Wintergeist, den Scharbock, aus den Gliedern zu vertreiben, der die Gaumen bluten lässt, die Haut blass und unrein macht und den Menschen mit bleierner Müdigkeit – Frühjahrsmüdigkeit – überfällt. Auch wir hatten nach magerer Winterkost dieses Vitamin-C-reiche Grün bitter nötig.

Die »grüne Neune«

Es dauerte nicht viel länger, dann zeigten sich die ersten purpur-grünen Triebe der Brennnesseln. Auch diese stecken voller Kraft und regen den frühjahrsmüden Stoffwechsel und die Drüsen an. In weiteren Schüben erschienen immer mehr Pflanzen, die sich als Frühjahrsgemüse, als Suppen- und Salatkräuter eignen. Für die alten indigenen Waldvölker Nordwesteuropas, die Kelten, Germanen, Balten und Slawen, waren diese Kräuter die »grüne Neune«, eine Kultspeise – sie verwendeten eine Kombination von neun verschiedenen Arten, eine magische Zahl. Diese verband die darbenden Menschen wieder mit den Kräften des Lebens. Die Gründonnerstagssuppe, die unsere Urgroßmütter noch kannten, ist ein Überbleibsel dieses Brauchtums. Früher hat man aber nicht nur am Gründonnerstag rituell diese gesunde Kräutersuppe verzehrt – das ganze Frühjahr über sammelten die Menschen die ersten zarten Kräutlein, weil es im Gemüsegarten und auf dem Acker so früh noch kaum etwas zu ernten gab. Neben Scharbockskraut und den ersten zarten Brennnesseltrieben waren das Löwenzahn und Gundermann, Vogelmiere und Milzkraut und sogar die ersten jungen Blättchen von Laubbäumen wie Birken, Buchen und Linden. Für uns waren und sind die Frühlingskräuter noch immer Garanten der Gesundheit. Ohne Kenntnis der Wildkräuter hätten wir auf der abgelegenen Niederalp damals nicht überleben können.

Das Scharbockskraut gehört zu den allerersten Frühlingskräutern, die ihre zarten Blätter nach dem letzten Schnee hervorstrecken. Sie sind Teil unseres Frühlingssalats, der uns Vitamine und Sonnenkraft schenkt.

FRISCHE FRÜHLINGSKRÄUTER FÜR DIE »GRÜNE NEUNE«

Das sind meine Lieblingskräuter im frühen Jahr – eine Auswahl der vitaminreichen grünen Pflanzen, die einst den Menschen das Überleben in Notzeiten sicherten und die wir im Lauf des Frühlings jedes Jahr als Salat, Gemüse oder Suppengrün sammeln.

Ackerschachtelhalm 1

Ehe der Ackerschachtelhalm seine grünen, verzweigten Sommertriebe hervorbringt, erscheinen im zeitigen Frühjahr die saftigen blass-rosabräunlichen Sporentriebe. Diese können in Suppen und Salaten, als Füllung für Teigtaschen, Eierkuchen oder Omelettes verwendet werden. In Russland sind sie so beliebt, dass man sie sogar für die Bevorratung einsalzt. Rührei mit klein gehacktem Ackerschachtelhalmkolben gehört bei mir unbedingt zum Frühling.

Adlerfarntriebe 2

Jedes Jahr finden die noch eingerollten Blattwedel, die »Fiedelköpfe« (engl. *fiddleheads*), bei uns den Weg in die Bratpfanne oder auch in den Gemüseeintopf. Für mein Lieblingsrezept kocht man sie in Wasser, wobei man einmal das Wasser wechseln sollte. Wenn sie weich sind, frittiert man sie in Öl zusammen mit Brotwürfelchen und serviert sie mit Sahne.

Aus der Ethnologie war mir bekannt, dass diese auf der ganzen Welt vorkommende Farnart bei vielen Völkern eine wichtige Nahrungsquelle ist. In Korea und Japan sind die Sprossen in Reispfannengerichten sehr beliebt. Die Triebe werden zuerst gekocht, dann in der Sonne getrocknet und für den Winter aufbewahrt. Durch Einsalzen oder Einsäuern kann man sie ebenso haltbar machen. Auch die stärkehaltigen Wurzeln sind essbar. Als sich die Maori vor 1000 Jahren in Neuseeland ansiedelten, war es dort für ihre Lieblingsspeisen, Kokosnüsse und Brotfrucht, zu kalt. So wurden die Wurzeln des Adlerfarns (*ahuhe*) zu einem Hauptnahrungsmittel. Die Japaner extrahieren aus den Wurzeln die Warabi-Stärke, die für Süßigkeiten verwendet wird. In Skandinavien wurde das Mehl für das tägliche Brot mit Adlerfarnwurzelmehl gestreckt. Die nordamerikanischen Indianer aßen die Wurzelstöcke ebenso wie die Guanchen, die Ureinwohner der Kanaren. Letztere bereiteten ihr berühmtes *gofio* aus getrockneten Adlerfarnwurzeln, Mocan-Beeren und gemahlener Gerste als alltägliche Speise.

Obwohl weltweit ein wichtiges Nahrungsmittel, wird der Farn heute als giftig eingestuft, er soll karzinogen wirken. Aber was ist Gift? Der weise Paracelsus lehrt uns: »Alle Dinge können giftig sein; allein die Dosis macht es, ob ein Ding giftig ist oder nicht.«

1

2

Bärlauch 3

Die nach Knoblauch riechenden, vitaminreichen Blätter des Bärlauchs erscheinen im Frühling auf den feuchten, nährstoffreichen Böden der Flussauen und Laubwälder und verschwinden wieder gegen Ende Mai. Die jungen Blätter schmecken hervorragend in Suppen, Saucen, Salaten, Kräuterquark und als Belag auf Butterbroten. Mit den weißen Blüten kann man Salate dekorieren, und wo viele Pflanzen wachsen, kann man auch die Zwiebeln verwenden. Besser ist es jedoch, einige Bärlauchzwiebeln in der Nähe des Hauses auszupflanzen. Sie vermehren sich schnell und man schont die Wildbestände.

Bärlauch hilft wie Knoblauch bei Arterienverkalkung, erhöhtem Blutdruck, Leberleiden, vertreibt Madenwürmer und reinigt Magen und Darm. Beim Sammeln müssen Unerfahrene gut aufpassen, dass sie nicht die ähnlich aussehenden Blätter der giftigen Herbstzeitlose oder des Maiglöckchens mit aufnehmen.

Breitwegerich, Mittlerer Wegerich und Spitzwegerich 4

Die jungen Blätter aller Wegerich-Arten eignen sich für den Salat, als Spinat zubereitet oder in Pürees und Suppen. Der Breitwegerich bevorzugt festgetrampelte Böden als Standort. Der Geschmack der Breitwegerich-Blätter erinnert an Steinpilze und man kann damit ohne Weiteres eine falsche Steinpilzsuppe zaubern, eine *soupe à la saveur de cêpe*. Die Blütenknospen im Frühsommer eignen sich ebenfalls als schmackhaftes Gemüse. Die im Spätherbst reifenden Samen wurden in der Jungsteinzeit als »Getreide« gesammelt. Sie ähneln Amaranth-Körnern und können übers Müsli oder über Suppen gestreut werden, man kann Bratlinge daraus backen oder Brot.

Brennnessel 5

Junge Brennnesselblätter und -triebe (am besten nur die Triebspitzen mit den obersten zwei oder vier Blättern verwenden) ergeben ein schmackhaftes Gemüse. Brennnessel-Omelett ist eine Delikatesse. Junge Brennnesseln können auch getrocknet, zu Pulver verrieben und durchgesiebt werden. Das nahrhafte Pulver kann man aufbewahren und für Suppen, Saucen oder im Frühstücksbrei verwenden. In England wird noch heute ein entschlackendes, harntreibendes Brennnesselbier gebraut. Brennnesselblätter, einzeln in Bierteig oder Pfannkuchenteig getaucht und gebraten, sind ein leckerer Snack.

4

5

Brunnenkresse 6

Die frische Brunnenkresse, die im Frühling im Sumpf hinter unserem Haus ihre Triebe emporstreckt, ist ein weiteres willkommenes Geschenk der Natur. Sie ist scharf-würzig, vitaminreich und schmeckt, gemischt mit anderen Pflanzen, als Frühlingssalat, für Suppen, Kräuterkartoffel oder klein gehackt aufs Butterbrot.

Buchenblätter 7

Wer hätte gedacht, dass die zarten, hellgrün leuchtenden Blätter der Buche als Salatbeigabe oder Gemüse dienen können? Ihr Geschmack ist angenehm und leicht säuerlich. Der botanische Name *Fagus* geht übrigens auf das griechische Wort *phegós* zurück und bedeutet »essbarer Baum«, was sich jedoch vor allem auf die Bucheckern bezieht, die im Herbst reifen.

Giersch 8

Der Giersch oder Geißfuß kann es geschmacklich mit den besten Gemüsen und Salatkräutern aufnehmen. Im Frühjahr treiben die nach frischen Möhren und Sellerie duftenden, hellgrünen, glasigen, frischen Stängel und Blättchen in Massen unter den Hecken und entlang der Waldsäume hervor. Die saftigen Triebe schmecken gekocht in Suppen, Pürees und als »Spinat«, roh in Salaten. Man kann sie auch gut aufbewahren, indem man sie einsäuert wie Sauerkraut oder trocknet und zu Pulver verreibt. Dieses eignet sich das ganze Jahr zum Würzen von Suppen und Saucen. Solange man die jungen Triebe erntet, treibt die vitale, vitaminreiche Pflanze wieder aus.

Der Giersch, für manche Gärtner nur lästiges Unkraut, hat eine »blutreinigende« Wirkung und gilt als eines der besten Mittel bei Gicht.

Darauf deutet schon sein Name hin: Botanisch heißt er Aegopodium podagraria, das bedeutet »Ziegenfuß« (nach der Form der Blätter) und »die Gicht heilend«.

Knoblauchrauke 9

Der nach Knoblauch riechende Kreuzblütler wächst unter Hecken, im Gebüsch, an Zäunen und Wegsäumen. Er ist vitaminreich und wurde vor allem von der ärmeren Bevölkerung Englands viel verwendet, als grüne Sauce für eintönige Gerichte sowie um eingepökelten Fisch oder Fleisch schmackhafter zu machen.

Lindenblätter 10

Die zarten jungen Blätter der Sommerlinde lassen sich ebenso in Salat und Gemüse verwenden wie die der Buche. Aus den im Mittsommer gesammelten Blüten bereitet man den beruhigenden, wärmenden Lindenblütentee.

Löwenzahn 11

Junge Löwenzahnblätter sind ein herrliches, vitaminhaltiges Frühlingsgemüse. Die Blütenknospen können als falsche Kapern eingesäuert oder im Wok zusammen mit anderen Gemüsen gebraten werden. Auch die Wurzel, gesammelt vor der Blüte, eignet sich als Gemüse für ein Bratpfannengericht. Als Heilpflanze stimuliert der Löwenzahn die Leberfunktion und unterstützt die Bauchspeicheldrüse. Löwenzahnblättertee wirkt harntreibend, entgiftend und entschlackend.

Milzkraut 12

Ganz früh im Frühling erscheint, an der Quelle nahe beim Haus, das Milzkraut. Die oberen Blätter sind hellgelb, sodass man, wenn man nicht genau hinschaut, das Kräutlein mit einer Wolfsmilch verwechseln könnte. Das ist der Lehrerin beim Schulausflug passiert, aber mein Töchterlein hat gewusst, das stimmt nicht, denn jeden Frühling sammelt der Vati die Blätter für den Salat, da sie so gut für die Milz seien. Aber sie hat es der Lehrerin nicht gesagt – manchmal, dachte sie, ist es besser, den Mund zu halten. Milzkrautblätter sind bitter, können aber dennoch dem Salat oder Mischgemüse Pfiff geben.

Sauerampfer 13

Die meisten Kinder kennen und lieben den Sauerampfer. Er schmeckt sauer, ein bisschen zitronenartig, und passt hervorragend in den Frühlingswildkräutersalat. Die Franzosen haben sogar großblättrige Gartensorten als Suppenkraut gezüchtet. Wegen der enthaltenen Oxalsäure sollte man aber nicht zu viel davon essen, denn das könnte die Nieren schädigen.

Noch ergiebiger und im Geschmack an den feinsten Rhabarber erinnernd sind die Frühlingstriebe des verwandten Japanischen Staudenknöterichs (siehe Seite 78 f.), der sich als Gemüse, für Kompott oder auch für einen »Rhabarber«-Kuchen eignet. Diese von vielen Naturschützern als bedrohlich aggressiver Neophyt – also eine Pflanze, die eigentlich bei uns nicht heimisch ist – angesehene Staude wuchs nicht auf unserem Berg, als wir ankamen. Ich habe sie mir aber in meinen Garten gepflanzt, weil ich sie schön und nützlich finde.

Schafgarbe 14

Die jungen Blätter schmecken in Salaten oder auch mit anderen Kräutern in Kräuterbutter oder auf Kartoffeln gestreut. Das Ostereierfärben und -verzieren ist ein alter Brauch, der in vorchristliche Zeiten zurückgeht. Noch heute werden dazu Schafgarbenblätter um die Ostereier gewickelt und dann in Farbe getaucht, um schöne Muster zu erzielen.

Scharbockskraut 15

Die glänzenden Blätter des Scharbockskrauts, die als erstes saftiges Grün auf den Wiesen erscheinen und im Laufe des Mais wieder verschwinden, sind eine vitaminreiche Salatbeigabe. Nachdem die Pflanze blüht, kann man die Blätter nicht mehr verwenden, denn dann werden sie unbekömmlich und entwickeln einen beißenden Geschmack. Die kleinen Brutknollen, die wie winzige Kartoffeln oder auch wie Getreidekörner aussehen, sind jedoch immer ein wertvolles Notzeitgemüse. Nach starken Regenfällen werden sie manchmal massenhaft angeschwemmt und können leicht geerntet werden. Aus diesen Wurzelknollen wurde einst auch eine Hämorrhoiden-Salbe gekocht.

Schlangenknöterich 16

Die noch eingerollten zarten Blätter dieses feuchtigkeitsliebenden Knöterichgewächses können wie Spinat genutzt werden. Im Herbst kann man die nussig schmeckenden Samen sammeln und mit im Müsli essen oder im Winter zum Treiben bringen und als Keimlinge verzehren.

Tannen- und Fichtenspitzen 17

Aus den hellgrünen, säuerlich schmeckenden, ganz jungen Sprossen oder Triebspitzen der Fichte oder auch der Tanne lässt sich eine Suppen- und Salatwürze bereiten. In Zucker gekocht, kann man einen Tannenhonig als Brotaufstrich herstellen, oder einen Sirup für den Wintervorrat, der im Kräutertee auch gut gegen Erkältung hilft.

Wiesenbärenklau 18

Als Gemüse lassen sich die geschälten, noch jungen Triebe verwenden. Die noch nicht entfalteten Blütenknospen, zubereitet wie Brokkoli, gelten als Delikatesse.

Verwandt mit dem Wiesenbärenklau ist der noch viel größere Riesenbärenklau – auch Herkulesstaude genannt –, ein gefürchteter Neophyt aus dem Kaukasus. Der Saft hat eine phototoxische Wirkung, das heißt, wenn man die Pflanze im Sonnenlicht berührt, kann es auf der Haut zu allergischer Blasenbildung und Verbrennungen kommen. Dennoch kann man, wie bei ihrem einheimischen Verwandten, die jungen Triebe als Gemüse zubereiten, wenn man vorsichtig ist und sie, mit Handschuhen geschützt, an trüben Tagen erntet.

Wiesenschaumkraut 19

Dieser zarte, hellrosa blühende Kreuzblütler, eine der ersten Blütenpflanzen auf der Frühlingswiese, eignet sich mit seinem pfeffrigen Geschmack gut als Salatbeigabe. Mit Gänseblümchen- und Wiesenschaumkrautblüten kann man die Frühlingssalate schön verzieren. Die jungen Blätter schmecken milder, die älteren scharf wie Kresse.

Vogelmiere 20

Das zarte, hellgrün leuchtende, wuchernde Acker- und Gartenunkraut ist für Salat und Suppe gleichermaßen gut geeignet. Der Geschmack der frischen Blätter erinnert an den von milchreifen Maiskolben. Das Sternchenkraut, wie die Vogelmiere auch heißt, wird komplett verwendet: Blätter, Stängel, Blüten und die kleinen Fruchtkugeln. Es schmeckt auch klein gehackt im Kräuterquark oder wie Spinat gedünstet. Das Kraut mit den winzigen weißen Sternblüten enthält reichlich Vitamin C und Vitamin A – ein Vielfaches mehr als normaler Kopfsalat. Es wurde schon im Mittelalter auch zu Heilzwecken eingesetzt und erst vor gut 100 Jahren von Kräuterpfarrer Sebastian Kneipp wiederentdeckt. Er empfahl es unter anderem als schleimlösendes Mittel bei Entzündungen der Atemwege.

19

20

DEN BODEN AUFBRECHEN

Gegen Ende April war der Schnee von der Fläche verschwunden, auf der ich unseren Selbstversorgergarten anlegen wollte. Nun war der Zeitpunkt gekommen, die Erde umzugraben und urbar zu machen. Die Schreibarbeit, die mich neben Holzsägen und -spalten den Winter über beschäftigt hatte, musste nun ruhen. Der Boden schien humusreich und fruchtbar. Er enthielt viele Steine, aber das machte mir nichts aus. Das Problem war ein dichtes Geflecht zäher Brennnessel- und Kälberkropfwurzeln, sodass es fast unmöglich war, die Grabforke hineinzudrücken. Ich musste erst einmal mit einem Spaten kleine Quadrate – etwa die Spatenbreite zum Quadrat – ausstechen, diese Klumpen dann mit der Grabforke aufgabeln und so lange heftig schütteln, bis sich die Erde vom Wurzelgeflecht löste. Das war erschöpfende, schweißtreibende Schwerstarbeit. Nach einem ganzen Tag Arbeit hatte ich nur etwas mehr als einen Quadratmeter freigelegt. Ich war verzweifelt und sagte zu meiner Frau: »Das geht nicht. Ich schaffe das nicht!« Sie antwortete: »Du musst! Du musst durchhalten, wir haben keine Wahl.«

Am nächsten Tag schaffte ich den nächsten Quadratmeter. Aber so konnte es nicht weitergehen. Der Frühling würde vergehen und ich hätte keine Zeit, etwas einzusäen. Ein starker Pflug musste her! Ich ging ins Tal, um den freundlichen Bauern, bei dem wir manchmal Milch holten, zu fragen, ob er uns das Gelände pflügen würde. Ja, das würde er schon machen, sagte der Bauer, aber er habe gar keinen Pflug mehr. Hier gebe es nur Viehwirtschaft, für Ackerbau sei es zu kalt. In den Vierzigerjahren hätte es der »Reichsnährstand« hier mit Getreide und Leinanbau versucht, aber oft kamen Frost und Kälte zu früh, sodass die Ernte verdarb.

Umgraben im Frühjahr

1 Sobald der Boden im Frühjahr aufgetaut ist, kann man mit seiner Bearbeitung beginnen. Sehr nasse Böden müssen vorher noch etwas abtrocknen.

2 Zunächst entfernt man gröbere Pflanzenreste und Stängel und bringt sie auf den Komposthaufen.

3 Dann gräbt man mit der Grabforke das Erdreich um und entfernt Wurzelreste.

Ich fragte auch andere Bauern. Es tat ihnen leid, aber auch sie waren nicht mehr auf Pflügen eingestellt. Der einzige Pflug, den sie hätten, erklärten sie mir, hänge draußen als Dekoration an der Scheunenwand.

Die Zeit verging. Es würde bald zu spät sein, die Saat in den Boden zu bringen. Da lernte ich einen ungewöhnlichen Menschen kennen, der mir helfen wollte. Er war Doktor der Chemie, ein ehemaliger Forscher für den Siemens-Konzern, der aber seinen Posten verloren hatte, weil er nachts als Ökoguerilla unterwegs gewesen war und ausfindig gemacht wurde. Er hatte sich dann mit seiner Familie ins Allgäu zurückgezogen und von alternativer, chemiefreier Landwirtschaft leben und den eingesessenen Allgäuern beibringen wollen, wie man das macht. Es hatte aber nicht allzu lange gedauert, bis er merkte, dass sich im konservativen Allgäu kaum jemand für seine Ökomission interessierte. Mit alternativer Medizin dagegen hatte er viel mehr Erfolg. Er reihte sich problemlos in die einheimische Liga der Naturheiler, Gesundbeter und Wunderdoktoren ein und war damit auch tatsächlich erfolgreich.

Endlich kommt Hilfe

Dieser Dr. rer. nat. hatte in seinem Schuppen noch einen Trecker stehen, einen alten grauen Hanomag C224, samt Pflug. Mit diesem kam er die dreieinhalb Kilometer den Berg heraufgerattert und versuchte, den Pflug anzusetzen. Die Zugmaschine heulte und stöhnte, der Auspuff stieß dichte schwarze Wolken aus, und nach ein paar Metern verabschiedete sich der Motor mit einem Würgegeräusch. Das Wiederanlassen dauerte seine Zeit, und dann wiederholte sich der Vorgang: schwarze stinkende Auspuffwolken, Heulen, Stottern, Abwürgen. So ging es mehrere Stunden. Pflügen konnte man das nicht nennen. Es war eher ein sporadisches Aufreißen des Bodens. Es gab keine regelmäßigen Furchen von gleichbleibender Tiefe. Aber das zähe Netz von Brennnesselwurzeln war zerrissen, und nun fiel es mir viel leichter, die wurzeligen Schollen mit der Grabforke auszuschütteln, den Boden umzugraben und anschließend die Beete anzulegen.

Bodenbearbeitung: Umgraben oder nicht?

Zu Urgroßvaters Zeiten war es keine Frage: Der Garten musste im Herbst umgegraben werden. Nur so entwickelt er eine gute Frostgare, das heißt, das Erdreich wird durch den Frost schön krümelig und Unkräuter werden beseitigt.

Mein Lehrer, der alte Arthur Hermes, bestand noch darauf: »Der Boden muss umgegraben oder gepflügt werden, um ihn zu ‚chaotisieren'; er muss sämtliche Struktur verlieren, damit er empfänglich für die vom Winterhimmel einstrahlenden, ordnenden kosmischen Kräfte wird, die dann in die neue Saat und die Pflanzen übergehen.«

Von solchen Ideen ist man heute abgekommen, denn man hat erkannt, dass sich das meiste Bodenleben in den obersten Schichten befindet. In einem einzigen Esslöffel guter Gartenerde befinden sich Milliarden von Kleinstlebewesen, die alle Lebensfunktionen – Stoffwechsel, Atmung, Vermehrung, Ausscheidung – vollbringen. Sie lassen die Nährstoffe zirkulieren, lösen Spurenelemente aus den Mineralien, puffern das Säure-Basen-Verhältnis, geben dem Boden ein gutes Gefüge, bauen alte, verwesende organische Stoffe um und stellen sie den Pflanzen zur Verfügung. Einige neutralisieren Schadstoffe, andere können den Stickstoff unmittelbar aus der Luft fixieren. Neben den Bodenbakterien, Strahlenpilzen, Pilz-Myzelien und Algen befinden sich in der oberen Schicht, im sogenannten Mutterboden, Ur-Insekten, Springschwänze, Milben, Gliederfüßler und Regenwürmer als Teil eines hoch komplizierten Ökosystems. Also versucht man den Boden mit der Grabforke, einem Sauzahn (ein Handgerät mit einem gebogenen Zinken) oder einem Krail (Bodenbearbeitungsgerät mit klauenartig im rechten Winkel abgebo-

»Wenn wir wieder schauen lernen, spricht die Seele der Pflanze unmittelbar zu unserer Seele.«

genen Zinken; siehe Seite 48) zu lockern, ohne die natürliche Bodenschichtung zu stören. Im Herbst nach der Ernte wird also, anstatt umgegraben, der Boden gemulcht – mit einer Mulchdecke, bestehend aus altem Heu, Laub, Stroh oder anderem organischen Material, abgedeckt. Das schützt die wertvolle Humuskrume und füttert die Regenwürmer und die anderen Bodenorganismen, begünstigt aber leider auch Schnecken und Wühlmäuse.

Im zeitigen Frühjahr entfernt man die Bodenbedeckung. Der Boden wird mit einem Krail gelockert, mit Kompost und Steinmehl gedüngt, Saatrillen werden gezogen und eingesät oder die Setzlinge eingepflanzt.

Trotzdem umgraben

Wo der Boden sowieso sandig und locker ist und die Schnecken unter Kontrolle sind, ist das Nichtumgraben und Mulchen eine hervorragende Methode, den Boden zu behandeln. Bei uns kam das aber leider nicht in Frage. Der Boden war schwer, er tendierte zur Verunkrautung, und die roten Nacktschnecken lauerten in ihren Startlöchern im Umfeld. Das Allgäuer Klima ist hart, der Schnee liegt lange und es dauert, ehe er aufwärmt. Da ist Mulch eher hinderlich, da er den Boden kühl hält.

Also ist es ein alljährliches Ritual geworden, im Frühling mit der Grabforke den relativ großen Garten umzugraben. Das ist nicht nur eine gute, meditative Arbeit: Dadurch bekomme ich auch die Unkräuter unter Kontrolle, die später die Saaten bedrängen und viel Zeit für das Jäten erfordern würden. Besonders die kriechenden Wurzelausläufer der Quecke und des Gierschs, die dürren schwarzen Rhizome des Ackerschachtelhalms und andere Überlebenskünstler bekommt man so in den Griff. Einige der Queckenwurzeln behalten wir, denn sie eignen sich gut als harntreibender Tee, getrocknet und gemahlen kann man sie auch in Notzeiten unter das Brotmehl mischen. Der Ackerschachtelhalm treibt wieder aus, denn seine Speicherknolle sitzt tief – ungefähr einen Meter – in der Erde, aber er wird wenigstens gebremst. Die Schachtelhalm-Rhizome sowie die frischen grünen Wedel sammeln wir sowieso, als kieselhaltigen Tee oder als Badezusatz. Würde man eine Motorfräse verwenden, dann würde man mit diesen vitalen mehrjährigen Unkräutern noch gravierendere Probleme bekommen. Indem die Fräse-Messer die Rhizome und Ausläufer zerhacken und verkleinern, vermehrt man sie. Denn jedes kleine Stückchen entwickelt sich zu einer neuen, ebenso vitalen Pflanze.

Auch wenn es stimmt, dass die Bodenflora durch das Umgraben gestört und teilweise geschädigt wird, dauert es nicht lange, bis sich das Bodenleben wieder voll entfaltet.

Nicht alles wächst überall

Erst nach einigen Jahren wurde mir klar, wie kühl der Boden und das Wetter hier sind. Freilandtomaten, Gurken, Portulak, Aubergine, Artischocke, Paprika, Chili, die meisten Kürbisarten und verschiedenen Sorten der Sommer- oder Winterkürbisse konnte ich getrost vergessen: Sie reifen nicht. Unter den Kürbissen sind es einzig die Zucchini, die tapfer ihre länglichen grünen Früchte hervortreiben.

Den orange-gelben Riesenkürbis pflanze ich mir dennoch jedes Jahr auf einen kleinen mit Erde bedeckten Komposthaufen in der Hoffnung, dass das Jahr einmal ausnahmsweise warm genug ist und er Zeit zum Reifen hat. Ich bin schließlich in Amerika aufgewachsen, wo der Riesenkürbis eine Art Kultgemüse ist. Ich will allerdings nicht unbedingt einen gruseligen Halloween-Kürbis schnitzen – für mich ist der Hauptanlass, es mit Riesenkürbissen zu versuchen, dass man daraus den leckeren *pumpkin pie*, eine wunderbare amerikanische Kürbistorte, backen kann. Aber leider muss ich fast jedes Jahr auf diese Delikatesse verzichten. Eigentlich müsste ich auch auf Zuckermais verzichten, aber mit viel Mühe und gärtnerischem Können gelingt uns der Anbau meistens.

Kürbisse gehören zu meinem Gartenglück. In Amerika lernte ich pumpkin pie, einen wunderbaren gewürzduftenden Kürbiskuchen, schätzen – nur leider mögen die Kürbisse das Allgäuer Klima nicht.

Da das Klima bei uns eher rau ist und die Wachstumsperiode so kurz, habe ich mich im Lauf der Jahre von den wärmebedürftigen Gemüsesorten verabschiedet und mich immer mehr auf robuste Kohl-, Blatt- und Wurzelgemüse konzentriert. Zu den Wurzelgemüsen gehören Karotten, Kohlrüben, Rettiche, Rote Bete, Schwarzwurzeln, Steckrüben, Wurzelpetersilie, Wurzelsellerie und auch weniger bekannte wie Haferwurzel, Japanischer Knollenziest (auch Chinesische Artischocke oder Crosne genannt), Kerbelrübe, Klettenwurzel, Schinkenwurzel und Topinambur.

Ich erzähle das nur, um deutlich zu machen, dass jeder Garten, jede Landschaft anders ist, was klimatische Bedingungen, Bodenbeschaffenheit, Feuchtigkeit, Sonneneinstrahlung und dergleichen angeht. Deswegen ist es schwierig, pauschale Ratschläge zu geben. Der Gärtner sollte sich also weniger auf Bücher als auf seine eigene genaue Beobachtung und Intuition verlassen. Es ist wichtig für ihn, eine persönliche Verbindung mit dem Garten und der ihn umgebenden Natur herzustellen.

DEN GARTEN ANLEGEN

Was die Länge, Breite und Gestaltung des neuen Gartens insgesamt anging, so hielt ich mich an die überlieferten Muster, die man häufig auch in Bauerngärten, Klostergärten sowie Schrebergärten findet. Unser Garten bedeckt eine dem Goldenen Schnitt folgende rechteckige Fläche. Ein Hauptweg teilt diese in eine rechte und eine linke Hälfte. Rechtwinklig durchquert ein anderer Weg den Hauptweg, sodass sich ein Wegekreuz bildet. Am Kreuzungspunkt ließ ich ein kleines Rondell stehen, setzte einen Findling in die Mitte und pflanzte Blumen und Heilkräuter darum herum. Das sollte das »Herz« des Gartens sein, der Fokus. Hier stellte ich auch meine bunt bemalten Gartenzwerge auf.

Intellektuelle, die immer alles besser wissen, verspotten Gartenzwerge gerne als spießigen Kitsch. Aber wer so denkt, ist wahrscheinlich selbst ein verkappter Spießer. Für mich sind

Was ist der Goldene Schnitt?

Der Goldene Schnitt gilt seit der Antike als die vollkommene, ideale Proportion.
Dabei wird eine Strecke so geteilt, dass sich die gesamte Strecke zu ihrem größeren Teilungsabschnitt so verhält wie dieser zum kleineren Teilungsabschnitt. Dieses Verhältnis beträgt rund 1,622. Nach diesen Proportionen teile ich die Beete in meinem Garten auf.

diese seit alters überlieferten Tonfiguren lediglich die Sichtbarmachung der ätherisch-seelischen Energien, die im Garten am Werk sind – jenseits der physischen Aspekte. Meine Gartenzwerge symbolisieren, dass der Gärtner um das komplexe Zusammenspiel verschiedener Einflüsse in seinem Garten weiß: Ein Garten ist nicht nur ein wissenschaftlich analysierbares System von berechenbaren, mechanisch-chemischen Prozessen, sondern hier sind auch feinstoffliche und seelische Kräfte am Werk. Ein richtiger Garten sollte nicht nur Kalorien und Nährstoffeinheiten liefern, sondern auch Lebensfreude. Auch der Gemüsegarten kann ein Ort sein, an dem die Menschenseele mit der Seele der Natur Zwiesprache hält.

Meine Gartenzwerge

Das Ausbringen der Gartenzwerge wurde für unsere Familie im Lauf der Jahre zu einem richtigen Ritual. Meistens war es der Maifeiertag, an dem wir die kleinen bunten Tonfiguren in den Garten trugen, um sie nach dem ersten Schnee oder am ersten November, zu Halloween – bei uns Allerheiligen –, wieder hereinzuholen. Später wurde mir klar, dass diese Daten für die keltische Urbevölkerung wichtige Feiertage waren; sie galten jeweils als der Anfang und das Ende der hellen Jahreshälfte. In der dunklen, kalten Jahreszeit überwintern die Zwerge in einer Nische über dem warmen Küchenherd. Erst einmal werden sie von Erde und Schneckenschleim gesäubert und in der Adventszeit dann mit frischer Farbe neu angemalt. Den Kindern machte das immer Spaß.

Die alten Gärtner gaben ihren Gärten absichtlich eine menschenähnliche (anthropomorphe) Form. Der Garten war für sie, wie der Mensch, ein Mikrokosmos. Die einzelnen Gemüsebeete liegen rechtwinklig, wie die Rippen entlang der Wirbelsäule, rechts und links vom Hauptweg; in der Mitte befindet sich das Herzrondell und am oberen Ende der »Kopf«. Der Kopf, das Hirn des Gartens, ist für mich der Kompost, denn wie wir in den nächsten Kapiteln erfahren, wird das komplexe Bodenleben und folglich das gesunde Pflanzenwachstum vor allem von dem im Komposthaufen entstandenen Humus unterstützt.

Beete ausmessen

Zum Ausmessen des umgegrabenen Ackers sind ein Zollstock, Pflöcke und Schnüre nötig. Das Ausmessen ist wichtig, denn so kann man den Pflanzen den optimalen Raum bieten, den sie zum Wachstum brauchen. Wenn mich Freunde oder Bekannte im Frühjahr besuchen, sind sie oft entsetzt, wenn sie den frisch ausgemessenen, eingesäten Garten zu Gesicht bekommen. Die Fläche sieht aus wie das Reißbrett eines ordnungsversessenen Ingenieurs. »Das haben wir von dir gar nicht erwartet!«, höre ich da, »du bist doch sonst immer so spontan.« Im Herbst dagegen, wenn die Pflanzen ihre volle Größe erreicht haben, scheint alles wild durcheinander zu wachsen und niemand käme auf die Idee, dass diesem üppig wuchernden Dschungel eine exakte Ausmessung zugrunde liegt.

Es gibt natürlich viele Arten, Beete zu gestalten. Man kann sie zum Beispiel als Spiralen oder als kniehohe Hügelbeete anlegen. Als am sinnvollsten hat sich über Jahrhunderte folgende Beetabmessung erwiesen – Gärtnermeister Manfred Stauffer hat sie mir beigebracht:

- Das optimale Beet ist 1,20 Meter breit (und beliebig lang).
- Die Wege zwischen den Beeten sind 30 bis 40 Zentimeter breit (oder so breit, wie des Gärtners Fuß lang ist).

Bei diesen Maßen ist es möglich, vom Weg aus mit den Händen bequem die Mitte des Beetes zu erreichen, ohne auf dem Beet selber laufen zu müssen. So bleibt der Mutterboden locker, krümelig und die Hohlräume zwischen den Erdkrümeln, in denen die Wurzeln und die symbiotischen Bodenkleinlebewesen die lebensnotwendige Luft und Wasser finden, bleiben erhalten. Unnötiges Herumtrampeln auf den Beeten verfestigt den Boden.

PFLANZ- UND SAATABSTÄNDE

Alle Pflanzen gedeihen besser, wenn sie ausreichend Platz zu ihren Nachbarn haben. Die idealen Abstände sind folgende:

- 25 *Zentimeter* zwischen den Reihen von: Karotten, Zwiebeln, Schalotten, Lauch (Porree), Spinat, Knollenziest, Schwarzwurzeln, Haferwurzeln
- 30 – 35 *Zentimeter* zwischen den Reihen von: Rote Bete (Randen), Rettichen, Steckrüben, Wurzelpetersilie, Kohlrabi, Salat, Sellerie (Stangensellerie oder Knollensellerie), Gemüsesenf, Pastinaken, Gemüsefenchel
- 35 – 40 *Zentimeter* zwischen den Reihen von: Mangold, Krautstielen, Kohlsorten (Blumenkohl, Brokkoli, Grünkohl, Rosenkohl, Rotkohl, Weißkohl, Wirsing), Favabohnen (Puff-, Pferde- und Saubohnen)

Folgende Gemüsepflanzen lassen sich nicht gut in den normalen 1,20 Meter breiten Beeten unterbringen. Sie brauchen mehr Raum oder besondere Standortbedingungen:

Kartoffeln

Der Reihenabstand zwischen den Kartoffeln beträgt idealerweise 60 bis 70 Zentimeter; zwischen den einzelnen Stauden 30 bis 40 Zentimeter. So können sie gut gehackt und mit Erde angehäufelt werden. Der gärtnerische Fachausdruck »Anhäufeln« bedeutet, dass man mit einer Hacke oder dem Rechen die lockere Erde an die junge Pflanze, also in deren Sprossbereich, heranzieht. Dadurch bilden die Pflanzen mehr Seitenwurzeln aus und können so auch mehr Nährstoffe aufnehmen – sie wachsen besser und werden kräftiger.

Hülsenfrüchte

Stangenbohnen brauchen Beete von etwa 1 Meter Breite. Die einzelnen Stangen werden in einem Abstand von 70 bis 90 Zentimetern in den Boden gesteckt. Rundherum um jede Stange steckt man etwa 8 bis 10 Bohnensamen in die Erde. Wenn die Keimlinge anfangen auszutreiben, werden sie mit der Hacke angehäufelt.

Buschbohnen sät man am besten in kreisrunden Horsten, wobei die Entfernung zwischen den

Als Bohnenstangen verwende ich etwa drei Meter lange dünne Äste, die ich im Wald finde. Sie müssen gut in den Beeten verankert werden, erst danach sät man die Bohnen rund um die Stangen. ›

Horsten optimalerweise 60 Zentimeter beträgt. Man kann sie aber auch in Reihen säen, mit einem Abstand von 50 Zentimetern zwischen den Reihen, und von 10 Zentimetern zwischen den einzelnen Bohnen. Auch sie werden angehäufelt.

Erbsen – Markerbsen, Schalerbsen, Zuckererbsen oder Kefen – brauchen ebenfalls Beete von ungefähr 1 Meter Breite. Am besten spannt man einen Hühner- oder Hasendrahtzaun von 1,5 Metern Höhe, an dem sie sich emporranken können. Die Samen werden in Reihen auf beiden Seiten des Zauns, 8 Zentimeter voneinander entfernt, gesteckt. Wenn die Pflänzchen eine Höhe von ungefähr 4 Zentimetern erreicht haben, werden sie angehäufelt.

Favabohnen (Pferdebohnen, Saubohnen) brauchen 40 Zentimeter Abstand zwischen den Saatreihen und 20 Zentimeter zwischen den einzelnen Pflanzen. Nachdem sie ungefähr 10 Zentimeter hoch gewachsen sind, werden sie angehäufelt.

Zuckermais

Mais wird in Reihen von 70 Zentimetern Abstand ausgesät und die einzelnen Pflanzen auf 40 Zentimeter ausgedünnt. Auch häufelt man die jungen Pflanzen mit Erde an. Mais wird immer in einem geschlossenen Block angebaut; dadurch kann man sicher sein, dass diese windbestäubten Getreidepflanzen auch körnertragende Kolben entwickeln.

Kürbisgewächse

Freilandgurken sind nährstoffbedürftige Kriechpflanzen, die genügend Platz brauchen, um sich zu entwickeln. Ein schräg gestellter, 1 Meter breiter Lattenrost gibt ihnen Halt. Manche Gärtner lassen sie auch im Maisbeet wachsen, wobei der Mais ihnen als Stütze dient. So haben es die Indianer mit den rankenden Sommerkürbissen gemacht. In unseren Breitengraden mit kühleren Temperaturen und kürzerer Vegetationszeit ist davon abzuraten; der Mais wächst oft nicht schnell genug in die Höhe.

Man sollte bei den Gurken achtgeben und die Ranken nicht unnötigerweise bewegen, denn das kann die Früchte bitter werden lassen.

Kürbis und Zucchini: Diese stickstoffhungrigen Starkzehrer pflanzt man gerne auf einen mit Erde überdeckten Haufen reifen Komposts. Eine Zucchinistaude gibt sich mit 1 Quadratmeter Boden zufrieden. Der große Kürbis rankt jedoch, wohin er will; deshalb gönnt man ihm einen sonnigen Platz am Rand eines Komposthaufens.

Kräuter

Die meisten Gewürzkräuter – Bohnenkraut, Majoran, Salbei, Thymian, Koriander, Marienblatt, Kerbel, Liebstöckel, Zitronenmelisse, Ysop, Dill, Fenchel et cetera – sind Wärmeliebhaber; viele stammen aus dem Mittelmeerraum. Ihnen gehört der sonnigste, wärmste Platz im Garten, etwa an einer Steinmauer, die Wärme zurückstrahlt, oder in einer aufgehäuften Kräuterspirale.

Tomaten

Die Paradiesäpfel haben gerne ihr eigenes Beet. Entlang der Hauswand kann man sie auf 50 Zentimeter Abstand pflanzen, auf dem Beet, wo sie an Spalieren aufgebunden werden, setzt man sie 70 Zentimeter voneinander entfernt in Reihen. Der Abstand zwischen den Reihen sollte 1 Meter betragen, damit jede einzelne Pflanze genug Sonne bekommt.

Topinambur

Diese Knollensonnenblumen werden am besten am Rand des Gartens 5 Zentimeter tief in die Erde gesetzt, mit einem Pflanzen- und Reihenabstand von je 30 Zentimetern. Die bis zu 3 Meter hohen, winterharten Pflanzen bilden dann unterirdische Ausläufer in alle Richtungen, an deren Spitzen neue Knollen entstehen.

GARTENGERÄTE UND WERKZEUGE

Gärtnern ist ein uraltes Handwerk. Lange vor der Eisenzeit, noch in der jüngeren Steinzeit, fingen einige Stämme mit der Kultivierung von Nutzpflanzen an, mit Bodenbearbeitung, Säen, Pflanzen und Ernten. Ihre Werkzeuge waren einfach. Es gab den Grabstock, der schon in der Altsteinzeit zum Ausgraben von Wurzeln und Knollen verwendet wurde und nun neue Anwendung fand: Mit ihm konnte man den Boden aufbrechen und lockern, große Erdschollen zerschlagen, Pflanzlöcher für Setzlinge und Saatkörner graben. Mit einem gekrümmten Stock hackten und jäteten die ersten Gärtnerinnen. Aus diesem gärtnerischen Urwerkzeug sind die Gärtnerwerkzeuge und Handgeräte hervorgegangen, die wir bis heute verwenden.

Diese Handwerkzeuge sind es auch, die mir in meinem Überlebensgarten zur Verfügung standen. Auf motorisierte Geräte, ratternde Fräsen, die Sprit brauchen, Krach machen, stinken, Regenwürmer zerhacken, Wurzelunkräuter wie Quecken und Ackerschachtelhalm vermehren und die gärtnerische Meditation stören, habe ich gerne verzichtet. Auch kostspielige Bewässerungsgeräte brauchte ich nicht, denn mit den richtigen Kulturmaßnahmen, wie dem Hacken oder Mulchen, und ein paar einfachen Gießkannen kam der Garten auch in trockeneren Zeiten gut zurecht. Ein kleines Gewächshaus wäre mir ganz recht gewesen, aber diese Investition war unerschwinglich. Ein Häcksler oder Schredder war ebenfalls nicht nötig, denn das Zerkleinern von Kohlstrünken, Zweigen oder Sonnenblumenhalmen geht auch gut mit einem scharfen Spaten. Die größte Investition war eine Schubkarre. Die war unabdinglich, um Kompost, Erde, Mist, Laub, die geernteten Gemüse und vieles mehr zu bewegen.

Werkzeuge pflegen

Wir leben in einer Verbraucher- und Wegwerfgesellschaft. Alles kann man ja kaufen und ersetzen. Das war nicht immer so. Auch bei uns auf dem Berg erkannte ich wieder, wie wichtig es ist, mit den Werkzeugen sorgsam umzugehen und sie zu pflegen. Das hatte mir auch unser alter deutsch-amerikanischer Nachbar, der Pferdeschmied John Beck, beigebracht. Nie wurden Spaten, Rechen oder Hacke am Abend oder im Regenwetter draußen liegen gelassen. Die Metallteile rosten, und Mikroben zersetzen allmählich das Holz der Stiele, sodass sie leicht brechen. Am Ende des Tages wurden die Geräte von der anhaftenden Erde gereinigt und sorgfältig an ihrem Platz im Schuppen aufgehängt. Für den Winter wurden die Metallteile, Zinken und Grabscheite, mit einem Lappen eingefettet und die hölzernen Stiele – sie mussten vorher ganz trocken sein – mit heißem Leinöl eingerieben. Schläuche und Planen haben wir im Dunkeln gelagert, da Sonnenlicht sie spröde macht. Auch Gießkannen und Schubkarren bekamen einen trockenen Ort im Schuppen.

Der alte Gärtner hatte fast ein persönliches Verhältnis zu seinen wichtigsten Werkzeugen. Das ist aber nicht ungewöhnlich. In vielen traditionellen Gesellschaften, etwa bei den Germanen und Kelten, hatten Werkzeuge und Waffen sogar ihre persönlichen Namen. Eine Indianerin sagte zu mir, als ich ihre Rassel bewunderte: »In dieser Welt ist es eine Rassel, aber in der Geisterwelt ist es eine Verbündete!«

»Viele Gärtner haben ein fast persönliches Verhältnis zu ihren Werkzeugen und pflegen sie äußerst liebevoll.«

DIE WICHTIGSTEN GARTENGERÄTE

Die Gartentechnologie mag einfach sein, die Techniken des Gärtnerns aber sind anspruchsvoll und über Jahrtausende in der praktischen Anwendung ausgereift. Hier nun eine Liste der einfachen Werkzeuge, die man als Grundausstattung für das erfolgreiche Gärtnern benötigt:

Grabforke 1

Die Grabgabel oder -forke steht hier an erster Stelle, auch deswegen, weil sie mein Lieblingswerkzeug ist. Ich verwende sie im Frühling, um den Acker umzugraben. Im Gegensatz zum Spaten zerschneidet die Forke nicht die wertvollen kleinen Gartengehilfen, die Regenwürmer. Wo es die Bodenstruktur erlaubt, wo sie sandig oder sehr locker ist, da braucht man nicht umzugraben, sondern kann die Grabforke benutzen, um den Boden zu lockern, ohne ihn zu wenden.

Das Gerät lässt sich einsetzen, um Wurzelgemüse zu ernten, Kompost einzuarbeiten oder auch um zähe Unkrautwurzeln herauszuheben.

Hacke 2

Gehackt wird, um die konkurrierenden Begleitkräuter zu entfernen, den Boden zu lockern, zu lüften und die Bodenfeuchtigkeit zu erhalten. Welche Hacke man nimmt, kommt auf die Bodenbeschaffenheit und den Arbeitsgang an.

Mit der **Ziehhacke** oder **Pendelhacke (a)** braucht man nicht auf und ab zu schlagen, sondern kann durch waagrechtes Hin- und Herziehen den Boden zwischen den Gemüsereihen flachgründig lockern und das aufkeimende Unkraut beseitigen. Wenn der Boden nicht steinig ist, ist es ein leicht zu handhabendes, ideales Gerät. Im Gegensatz zur Schlaghacke wird die Ziehhacke rückwärts arbeitend bedient.

Die **Schlaghacke** oder **Haue (b)** hat ein kräftiges Blatt, mit dem man senkrecht in den Boden schlägt und dann die Erde zu sich her zieht. Man arbeitet sich allmählich weiter nach vorne. Die Schlaghacke war das Hauptwerkzeug der ersten sesshaften Bauern und Gärtner und gehört noch immer zu den einfachen Hackbaugesellschaften in tropischen Ländern. Man kann damit auch schwere und steinige Böden bearbeiten, Erdschollen zerkleinern oder Grassoden und Wurzelunkräuter herausheben. Eine schweißtreibende, den Rücken belastende Arbeit! Ich nehme die Schlaghacke, um beim Kartoffelsetzen tiefe Rillen zu ziehen oder um den Mais und die Kartoffelstauden mit Erde anzuhäufeln. Für die Arbeit zwischen den Gemüsereihen benutze ich sie nicht, denn allzu oft werden die Wurzeln durch die Schlaghacke beschädigt.

Die **Doppel-** oder **Kombihacke (c)** hat ein breites Blatt auf der einen Seite, ähnlich der Schlaghacke, und zwei oder drei Zinken auf der anderen Seite, ähnlich dem Kultivator oder Grubber. Mit den Zinken lockert man den Boden.

Handhacken haben einen kurzen Stiel und eignen sich für bodennahe Feinarbeiten.

Geräte zur Bodenlockerung 3

Mit dem sogenannten **Sauzahn (a),** bestehend aus einem an einem Stiel befestigten, starken, gebogenen Zinken, kann man den Boden zwischen den Gemüsereihen tief lockern und mit Sauerstoff versorgen.

Der **Krail (b)** ähnelt dem Sauzahn, nur hat er statt einer Zinke drei oder vier Zinken, die im rechten Winkel klauenartig abgebogen sind. Er eignet sich gut zur Bodenlockerung, zum Einarbeiten von Kompost und zum Herausheben der Wurzeln von festwurzelnden Unkräutern.

Der **Grubber,** manchmal auch **Kultivator (c)** genannt, ähnelt dem Krail, nur ist er nicht ganz so stark und hat meistens vier bis fünf Zinken. Man zieht ihn durch die Reihen, um den Boden zwischen den Gemüsen zu lockern.

Spaten 4

Vom mühsamen Umgraben mit dem Spaten bin ich abgekommen; lieber benutze ich die Grabforke. Dennoch ist der Spaten wichtig, um ein Loch für neue Obstbäume oder Beerensträucher zu graben, um einen Graben zu ziehen oder um Strünke, Halme oder kleine Zweige für den Kompost zu zerhäckseln.

Rechen 5

Auf den umgegrabenen Beeten setze ich den mit Eisenzinken versehenen Rechen ein wie eine Egge. Mit ihm kann man die Beete ebnen, Steine und Unkrautwurzeln herausziehen und gröbere Schollen zerkrümeln. Dadurch wird das Beet sä- oder pflanzbereit. Mit dem umgekehrten Rechen, also dem Rücken des Rechens, kann man frisch eingesäte Reihen festdrücken.

Um Heu oder abgemähtes Unkraut zusammenzurechen, nimmt man lieber einen Holzrechen, also einen Rechen mit hölzernen Zinken.

Fächerbesen oder Laubrechen 6

Dieses Werkzeug besteht aus einem Fächer elastischer Stahlzungen. Der Fächerbesen eignet sich hervorragend, um Herbstlaub oder kurzen Rasenschnitt zusammenzufegen.

Pflöcke, Schnur und Zollstock

Um die Beetbreite von 1,20 Meter, die Abstände zwischen den Reihen und die Wege auszumessen, braucht der Gärtner kurze, unten angespitzte Pflöcke, Markierschnur und Messstab.

Pflanzschaufel oder Pflanzholz

Zum Pflanzen der Setzlinge ist eine kleine Handschaufel sehr nützlich. Man steckt die Handschaufel senkrecht in den Boden, zieht sie zu sich her und macht so das Pflanzloch. Wenn man die Setzlinge in das Loch hineinpflanzt, drückt man sie von der Seite mit der Schaufel fest. Auf keinen Fall soll man die Erde von oben her festdrücken – ein häufiger Fehler.

Die dicken Samen von Bohnen, Erbsen oder Mais kann man, ebenso wie Saatzwiebeln und kleine Blumenzwiebeln, einfach mit dem Finger in den Boden drücken. Wenn das bei hartem und trockenem Boden nicht möglich ist, nimmt man ein **Pflanzholz** (Pflanzstock), mit dem man senkrecht in die Erde sticht, damit ein Saatloch entsteht. Dieses spitz zulaufende Handgerät ist aus einem dicken Zweig leicht selber herzustellen.

Schaufel

Eine Schaufel ist nötig für Erd- und Kompostarbeiten, für das Ausheben von Pflanzlöchern oder das Füllen der Schubkarre.

Schubkarre

Immer wieder gibt es Lasten zu bewegen: Kompost, Erde, Holz, geerntetes Obst oder Gemüse. Ich kann mir das Gärtnern ohne diesen lasttragenden Esel gar nicht vorstellen. Heutzutage hat die Schubkarre Gummireifen, was ein Vorteil gegenüber früher ist, als die Räder noch mit Eisen bereift waren.

Sichel oder Sense

Die Handsichel ist notwendig zum Mähen kleiner Flächen, wie unter den Beerenbüschen, oder um Futter für die Stallhasen zu schneiden. Die Sense nimmt man für Wiesen und größere Flächen. Vielleicht ist der grüne Teppich eines englischen Rasens ganz nett als Spielfläche, mir ist jedoch die Blumenwiese lieber, die nur zweimal im Jahr mit der Sense geschnitten wird. Sie hat auch mehr ökologischen Nutzen, da sie viel mehr Pflanzen- und Insektenarten einen Lebensraum bietet. Auch Vögel und Lurche finden dort Futter und besseres Auskommen.

Mit der Sense umzugehen, muss man lernen. Anfänger »hacken« meist mit großem Kraftaufwand die Pflanzen um, anstatt die Sense in lockerer, schwingender Bewegung dicht über die Oberfläche des Bodens gleiten zu lassen. Wenn man Glück hat, findet man einen alten Bauern, der einem zeigen kann, wie man das richtig macht und wie man die Sense mit dem Wetzstein schärft und – so fern notwendig – mit dem Hammer dengelt.

Gießkanne

Die Gießkanne ist unentbehrlich zum Angießen von Jungpflanzen. Bei einer neuen Reihensaat, im Saatbeet oder bei gerade aufkeimenden Pflänzchen setzt man den Brausekopf (Flachbrause) auf, der das Wasser feinstrahlig verteilt. Damit vermeidet man, dass die Pflänzchen verschlämmen oder die Wurzeln ausgespült werden. Wenn man einen Wasseranschluss im Garten hat, sind natürlich ein **Gartenschlauch** oder sogar ein modernes Beregnungssystem sehr nützlich. Unbedingt nötig ist das aber nicht, wenn man die Techniken kennt, wie man sparsam mit Wasser umgeht (siehe auch Seite 139 f.: Bewässerung).

Schneidwerkzeuge

Ein **Beil** oder eine **Machete** gehören ebenso zur Gärtnerausrüstung wie ein gutes **Sackmesser**, eine **Hippe** oder ein **Gärtnermesser** und eine **Gartenschere.**

ERFAHRUNGEN SAMMELN

Nachdem der Boden in dem neu angelegten Garten bereitet und ausgemessen war, machte ich mich auf den Weg ins Tal, fuhr mit dem alten Fahrrad zum Samenhändler und kaufte das Saatgut, das ich für das Jahr benötigte. Was für ein Wunder, wenn man bedenkt, dass sich mit ein paar Samentüten der ganze künftige Gemüsegarten in zwei Händen halten und in einem Rucksack ganz einfach den Berg hinauftragen lässt!

Die in schwarzen Plastiktöpfen vorgezogenen Tomaten-, Gurken-, Salat- und Kohlsetzlinge konnte ich nicht kaufen, erstens, weil sie für uns zu teuer waren, und zweitens, weil wir dafür keine Transportmöglichkeit hatten.

AUSSAAT

Das Jahr war schon fortgeschritten. Der Kuckuck hatte schon gerufen und die Eisheiligen (siehe Seite 180) waren längst vorbei. Gerne hätte ich früher angefangen. So schlimm war das aber auch nicht, denn wenn man zu früh anfängt, ist es wahrscheinlicher, dass noch eine Frost- oder Regenperiode auftritt, die einen Schock für die jungen Pflanzen darstellt. Dann gibt es einen Wachstumsstau. Die Pflänzlein hocken dann da, als ob sie sich nicht trauen würden, weiterzuwachsen. In diesem Zeitraum, wenn sie stocken – oder wie Gärtnermeister Stauffer es ausdrückte, »wenn ihre ätherische Lebenskraft nicht mehr fließt« – sind sie anfälliger für Mehltau, Pilz, Schneckenfraß und Angriffe anderer Schädlinge. Es ist also besser, etwas später im Mai zu pflanzen oder zu säen, denn dann können die Pfleglinge zügig durchwachsen und sich gut entwickeln.

Ich säe alles ein, so wie ich es gelernt habe. Wenn die Beete trocken genug sind, ebne ich die Schollen mit der Gartenharke ein. Ein paar Tage später ziehe ich mit der Pendelhacke noch einmal darüber, um die aufkeimenden Unkrautsamen zunichtezumachen, und reche die Beete sorgfältig glatt. Dabei achte ich darauf, dass ich immer auf den Wegen stehe und nicht in ein Beet steige, um dort nicht den Boden zu verfestigen.

Nun ziehe ich Saatrillen für die Reihensaat mit dem Finger, einem Stock oder der Kante des Rechens entlang einer straff gespannten Schnur und säe die Samen. Ich säe sie mit Daumen, Zeigefinger und Mittelfinger, ungefähr so, wie man ein Gericht mit Salz würzt.

Lichtkeimer und Dunkelkeimer

Auch auf die Saattiefe muss man achten. Eine Faustregel besagt, dass man die Samen so tief sät, wie das Saatkorn dick ist. Einige, die sogenannten Lichtkeimer wie Salat, Möhren, Schinkenwurzel (Nachtkerze), Tabak oder Kamille, dürfen nur ganz leicht oder gar nicht mit Erde bedeckt, sondern lediglich angedrückt werden. Sie brauchen, wie der Name schon sagt, Licht zum Keimen. Dunkelkeimer müssen jedoch, je nach Art,

Hier machen sich zwischen den zarten, langsam wachsenden Karottensämlingen Radieschen (Mitte) und Pflücksalat (rechts) als Markiersaat breit. Sie werden bald geerntet, um den Karotten Platz zu machen.

»Mir war es immer wichtig zu wissen, welche Pflanzen man essen kann und wie man sie anbaut.«

ordentlich zugedeckt werden. Dafür benutzt man am besten den Rechen. Mit dem flachen Ende des Rechens kann man anschließend die Saatrillen festdrücken. Besonders tief in den Boden werden Schwarzwurzel, Mais und Bohnen gesät. Genaue Angaben findet man auf den Samenpäckchen.

Anfänger säen die Samen meistens viel zu dicht. Die eng zusammengedrängten Keimlinge haben dann kaum Platz, sich zu entfalten. Dann muss man sie ausdünnen. Die Gärtnerregel ist: »Lieber zu weit als zu dicht gesät!«

Einigen Arten wie Bohnen, Erbsen und Kefen tut es gut, wenn man die Samenkörner einen Tag lang in Wasser legt und sie quellen lässt. Dann keimen sie schneller. Gurken, Kürbisse und Melonen kann man in Milch vorquellen lassen. Länger als einen Tag lang darf man sie aber nicht vorquellen lassen, denn dann »ertrinken« sie – sie sind ja lebende Wesen, die atmen müssen. Es gibt Gärtner, die in dieses Saatbad biodynamische Präparate mischen, alten reifen Kompost, »effektive Mikroorganismen« (EM) oder gar einen chemischen Fungizid-Cocktail. Diese Beimischungen halte ich für nicht so wichtig, besonders wenn der Boden gesund ist.

Markiersaat

Bei langsam keimenden Saaten, wie denen von Schwarzwurzeln, Neuseeländer Spinat oder Doldenblütlern wie Karotten, Pastinaken, Gemüsefenchel oder Petersilienwurzeln, sät man noch eine Markiersaat mit in die Reihen hinein. Diese besteht aus Samen von Radieschen, Kresse oder Pflücksalat, die sehr schnell keimen und die Saatreihen erkennbar machen. So erwischt man beim Hacken zwischen den Reihen nicht aus Versehen die keimenden Pflänzchen. Selbstverständlich wird die Markiersaat ganz dünn ausgesät – alle 20 Zentimeter ein Saatkorn –, damit

Torf im Garten?

Der dunkelbraune, nährstoffarme Rohhumus, der in Feuchtgebieten durch vorwiegend anaerobe (sauerstofffreie) Zersetzung von pflanzlichen Materialien, vor allem Torfmoosen, entsteht, war bei den Gärtnern der letzten Jahrhunderte als Bodenverbesserer und zur Herstellung von Anzuchterden heiß begehrt. Torf in den Anzuchterden fördert die Wurzelbildung.

Bodenverbesserung
Als Bestandteil des Komposts, insbesondere der Kompostabdeckung, absorbiert Torfmull Ausdünstungen wie Methan oder Ammoniakgase und verhindert auf diese Weise Nährstoffverluste und unangenehme Gerüche.

Torf im Acker kann schwere Böden auflockern und bei sandigen Böden das Wasserspeicherungsvermögen verbessern. Obwohl er sauer ist (niedriger pH-Wert), kann Torf durch Kalkgaben neutralisiert werden. Pflanzen, die einen eher sauren Boden mögen, wie Azaleen, Erika, Rhododendron oder Himbeeren, können mit Torfmull gemulcht werden.

Lieber ohne Torf
Trotz dieser Vorteile sollte man auf Torf verzichten. Viel zu lange wurde Torf massiv als Heizmaterial und als Gärtnererde abgebaut. Das führte zur Zerstörung jahrtausendealter Moore.

Entwässerungsmaßnahmen in den Mooren taten das Übrige, um diese einmaligen Biotope zu vernichten. Man kann gute Gartenerde oder Blumenerde auch ohne Torfmull herstellen oder Torfersatz, wie Tannennadelkompost- oder Rindenkomposterde, verwenden.

EIN MISTBEET ANLEGEN

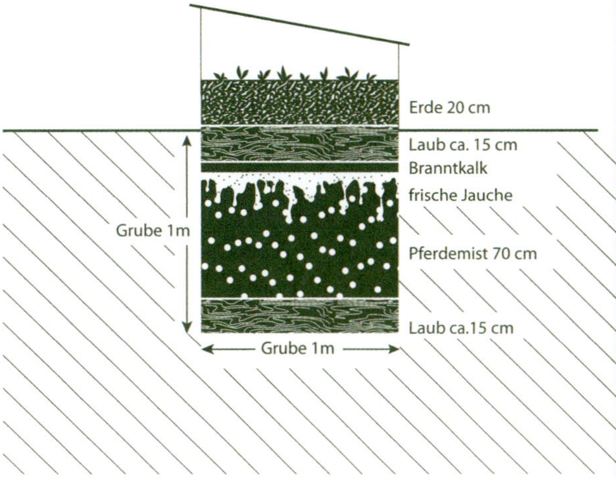

Bei Manfred Stauffer lernte ich, wie man ein Mistbeet einrichtet, um Setzlinge für wärmebedürftige Sommerpflanzen zu ziehen. Dazu gehören:

- Abelmoschus (Okra)
- Auberginen (Eierfrüchte)
- Chili
- Gurken
- Knollensellerie
- Kürbisse
- Malabarspinat
- Melonen
- Neuseeländer
- Paprika
- Spinat
- Tomaten

Für ein Mistbeet wird eine beliebig lange, je 1 Meter breite und tiefe Grube ausgeschachtet, am Boden mit einer dünen Laubschicht bedeckt und 70 Zentimeter hoch mit frischem Pferdemist gefüllt. Das Laub verhindert Wärmeverluste nach unten hin. Der Pferdemist wird zusätzlich mit frischer Jauche, Urin oder Gülle angefeuchtet. Manche Gärtner geben noch eine dünne Schicht Branntkalk (Ätzkalk) dazwischen, um den Gärprozess richtig anzuheizen. Dabei ist jedoch höchste Vorsicht vonnöten, denn dieser Kalk kann Verbrennungen auf der Haut verursachen und – wenn er in die Augen kommt – zur Erblindung führen! Dann wird der Mist gleichmäßig festgetreten, indem man systematisch darauf herumtrampelt. Über den festgetretenen Mist kommt eine Handbreit (etwa 15 Zentimeter) Torfmull oder Laub, um die giftigen Ammoniakdämpfe aufzufangen, die beim schnellen Verrottungsprozess entstehen und aufsteigen. Darüber füllt man zwei oder drei Handbreit tief gut gemischte Anzuchterde.

Wie beim Frühbeetkasten umschließt man das Mistbeet mit einem Bretterrahmen und deckt es mit alten Glasfenstern ab, die zur Südseite hin schräg abfallen. Die Sonne heizt von oben durchs Glas, während der Pferdemist den Boden von unten erwärmt. Der Mist erzeugt eine beständige Wärme, die bis zu sechs Wochen anhält.

Lüften nicht vergessen

Wie beim normalen Saatbeet muss man unbedingt lüften, wenn es zu warm wird, sonst werden die Pflänzchen geilwüchsig; das heißt, sie schießen in die Höhe, haben aber keine feste Struktur oder Widerstandskraft. Der erfahrene Gärtner wird ein Gespür für die Temperatur haben, der Anfänger jedoch ist gut beraten, ein Thermometer zu nehmen. Bei rund 15 Grad Celsius wird gelüftet. Mit Hölzern, die man zwischen Bretterrahmen und aufliegende Fenster klemmt, kann man diese auf beliebige Höhe aufstützen.

Nachts schließt man die Fenster. Bei Frostgefahr sollte man den Kasten eventuell zusätzlich mit einer Decke abdecken und die Keimlinge vorher mit lauwarmem Wasser begießen.

Pflanzen abhärten

Im Laufe der Zeit, wenn die Jungpflanzen größer werden, wird der Kasten immer häufiger und länger aufgedeckt, um die Pflanzen abzuhärten. Verhätschelte Pflanzen würden einen Wachstumsschock bekommen, wenn sie dann im Freien ausgepflanzt werden. Nach den Eisheiligen, wenn die Setzlinge groß genug sind und keine Frostgefahr mehr besteht, können die wärmeliebenden Gemüse dann in die Beete ausgepflanzt werden.

Gurken, Zucchini und Kürbis, die sich nicht gerne umpflanzen lassen, kann man in Papptöpfen oder Presstorftöpfen in der warmen Mistbeeterde großziehen und später gleich mit ihren Behältern in die Beete setzen. Die Töpfe lösen sich dann in der Erde allmählich auf.

Die richtige Anzuchterde

Die Saatbeeterde, in der die junge Saat wurzelt, muss sorgfältig zusammengesetzt sein. Sie soll die richtigen Nährstoffe, Humussäuren und Mineralien in ausreichenden Mengen nachliefern können.

Da ich anfangs noch keinen richtigen Kompost hatte, holte ich Schlamm vom Tümpel, Torf vom verlandeten Teich unweit des Hauses und etwas Waldboden und mischte alles mit gesiebter Erde vom Garten. Ein altes Drahtmaschentor, das ich auf dem Hof fand, diente als perfektes Sieb.

Eine umweltschonende, weil torffreie Anzuchterde kann man leicht selber mischen:

- 1 Teil reife Komposterde
- 1 Teil Sand
- 2 Teile gute Gartenerde

sie die eigentliche Saat nicht erstickt. Pflücksalat, Kresse und Radieschen haben noch einen Vorteil: Sie sind mit das Erste, was man vom Garten ernten und auf den Teller bringen kann.

Saatbeet oder Frühbeetkasten

Da ich mir keine vorgezüchteten Jungpflanzen vom Gärtner leisten konnte, baute ich mir ein 1,20 mal 2,50 Meter großes Beet als Saatbeet oder Jungpflanzenfrühbeet. In einem solchen Beet werden die Samen von Kopfsalat, Endivien, Lauch, Mangold, Zuckerhut, Weißkohl, Wirsing, Blumenkohl, Rotkohl und anderen Kohlsorten sowie die der verschiedenen Sommerblumen in Reihen gesät. Der Abstand zwischen den Saatreihen beträgt eine gute Handbreit. Wo sie zu dicht aufkeimen, werden die gedrängten Pflänzchen, zusammen mit dem Unkraut, herausgezupft. Man lässt immer die stärksten und gesündesten Jungpflanzen stehen. Zwischen den Reihen lockert man den Boden vorsichtig, damit die Wurzeln atmen können. Später, wenn sie größer sind, werden die Jungpflanzen pikiert (vereinzelt) und schließlich an ihren endgültigen Platz in den Boden gesetzt.

Mit alten Brettern, die in der Scheune herumlagen, zimmerte ich einen Rahmen, der die jungen Pflanzen vor dem Wind schützte. Wind kühlt nicht nur, er weht auch viel von dem bodennahen Kohlendioxid weg, welches die Pflanzen als Nahrung brauchen. Kohlendioxid ist etwas schwerer als gewöhnliche Luft; es wird von den Bodenorganismen ausgeatmet und von den Spaltöffnungen an der Unterseite der Blätter aufgenommen.

Kamillenblüten kann man nicht genug haben – sei es, um Kamille-Schachtelhalm-Tee zur Stärkung der Jungpflanzen herzustellen oder einen Vorrat für die Hausapotheke zu trocknen. ›

Über den Kasten legte ich ausgediente Fenster, die ich ebenfalls in der Scheune fand. Ich gab dem Rahmen eine leichte Schräge in Nord-Süd-Richtung, um das Sonnenlicht besser einzufangen. Über Nacht wurden die Fenster zugeklappt, um die zarte Saat vor Kälte zu schützen. Tagsüber öffneten wir sie, damit es den Pflänzchen nicht zu heiß wurde. Auch wenn es zu lange regnet, kann man die Fenster schließen.

Die jungen Pflänzchen sollten täglich, am Abend oder frühen Morgen, mit einer feindüsigen Gießkanne bewässert werden. Das Wasser darf nicht zu kalt sein. Es ist ratsam, die Anzucht einmal in der Woche mit einem Kamille-Schachtelhalm-Tee zu besprühen, der Stängelfäule und Mehltaubefall vorbeugt.

Ein Gewächshaus wäre schön

Jungpflanzen und Setzlinge lassen sich natürlich sehr gut auch im Glasgewächshaus heranziehen, aber so etwas stand uns nicht zur Verfügung. Eine weitere Möglichkeit, Setzlinge frühzeitig vorzuziehen, ist das Anlegen eines Mistbeets. Das ist eine alte Gartentechnik, die ohne Strom oder fossile Heizquellen auskommt. Mit dem normalen Saatbeet klappte das Heranziehen von Pflanzen in dem neuen Garten auf dem Berg gut. Leider hatte ich keinen Pferdemist für ein Mistbeet. Nach mehreren Versuchen und Anläufen in den folgenden Jahren musste ich erfahren, dass Tomaten, Gurken, Melonen, Kürbis, Paprika, Gemüseportulak, Neuseeländer Spinat und andere Wärmeliebhaber auf einer Höhe von knapp 1000 Metern im Allgäu sowieso nicht gedeihen wollten. Ein beheizbares Gewächshaus wäre die Lösung, aber bis jetzt habe ich keine Zeit gefunden, mir eines zu bauen.

Anstatt die Natur zu zwingen, passt man sich ihr lieber an. Also konzentrierte ich mich auf jene Gemüsearten, die das feuchte, kalte Klima vertragen, auf Wurzel- und Blattgemüse. Das sind vor allem Kohlgewächse und Kreuzblütler, manche Korbblütler und Schirmblütler. Mit einigen wärmebedürftigen Pflanzen, die schnell wachsen und nach den frostfreien Tagen im Mai ausgesät werden können, habe ich dennoch bis heute gute Erfolge. Dazu gehören Zuckermais und grüne Bohnen – sowohl Stangen- als auch Buschbohnen.

Kamille-Schachtelhalm-Tee gegen Mehltau

Man lässt eine Handvoll Schachtelhalmkraut in einem großen Topf mit Wasser 20 Minuten lang kochen. Vom Herd ziehen und in den heißen Sud eine Handvoll Kamille geben. Zugedeckt abkühlen lassen und abseihen.

Gemüsesorten für raues Klima

Wie erwähnt, musste ich mich auf Kaltwetterpflanzen konzentrieren – Gemüsearten, die kühles, feuchtes Wetter vertragen und denen der letzte Frost wenig anhaben kann. Darunter sind viele Wurzelgemüse, die sich in der Erde gut vor der Kälte verstecken können, bis die wärmeren Tage kommen. Hier nun einige der wichtigsten:

- Endivien
- Erbsen
- Feldsalat oder Nüssler
- Gartensauerampfer
- Gartenmelde
- Gemüselöwenzahn
- Haferwurzel
- Karotte
- Knollenziest
- Knolliger Kälberkropf oder Kerbelrübe
- Kohl
- Kohlrübe
- Mangold
- Pastinake
- Radieschen
- Rettich
- Rote Bete
- Schalotten
- Schwarzwurzel
- Sellerie
- Senf
- Spinat
- Stangensellerie
- Wurzelpetersilie

ZUCKERMAIS MUSS SEIN

Mit dem Mais musste ich mir auf unserer Niederalp besonders viel Mühe geben. Amerikaner lieben den Mais praktisch in jeder Form – frisch geerntete, gekochte Maiskolben mit Butter und Salz, Popcorn, Cornflakes – also Maisflocken – zum Frühstück, Maisgrütze und vieles mehr. Da ich in Amerika aufgewachsen bin, ebenso wie meine Frau, ist es verständlich, dass Mais unbedingt in den Garten musste. Damit der Anbau auch sicher gelang, beschaffte ich mir eine Schweizer Maiszüchtung, die für kühleres Klima oder höhere Lagen geeignet ist.

In einem ordentlich angelegten Maisfeld beträgt die Entfernung zwischen den Reihen 70 Zentimeter. In den Reihen selbst steckt man alle 10 Zentimeter ein Samenkorn direkt in den Boden, etwa 1 bis 2 Zentimeter tief. Es hilft, wenn man die harten Körner vor dem Aussäen erst einen halben Tag lang in lauwarmem Wasser einweicht.

Wenn die hellgrün leuchtenden Keimlinge 3 bis 5 Zentimeter groß sind, kann man sie auf 40 Zentimeter Abstand ausdünnen oder in jene Lücken pflanzen, in denen die Körner nicht gekeimt haben. Die jungen Maispflänzchen lassen sich ohne Probleme versetzen.

Das Beet muss vor der Aussaat gut gedüngt werden, denn Mais ist ein sogenannter Starkzehrer, mit hohem Stickstoff-, Kali- und Phosphorbedarf. Am besten versorgt man das Maisbeet schon im Herbst davor mit reifem Kompost und Holzasche. Während des Wachstums wird fleißig gehackt, nicht nur um konkurrierende Begleitkräuter zu beseitigen, sondern damit der Boden gut atmen kann. Wenn die Pflanzen eine Höhe von etwa 20 Zentimetern erreicht haben, sollte man sie anhäufeln – das heißt, mit einer breiten Hacke Erde an die Pflanze heranschieben (sie aber nicht mit Erde bedecken). Für eine Zwischendüngung mit Kompost, während die Pflanzen noch relativ klein sind, ist der Mais dankbar.

Geerntet wird im Herbst (September bis Oktober), wenn die Griffel, die als weiße Fäden aus dem Ende des Kolbens heraushängen, welken, austrocknen und dunkelbraun werden. Am besten schmecken die Maiskolben frisch geerntet und gleich in heißem Wasser gekocht oder, noch in ihre grünen Hüllblätter gewickelt, auf dem Grill oder im Lagerfeuer geröstet. Wenn sie frisch sind, haben sie noch viel Süße; je länger man die Kolben lagert, desto mehr verwandelt sich der Zucker in Stärke. Dann schmeckt der Maiskolben nicht mehr so lecker.

KARTOFFELN, UNSER ÜBERLEBENSMITTEL

Kartoffeln, ursprünglich von den Inkas in den feucht-nebeligen Bergeshöhen der Anden als Hauptnahrungsmittel kultiviert, sind nach dem Reis das weltweit am meisten angebaute Nahrungsmittel. Sie brauchen pro Anbaufläche weniger Arbeit und Zeitaufwand als Getreide oder irgendeine andere Feldfrucht. In Zahlen ausgedrückt, erzeugen sie pro Hektar ungefähr 7,5 Millionen Kilokalorien an Nahrungsenergie, Getreide dagegen lediglich 4,2 Millionen Kilokalorien. Kartoffeln stellen die ideale Winternahrung dar und lassen sich gut im Keller lagern, falls dieser nicht zu trocken und zu warm ist.

In der kalten Jahreszeit ohne Frischgemüse liefern die Erdäpfel genügend Vitamin C, sodass man gegen Skorbut, die einst gefürchtete Winterkrankheit, gefeit ist. Sie enthalten bekömmliches, leicht verdauliches Eiweiß, energiespendende Stärke, Mineralien und essenzielle Aminosäuren. Kein Gemüse ist vergleichbar nahrhaft, es sei denn die Topinambur-Knolle, die jedoch schwieriger in die Fruchtfolge (siehe Seite 72 ff.) einzubauen ist.

Nachdem die Kartoffel die Alte Welt erreicht hatte, wurden die Europäer allgemein gesünder. Die gesunde, nährstoffreiche Knolle ermöglichte einen gewaltigen Schub der Bevölkerungszunahme. Zuerst jedoch weigerte sich das aber-

Kartoffeln sind die Überlebensnahrung schlechthin: Sie enthalten gesunde Kohlenhydrate, essenzielle Aminosäuren, Vitamine und Mineralstoffe, sie machen satt – und sie wachsen in fast jedem Boden.

gläubische europäische Landvolk, diese »amerikanische Trüffel« (italienisch *tartufolo* – daher der deutsche Name »Kartoffel«), dieses fremde, vermeintlich giftige Nachtschattengewächs, anzubauen. Sie glaubten, dass sie dann schrundige Haut und kartoffelähnliche Auswüchse am Körper bekämen. Aufgeklärte Ökonomen und ihre adeligen Herren rechneten sich jedoch schon aus, dass mit der Kartoffel die Massenarmeen und Arbeiterheere besser durchzufüttern seien und dass die neue Frucht viele Bauern von der Scholle befreien würde, sodass sie dann dem Arbeitsmarkt zur Verfügung stehen würden. In vielen Ländern wurde der Kartoffelanbau einfach per Dekret angeordnet. In Frankreich ging die Regierung cleverer vor. Während der Hungersnot von 1780 ließ sie Kartoffeln auf öffentlichem Gelände und in Parks anpflanzen, von bewaffneten Schutzleuten bewachen und dazu Schilder mit der Aufschrift aufstellen: »*Pommes de terre* stehlen strengstens verboten!« Die Wachen wurden abends abgezogen, das hungernde Volk machte sich nachts über die verbotenen Erdfrüchte her und kam so – wie beabsichtigt – auf den Geschmack. Inzwischen ist die Kartoffel aus der europäischen Küche nicht mehr wegzudenken.

Die heilende Knolle

Als Heilmittel hat die Volksmedizin die lebensstrotzende Knolle ebenfalls entdeckt. Da gibt es manchen, der eine Kartoffel in der Tasche gegen das »Gliederreißen« trägt.

- Umschläge mit warmem Kartoffelbrei werden bei Gicht, Rheuma oder Hexenschuss angewendet.
- Frisch geriebene Kartoffeln mit Öl helfen bei Sonnenbrand, Verbrennungen und rissiger Haut.
- Hervorragend wirken heiße Kartoffelpackungen bei Gelenkentzündungen, Schwellungen, Bronchitis und Ischias.
- Roher Kartoffelsaft, löffelweise eingenommen, trägt zum Abheilen von Magengeschwüren bei und lindert Sodbrennen.

Inzwischen hat man die Kartoffel als Basenbildner ausgemacht. Sie hilft gegen Übersäuerung, lindert Verstopfung und Leberstörungen. Neuere Forschungen zeigen, dass die Kartoffel auch antioxidativ und krebshemmend wirkt; sie enthält sogar Verbindungen, die zur Bekämpfung von Viren eingesetzt werden.

Kartoffelzauber

Kein Wunder, dass eine so wichtige Pflanze mit zahlreichen Tabus und magischen Ritualen bedacht wird. Das war bei den Inkas der Fall, wo sie dem blutrünstigen Jaguargott geweiht war und wo die letzte vom Feld geerntete Kartoffel als »Kartoffelmutter« rituell verehrt wurde. Trotz Aufklärung und Rationalität ist das sogar bei vielen unserer Gärtner und Bauern der Fall. Jeder hat da irgendwie sein »magisches« Geheimnis, seine besonderen Maßnahmen, was die Kartoffelzucht angeht. Die Iren, ein Volk, das schicksalhaft mit der Kartoffel verbunden ist, und auch viele Amerikaner wählen den Tag des Nationalheiligen Patrick (17. März), um die Kartoffeln auszubringen.

Im Erdzeichen setzen

Der Mond spielt selbstverständlich auch eine wichtige Rolle. Man setzt die Kartoffel bei abnehmendem Mond oder, wie in der Schweiz, bei absteigendem Mond (wenn sich der Mond in die tieferen Tierkreiszeichen hinunterbewegt), damit die Wachstumskräfte in die Wurzel hinab und nicht ins grüne Laub gehen. Man setzt die Saatkartoffel gern, wenn der Mond in einem der drei »Erdzeichen« steht: Stier, Jungfrau oder Steinbock. Der Mond im Stier gilt als die beste Wahl, denn dann werden die Kartoffeln angeblich groß; im Zeichen der Jungfrau gesetzt, treiben die Kartoffelstauden viele Blüten, aber weniger Wurzeln, und die im Steinbock gesetzten bringen viele kleine, harte Kartöffelchen. Wassermann ist zu vermeiden, denn dann werden die Erdäpfel wässrig und faulen leicht, und die im Zeichen Krebs gesetzten werden wurmstichig. Aber auch Zwillinge und Waage sind gute Zeichen fürs Kartoffelsetzen, denn dann soll es eine doppelte Ernte geben.

Nicht nur achten die Gärtner auf den geeigneten astrologischen Zeitpunkt, sie verwenden auch gerne verschiedene geheimnisvolle Präparate, um eine gute Ernte zu erzielen. Ich will das nicht beurteilen. Es ist immer wichtig, ein persönliches Verhältnis zu den Pflanzen herzustellen, die einen nähren und heilen, und diese Gepflogenheiten tragen sicher dazu bei.

Die ersten Kartoffeln kann man oft schon im August ernten, sodass die Beete dann noch für eine Nachfrucht zur Verfügung stehen. Besonders gut geeignet sind dafür Feldsalat, Spinat oder auch Radieschen.

Wie man Kartoffeln richtig anbaut

Auch wir widmen dem Kartoffelacker, der mindestens ein Viertel der Anbaufläche unseres Gartens ausmacht, viel Sorgfalt. Anfangs verwendeten wir verschiedene Kartoffelsorten als Saatkartoffeln, um herauszufinden, welche auf der Höhe, in dem Klima und bei der Bodenbeschaffenheit am besten gedeihen würde.

Düngung und Bodenvorbereitung

Damit sich das Wurzelgemüse gut entwickelt und Nematoden (Fadenwürmer, Wurzelgallenälchen) kein Problem werden, braucht der Kartoffelacker genügend Kali (Pottasche). Natürliche Quellen dafür sind:

Holzasche, insbesondere von Harthölzern – das sind Laub tragende Bäume wie Eiche, Esche oder Buche. Im Winter streue ich die Asche vom Holzherd gerne direkt über die zum Kartoffelanbau vorgesehenen Beete. Wenn eine zu tiefe Schneedecke das Ausstreuen nicht erlaubt, bewahre ich die Asche auf, um sie kurz vor dem Kartoffelsetzen auszubringen. Oder ich streue sie dann in dünnen Lagen in den Kompost. Wenn man sie zu dick einbringt, werden die Klumpen zu Kalilauge, was auch ungünstig ist.

Schweinemist ist kalihaltig. Der Schweinemistkompost muss aber sehr gut verrottet und mineralisiert sein, ehe er aufs Beet kommt (Kompost im dritten Stadium, siehe Seite 124).

Adlerfarn: Unser größter Farn, der über zwei Meter hoch werden kann und dessen geteilte Wedel an Adlerschwingen erinnern, ist ebenfalls eine gute Kaliquelle. Die Schotten mulchen ihre Kartoffelbeete mit Adlerfarn; sie benutzen ihn auch als Einstreu im Stall, welche einen hervorragenden kalireichen Kompost ergibt.

Seetang: Wenn man in der Nähe des Meeres lebt, kann man Seetang mit in den Kompost geben, auch das ist eine gute Kaliquelle.

Regenwurmlosung: Es gilt die Regenwürmer im Boden durch gute Kompostwirtschaft und Gründüngung (siehe Seite 69) zu fördern. Wicke und Luzerne als Gründüngung im vorhergehenden Jahr eignen sich besonders gut dafür. Der wertvolle Kot der kleinen Tiere enthält elfmal so viel Kalium wie der umgebende Erdboden.

Die Düngung des Kartoffelfeldes sollte aus reifem, gutem Kompost oder völlig verrottetem Stallmist bestehen. Roher Kompost stört die harmonische Entwicklung der Knollen und zieht Ungeziefer an. Kartoffeln vertragen Kalk, aber sie bevorzugen einen leicht sauren (nicht alkalischen) Boden. Das Düngen mit Kalk kann die Kartoffeln schorfig machen.

Während der Wachstumszeit sind die Kartoffeln noch einmal für eine Kopfdüngung dankbar.

Was ist Kopfdüngung?

Starkzehrende Pflanzen wie Kartoffeln, Kohl oder Mais reagieren gut auf eine zweite Düngung während ihres Wachstums.

Die Kopfdüngung, auch Nachdüngung oder Zusatzdüngung genannt, kann in flüssiger Form als reife Jauche oder in fester Form als gut verrotteter Stallmist oder Kompost ausgebracht werden. Die Jauche – Gülle vom Stall, Brennnessel-, Kohlblatt- oder Beinwelljauche (siehe Seite 132) – sollte gut vergoren und dann mit Wasser 1:10 verdünnt werden. Die Kopfdüngung wird nicht auf die Pflanze gegeben, sondern direkt in den Wurzelbereich gegossen.

Bei den meisten anderen Pflanzen ist eine solche zusätzliche Düngung allerdings nicht nötig, da sie sonst triebig, geilwüchsig oder »mastig« werden, das heißt durch Überdüngung zu schnell wachsen und damit krankheitsanfälliger sind.

»Äugeln«

Jedes Auge (Knospe) der Kartoffel ist potenziell eine neue Pflanze. Wenn man die Saatkartoffel als Ganzes in den Boden steckt, dann keimt ein

Kartoffeln setzen

1 Jedes einzelne Auge der Saatkartoffel kann eine neue Pflanze hervorbringen. Um Saatgut zu sparen, schneidet man die Kartoffel deshalb in Stückchen, von denen jedes ein Auge besitzt.

3 Die in Rillen gesetzten Kartoffeln bestäube ich dann noch dünn mit Holzasche – sie wirkt außerdem als natürlicher Dünger.

2 Damit die Kartoffelstückchen in der Erde nicht schimmeln und verderben, wälze ich sie vor dem Setzen in der Holzasche aus dem Küchenherd.

dominantes Auge und die anderen halten sich zurück. Wenn man viel Saatgut zur Verfügung hat, spricht nichts dagegen, die ganze Kartoffel zu stecken. Man kann aber auch jedes einzelne Auge, zusammen mit ein bisschen Fruchtfleisch, herausschneiden und dann einzeln im Abstand von 40 Zentimetern voneinander, ungefähr 8 bis 10 Zentimeter tief, in die vorgesehene Reihe pflanzen; das nennt man in der Gärtnersprache »äugeln«. Die kleinen Stückchen werden vor dem Setzen am besten noch kurz in Holzasche (Buchenholzasche) getaucht, um sie zu beizen – die Asche schützt sie vor dem Verschimmeln.

Ich bevorzuge das Äugeln, denn die winzigen Kartoffelstückchen sind für die im Frühling heißhungrigen Wühlmäuse weniger attraktiv als die ganzen Knollen.

Eigenes Kartoffelsaatgut

Die halbierten, geviertelten oder geäugelten Saatkartoffeln sind selbstverständlich Klone. Überhaupt sind alle Kartoffelsorten, die auch kommerziell angebaut werden, geklont, das heißt, da ist wenig genetische Variabilität vorhanden. Erbgutvielfalt wird nur durch sexuelle Vermehrung gewährleistet, durch die neue Rekombination erblicher Faktoren mittels Bestäubung der Blüten. Um unsere Kartoffeln angepasster an unser Klima, unsere Bodenbeschaffenheit und Höhe zu machen, habe ich einige der nach der Blüte ausgereiften Kartoffelbeeren – sie sehen aus wie winzige grüne Tomaten – geerntet, die Samen herausgenommen und getrocknet. Im nächsten Jahr habe ich sie im Saatbeet ausgesät. Sie keimten und wuchsen zu kleinen Kartoffelpflänzchen heran, mit winzigen Knollen. Aus diesen kleinen Saatkartoffeln entwickelten sich ein Jahr später ansehnliche Stauden mit rosafarbenen, birnenförmigen Kartoffeln, obwohl die ursprüngliche Sorte gelb und rund war. So ist es mir gelungen, eine eigene angepasste Sorte zu erzeugen. Diese rosafarbenen Erdäpfel schmeckten auch gut – leider aber nicht nur uns, sondern auch den Schermäusen. Die Nagetiere umgingen förmlich die anderen Sorten, um an diese leckeren Knollen heranzukommen. So kam es, dass ich die Sorte nach fünf Jahren leider wieder verlor.

Beste Pflanzzeit – beste Erntezeit

Man gewinnt Zeit, wenn man die Saatkartoffeln eine Woche bis zehn Tage vor dem Auspflanzen in einer flachen Kiste an einem warmen Ort und im Licht vorkeimen lässt. Dazu legt man sie nebeneinander, nicht übereinander, zum Beispiel in ein Obstkistchen. Solche vorgekeimten Kartoffeln wachsen dann zügiger, wenn sie im Acker sind, und werden schneller erntereif.

Kartoffeln enthalten viel Wasser und sind daher besonders zugänglich für den Einfluss der lunaren Kräfte. Es ist ja bekannt, dass die Mondanziehungskraft nicht nur Ebbe und Flut im Meer bewegt, sondern auf jeden Flüssigkeit enthaltenden Körper wirkt. Mondlicht regt bei »primitiven« Tieren die Fortpflanzung an und bei den Pflanzen bessere Samenkeimung und schnelleres Wachstum.

Beim Setzen der Saatkartoffeln spielen für mich die vier Viertel der Mondphasen die wichtigste Rolle. Die Erfahrung alter Gärtner besagt, dass das dritte Mondviertel für das Kartoffelsetzen am günstigsten ist, denn da nehmen das Licht und die Mondschwerkraft ab, und die Kraft geht in die Wurzeln (siehe Seite 176).

Man kann sich aber auch an die Saatzeitregeln halten, wie sie in den »Aussaattagen« von Maria Thun und anderen populären Ratgebern angegeben werden. Da werden die Saatkartoffeln an den sogenannten Wurzeltagen gesetzt – so nennt man die Tage, in denen sich der Mond bei seinem Durchgang durch die zwölf Tierkreiszeichen in den Erd- oder Wurzelzeichen, also Stier, Jungfrau oder Steinbock, befindet.

Nach der Blüte der Kartoffelstauden – das ist unterschiedlich, je nach Region – kann man mit der Ernte beginnen oder zumindest schon einige Knollen mit der Grabforke für eine Mahlzeit herausheben. Jetzt sind auch schon die Erbsen reif und wir bereiten uns dann gern ein wunderbares Gericht aus zarten jungen Kartoffeln und frischen Erbsen zu. Erst wenn das Kartoffellaub gelb wird und verdorrt, sind die Erdäpfel richtig ausgereift. Nun kann das Feld abgeerntet und die Kartoffeln können in den Kartoffelkeller eingelagert werden.

In den Beeten, die frei werden, sät oder pflanzt man eine ***Nachfrucht*** oder ***Nachkultur*** als zweite Tracht an. Infrage kommen als Aussaaten schnell keimende Salate und Gemüse wie Spinat, Feldsalat, Gemüsesenf, Rettiche, Radieschen, Pflücksalat oder – als vorgezogene junge Pflänzchen – Kohlrabi, Grünkohl oder Winterporree. Letztere brauchen noch eine Kopfdüngung.

Kartoffelkrankheiten und Schädlinge

Wenn man den Boden richtig mit biologischem Dünger behandelt (siehe Seite 69 ff., 131 ff.) und Fruchtfolgen beachtet (siehe Seite 67 ff.), hat man kaum Probleme mit Fäule, Schorf, Fadenwürmern und anderen Schädlingen oder Krankheiten. Ich mache mir darüber auch gar keine Gedanken, sondern halte mich an die weisen Worte meines Lehrers, des Gärtnermeisters Manfred Stauffer. Er sagte: »Wie sonst im Leben, so gilt auch im Garten: Verschwende nicht deine Energie dafür, das Böse zu bekämpfen, sondern benutze sie, um das Gute zu fördern.« Und wenn sich gelegentlich mal die Kartoffelkäfer über meine Erdäpfel hermachen und meine kleinen Mitarbeiter, die Vögel, Kröten und Laufkäfer, ihrer nicht Herr werden, dann helfe ich nach mit Absammeln der Gelege wie auch der erwachsenen Käfer.

KNOCHENARBEIT UND ERSTE ERFOLGE

Das erste Jahr war härteste Arbeit. Die folgenden Jahre auch. Hätten wir nicht das Jahr auf dem Bauernhof im Emmental verbracht, dann hätten wir es nicht geschafft. Dann hätten wir die Lebenseinstellung dieser zähen Bergbauern, dieses *Dürrehebe* (das bedingungslose Durchhalten), nicht gekannt und es auch nicht so verinnerlicht. Was man da jeden Tag verrichtete, war kein Arbeiten mehr, kein normales Schaffen, sondern – wie man so schön auf Berndeutsch sagt – *Chrampfe* (Krampfen, Buckeln, Rackern). Eine gute Schule war das gewesen. Auch in den Bergregionen Asiens, vor allem in Nepal und Tibet, hatten wir Vorbilder für diese Haltung gesehen – Menschen, die harte Arbeit mit Geduld, Hingabe und trotzdem gut gelaunt verrichteten.

Die schwere körperliche Arbeit treibt den Schweiß und strengt an, aber sie ist kein Stress. Der Stress, der die modernen Menschen plagt und krank macht, entsteht aus der ständigen nervlichen Anspannung; sie hält an, ohne die Möglichkeit, sich wieder zu entspannen. Harte körperliche Arbeit ist das Gegenteil davon: Sie lässt einen gut schlafen, stärkt den Willen und mobilisiert Kräfte, von denen man sonst gar nicht weiß, dass sie in einem schlummern.

SELBSTVERSORGERS FORTSCHRITTE

Immer gab es etwas zu tun. Wir konnten uns gar nicht vorstellen, wie Menschen sich langweilen oder Depressionen bekommen können. Einen Tag verbringt man damit, Holzschindeln ins Dach unter die Biberschwanzziegel zu schieben, damit es nicht weiter ins Haus hineinregnet, oder man karrt alte Dachziegel von der verfallenen Sennhütte auf der Nachbaralp herbei, um die kaputten am eigenen Dach zu ersetzen. Am nächsten Tag streift man durch den Wald auf der Suche nach lang und gerade gewachsenen jungen Ahornbäumchen, die man zum Beispiel zu Bohnenstangen zurechtsägt.

Dann wiederum steigt man ins Tal hinunter. Da ist Sperrmülltag oder Flohmarkt und auf dem Weg dorthin entdeckt man verlassene, verwilderte Schrebergärten.

Die ersten Pflanzen

Da holt man sich Ableger von verwilderten Johannisbeeren, Zuchtbrombeeren oder Blumenstauden und buddelt die Topinamburknollen aus, die sonst einer Planierraupe zum Opfer fallen würden. Das nahrhafte Wurzelgemüse gehört unbedingt in den Garten. Aus dem Garten eines Freundes bekomme ich Ableger vom Hirschkolben-Sumach (Essigbaum) geschenkt und von der Bäuerin, bei der wir gelegentlich Milch holen, junge Erdbeerpflanzen für den Garten. All das wird im Rucksack verstaut und nach oben geschleppt. Ein anderes Mal bringe ich die Samen der Klette mit, deren Wurzeln ergiebige Überlebensnahrung sind. Auch Rohrkolbenrhizome habe ich gefunden und pflanzte sie in den kleinen Teich hinter dem Haus. Die stärkehaltigen Wurzeln dieses Sumpfgewächses kann man ebenfalls essen. Die Klettensamen streue ich entlang der Schotterpiste, die nach oben führt. Kanadische Goldrute setze ich mir in den Garten, denn ab und zu spüre ich meine Nieren. Bin ich etwa schon am Ende meiner Kräfte oder habe ich einfach zu kalt gelegen? Auf jeden Fall ist das die beste Nierenmedizin.

Gelegentlich kommt der alte Bergbauer Hans, der nächstgelegene Nachbar, vorbei. Leider können wir ihm kein Bier anbieten, da wir keins haben, nur ein Glas Wasser. Er erzählt aus seinem Leben, erzählt, dass er als Neunjähriger verdingt wurde, um als Knecht bei einem Großbauern zu arbeiten. Zäh wie Leder ist er; sein Leben lang war er Waldarbeiter und betrieb daneben einen kleinen Bergbauernhof, mit zwei, drei Kühen und ein paar Hühnern. Er weiß, wo die Hirsche ihre Geweihe abwerfen – er schnitzt Knöpfe daraus, die er an die Trachtenschneider verkauft –, und kennt auch die besten Pilzplätze. Natürlich verrät er sie uns nicht. Man soll sie selber finden, meint er. Dafür gibt er gute Ratschläge für Überlebenskünstler: »Jedes Mal, wenn du nach Hause zurückkommst, musst du etwas mitbringen, egal was: einen Ast als Feuerholz, etwas Reisig, Heilkräuter, ein paar Äpfel, eine Handvoll Beeren oder was auch immer.«

Ich halte mich bis heute daran. Meistens sind es Fichtenäste, die ich mit nach Hause schleppe. Auch uns bringt der alte Bergbauer manchmal etwas mit: Bärlauchzwiebeln, die wir dann neben dem Haus einsetzen, oder ein Hopfenpflänzchen, dessen Triebe man im Frühling als Hopfenspargel essen kann.

Schwarztee gegen Erdwespen

Der Herbst schenkt immer reichlich Beeren, die wir uns natürlich nicht entgehen lassen. Einmal waren wir in einem alten Kahlschlag beim Brombeersammeln. Der Kleine spielte zufrieden unter den Bäumen bei einer Quelle. Plötzlich aber schrie er wie am Spieß. Als wir uns durch die stachligen Ranken gekämpft hatten, sahen wir, dass er auf einem Erdwespennest stand. Die zornigen Insekten umschwirrten ihn. Instinktiv riss meine Frau die Windeln von dem Kind und packte ihn in den kühlen Schlamm bei der Quelle. Wir rannten mit ihm im Arm zum Haus. Das war fast einen Kilometer entfernt. Was konnten wir tun? Krampfhaft versuchte ich, einen klaren Gedanken zu fassen. Gerbstoff! Ja, Gerbstoff bindet Toxine, flockt sie aus. Eichenrinde. Essigbaumbeeren. Haben wir so etwas? Nein, verdammt! Aber dann fiel mir der Schwarztee ein. Davon hatten wir noch eine ganze große Packung.

Wild wachsendes Beerenobst ernten wir im Wald. Kulturhimbeeren kann man auch in den Garten setzen, sie schmecken gut im Gegensatz zu den großfrüchtigen Kulturheidelbeeren, die an den Geschmack der wild wachsenden nicht heranreichen.

Als wir zu Hause ankamen, war unser Sohn schon ganz aufgeschwollen. So schnell wie damals haben wir noch nie ein Feuer gemacht und Teewasser zum Kochen gebracht. Die ganze Packung Tee haben wir gekocht, mit ins Badewasser in die Zinksitzwanne hineingegeben und den Jungen in die Wanne gesteckt. Er schrie heftig, aber nach dem Bad ging die Schwellung zurück und wir konnten die Stiche zählen. 22 waren es. Würde die kleine Leber das Gift verarbeiten können? Nach drei Tagen spielte er wieder und war wohlauf. Und als der alte Bergbauer Hans kurz darauf vorbeischaute und wir ihm das erzählten, war sein einziger Kommentar: »Was, und der Bua lebt noch?«

Im dritten Jahr war der Garten so weit in Schuss. Zwar hatten sich die Drahtwürmer vermehrt, diese hartschaligen gelben Larven der Saatschnellkäfer, die im Boden an den Wurzeln fressen und die Kartoffeln und Karotten durchlöchern. Aber das war irgendwie zu erwarten, denn diese Würmer treten häufig als Folge des Umbruchs von Rasen oder Brachland auf. Mit guter Kompostwirtschaft verschwinden sie dann auch wieder.

Mit dem Kompost, der ja das Geheimnis eines erfolgreichen Gemüsegartens ist, haben wir auch gleich angefangen. Unkraut, Küchenabfälle, Schlamm vom Tümpel, der sowieso zu verlanden drohte, Asche vom Herd, Ruß vom Schornstein, Kuhfladen – alles, was wir beschaffen konnten, wurde kompostiert.

Der Fürst, von dem wir das Gehöft gemietet hatten und dem der Berg samt Alp gehörte, stellte mich als Hirten für die Schumpe an. So wird das Jungvieh genannt, das die Bauern für den Sommer auf die hohe Weide bringen. Als Gegenleistung brauchten wir im Sommer keine Miete zu zahlen. Da ich Kühe liebe, hat es mir großen Spaß gemacht, mich um sie zu kümmern. Nach kurzer Zeit kannten sie mich auch und wurden zutraulich. Man brauchte nur zu jodeln und sie kamen angerannt und ließen sich auf die nächste Weide treiben. Im Unterstand, der den Rindern an heißen Tagen etwas Schatten gewährte, konnte ich dann Kuhfladen für den Kompost sammeln.

Holzmachen

Im Herbst war es dann Zeit, Holz aus dem Wald zu holen. Der »weiße Riese«, wie die Einheimischen den Winter nennen, würde in all seiner Unerbittlichkeit bestimmt kommen. Ende September werden die Rinder abgeholt oder ins Tal getrieben, wo sie bei ihren Bauern in den gemütlichen Stall kommen. Kurz danach, irgendwann im Oktober, fällt der erste Schnee. Der taut zwar wieder weg, aber ab November bleibt er meistens liegen. Im Februar und März ist die geschlossene Schneedecke dann einen bis anderthalb Meter, gelegentlich sogar zwei Meter hoch. Da freut man sich, wenn die Stube schön warm ist. Im April fällt meistens der letzte Schnee. Der letzte Schneehaufen vor dem Haus, der Rest der Dachlawine, taut so um den 1. Mai herum weg. Das sind fast sechs Monate Winter; da braucht man viel Brennholz. Und das Holz sollte erst einmal zwei bis drei Jahre in der Scheune lagern, damit es richtig trocken wird. Wenn das Holz noch zu feucht ist, erzeugt es beim Verbrennen nicht so viel Wärme und es verrußt den Schornstein.

Glücklicherweise hatten wir den alten, verrosteten Ford Transit behalten. Mit ihm konnten wir Fichten- und Buchenäste und andere Holzreste einsammeln, die die Holzfäller und Waldarbeiter liegen gelassen hatten. Ich hätte keine Lust gehabt, lebende Bäume umzuhauen, auch schon aus Respekt vor diesen wunderbaren Lebewesen. Aber das brauchte ich gar nicht, immer waren genügend »Abfälle« vorhanden. Das Zersägen und Aufschichten der Bengel und das Spalten der Klötze nahm viel Zeit in Anspruch, zumal ich nur eine Schwedensäge und eine Axt für diese Arbeit zur Verfügung hatte. Als der Förster sah, wie ich mich abmühte, bekam er Mitleid. Er schenkte

Holunderbeeren finden wir reichlich am Waldrand. Daraus kochen wir Holunderkompott, bereiten Saft und trocknen die abgezupften Beeren für den Winter. Sie enthalten reichlich Vitamine, die uns vor Erkältungen bewahren.

mir eine aus dem Forstbetrieb ausrangierte, mordsschwere Stihl-Motorsäge und zeigte mir zugleich, wie man die Kette mit einer Feile schärft. Carlo, ein Künstlerfreund, der im Tal wohnte und schwere Zeiten hinter sich hatte, schenkte uns eine alte Kreissäge, die er selber zusammengebaut hatte. »Ohne die könnt ihr hier nicht überleben«, sagte er aus eigener Erfahrung, und er hatte recht.

Holzscheite zurechtzusägen und Holzklötze zu spalten, ist für mich weniger Arbeit als Meditation. Jedes Holz riecht anders, brennt anders und erzeugt eine andere Hitze. Besonders beim Spalten merkt man, ob man seelisch »gut drauf« und innerlich zentriert ist oder nicht. Ist man das nämlich nicht, dann sperrt sich das Holz oder man haut mit der Axt daneben. Es ist dann besser, aufzuhören, weil die Gefahr, sich zu verletzen, recht hoch ist. Und weil wir weder einen Arzt kannten noch eine Krankenversicherung hatten, wollten wir das unbedingt vermeiden.

Beeren sammeln wie die Indianer

Das Wildobst und die Beeren, die Spätsommer und Herbst uns schenkten, waren eine willkommene Zukost. Die Steinpilze, Pfifferlinge und Maronen empfanden wir als ein wahres Gottesgeschenk, auch wenn in diesen Jahren kaum jemand Pilze sammelte, weil alle noch unter dem Schock des Tschernobyl-Desasters standen. Bekanntlich nehmen Pilze radioaktive Elemente auf, wie Strontium, die sich im Körper ansammeln und krebserregend wirken können. Wir wollten und konnten aber auf diese Leckerbissen trotzdem nicht verzichten.

Schon in der Steinzeit haben es die Menschen den Bären nachgemacht und im Herbst Beerenobst und Wildfrüchte gesammelt. Die Bären haben die süßen Früchte natürlich gleich gefressen, die Menschen haben versucht, so viele wie möglich getrocknet aufzubewahren. Die Indianer im Westen der USA und in den Rocky Mountains machten sogenannten Pemmikan aus verschiedenen Beerenarten (Felsenbirne, Traubenkirsche, Johannisbeere, Heidelbeere, Preiselbeere, Apfelbeere, Büffelbeere und andere), indem sie die Beeren an der Luft trockneten, dann zu Pulver mahlten, mit Büffelfett, Elch- oder Hirschtalg, Knochenmarkfett und zerriebenem Trockenfleisch zusammenkneteten und daraus dünne Fladen formten. Zwischen die Lagen der aufeinandergestapelten flachen Kuchen streuten sie die zerriebenen aromatischen Blüten der Strahlenlosen Kamille, um Mehltau- oder Pilzbefall zu verhindern. Der Pemmikan, das Winterkraftfutter, wurde anschließend in Wildledersäcken aufbewahrt.

Der Natur anpassen

Diese Konservierungsmethode war mir schon durch meine Begegnung mit den Cheyenne bekannt, aber wir haben kein Pemmikan hergestellt. Die Wildfrüchte, die wir nicht gleich verzehrten, machten wir als Marmelade oder Saft haltbar. In der trockenen Luft, wie sie in der westlichen Prärie oder in den Rocky Mountains herrscht, ist es kein Problem, Wildobst oder Fleisch im Freien zu trocknen oder gemütlich in Tipi-Zelten zu leben. Im nasskalten Klima des Allgäus ist das unmöglich. Im Tipi würde es von den Zeltstangen tropfen und die Zeltplane würde verschimmeln, das Beerensammelgut vergammeln und das Fleisch würde faulen und von Maden befallen werden. Man muss sich eben der Natur der Umgebung anpassen, in der man gerade lebt.

Wir haben unser Wildobst lieber nahe beim Ofen oder über dem Herd in luftigen Netzen getrocknet. Um die Holunderbeeren zu trocknen, spannten wir Bindfäden unter der Zimmerdecke und hängten die Doldenrispen mit den schwarzen Beeren daran auf. Wir haben, wie wir es bei den Bauern im Emmental gelernt hatten, Apfelschnitz und Dörrobst hergestellt. Die kleinen Schnapsbirnen, die in der Nähe des Hofes verwildert wuchsen und frisch praktisch ungenießbar sind, weil sie zusammenziehend wirken, schmecken getrocknet recht gut und süß. Eingeweckt haben wir nichts. Der Tag hat nur eine begrenzte Zahl von Stunden. Auch konnten wir uns die Weckgläser einfach nicht leisten oder sie auf den Berg hinaufschleppen.

Der Fuchsbandwurm geht um

Viele von den Medien aufgeklärte oder, besser gesagt, aufgeschreckte Menschen vermeiden Wildfrüchte, insbesondere Walderdbeeren, Heidelbeeren und Himbeeren, auch Pilze, Bärlauch und andere Wildkräuter, aus Angst vor dem sogenannten Fuchsbandwurm. Der Gedanke daran hatte auch mich beunruhigt, vor allem weil es auf dem Berg viele Füchse gab und weil wir selber Kinder haben, die sich, wie alle normalen Kinder, mit Freude auf die süßen Leckerbissen stürzten. Als ich mit dem bekannten amerikanischen Arzt Dr. Andrew Weil einmal darüber sprach, sagte er: »Dass Fuchsbandwurmeier vom Maul eines Fuchses auf Waldbeeren übertragen werden, ist bloß eine theoretische Möglichkeit. Es ist aber kein einziger solcher Fall nachgewiesen. Wenn das so ein großes Problem wäre, dann würden auch alle Hunde befallen sein. Hunde und Füchse sind ja nahe verwandt, sie gehören zur selben Gattung, zu den Kaniden. Die Köter probieren ja gerne den Kot anderer Tiere, um herauszufinden, was diese gefressen haben oder was auch immer. Da wäre doch jeder Hundebesitzer, jeder, der einen Hund streichelt oder von einem abgeleckt wird, gefährdet. Ich würde getrost weiterhin Walderdbeeren und Heidelbeeren essen. Freut euch doch, dass die anderen keine Beeren mehr sammeln, dann habt ihr alles für euch selber!«

Andrew Weil hatte recht. Der Fuchsbandwurm ist äußerst selten. In ganz Deutschland werden nach Angaben des Robert-Koch-Instituts rund 19 Fälle pro Jahr gemeldet. Häufig sind die Betroffenen Jäger, die Füchse präparieren und ihnen das Fell abziehen. Die Wahrscheinlichkeit, einen Sechser im Lotto zu haben oder von einem Blitz getroffen zu werden, ist weit höher, als vom Fuchsbandwurm befallen zu werden. Wie ein Biologe kürzlich meinte: »Den Fuchsbandwurm kann man ins Reich der Fabel verweisen, wie etwa das Einhorn.« Der Mensch ist kein eigentlicher Wirt dieses Wurms, und ein funktionierendes Immunsystem wehrt ihn ab.

FRUCHTFOLGEN

Ein Jahr folgte dem anderen im unerbittlichen Rhythmus der Jahreszeiten. Jedes Jahr ist einmalig, und dennoch ist es immer derselbe Rhythmus. Ende April, Anfang Mai taut bei uns der letzte Schneerest vor dem Haus. Nun heißt es keine Zeit zu verlieren: Acker bestellen, Beete umgraben und neu ausmessen. Möhren, Schwarzwurzel, Haferwurzel, Rettiche, Radieschen, Fenchel, Erbsen, Favabohnen und alle anderen frostverträglichen Saaten einbringen. Die frostempfindlichen Saaten und Setzlinge können noch warten. Besonders wichtig ist es, die Fruchtfolgen einzuhalten und auf sinnvolle Pflanzengemeinschaften zu achten, sodass man jene Pflanzen, die gut nebeneinander gedeihen, zusammen ins Beet bringt.

Fruchtfolgen ahmen im Grunde genommen nach, was im natürlichen Ökosystem von selbst geschieht. Sukzession nennen es die Biologen. Wenn Sturm, Überschwemmungen oder Erdrutsche den Erdboden bloßlegen, dann erscheinen plötzlich die sogenannten Pionierkräuter. Das sind meistens schnell keimende, schnell wachsende und schnell zur Samenreife kommende ein- oder zweijährige Wildkräuter. Sie erzeugen Unmengen von Samen. Viele unerwünschte Gartenwildkräuter gehören dazu – wie der Persische Ehrenpreis, das Franzosen- oder Knopfkraut, Vogelmiere, Fuchsschwanz, Melde, Gänsedistel, Greiskraut, Ampfer, Königskerze, Kanadisches Berufkraut und wie sie alle heißen. Das sind keine verachtenswerten, »nutzlosen« Unkräuter – wer sich in der Natur auskennt, weiß viele von ihnen als wertvolle Heilkräuter und Wildnahrungspflanzen zu schätzen. Für die Erde selbst, die nicht gerne bloß und ungeschützt den Elementen ausgeliefert ist, sind es Aktivisten der ersten Stunde, die sie vor Erosion, Verwehung, Ausschwemmung oder Austrocknung schützen. Wenn sie ihre Aufgabe erfüllt haben, folgen in zweiter Stufe Gräser, Dornengestrüpp, Brennnesseln und verschiedene mehrjährige Stauden, unter deren Schutz Pionierbäume keimen und wachsen. Zuletzt etablieren sich jene Pflanzen, die dann permanent bleiben – das wäre in Mitteleuropa der Buchenwald.

Bodenmüdigkeit

Im Gemüsegarten liegt es am Gärtner, die Pflanzenfolge zu regeln. Wenn man nämlich Jahr für Jahr dieselbe Kultur auf dasselbe Beet pflanzt, wird der Boden »müde« und die Pflanzen werden schädlingsanfällig. Es kommt zu Wachstumshemmungen; Mehltau- und Rostbefall nehmen zu. Der Kohl bekommt leichter Kohlhernie oder wird von Erdflöhen befallen, Rüben und Kartoffeln werden von Fadenwürmern (Nematoden) durchlöchert, die Unkräuter erscheinen immer hartnäckiger, und der Ertrag wird immer geringer. Wenn es so weit gekommen ist, wäre es gut für die betroffenen Beete oder für den Garten, eine Brache einzulegen. So hat man im Mittelalter bei der Dreifelderwirtschaft gearbeitet. Da fand ein vorgeschriebener Fruchtwechsel statt, indem in einem Feld Wintergetreide und im anderen das Sommergetreide oder auch Bohnen oder Erbsen gesät wurden, während die dritte Einheit bis Mittsommer brachlag oder als Viehweide benutzt wurde. Die »Unkräuter« auf dem brachliegenden Feld stellen so etwas wie eine notwendige Korrektur der Einseitigkeiten dar und lassen den Erdboden wieder gesunden. Manche sind tief wurzelnd und holen ausgewaschene Nährstoffe wieder zur Oberfläche, andere durchsetzen den Boden mit feinen, faserigen Wurzeln und verbessern so die Bodenstruktur, andere wiederum bringen besondere Nährstoffe in den Boden ein.

Bekannt ist, dass die Leguminosen oder Schmetterlingsblütler, zum Beispiel Klee oder Wicken, den Erdboden mit Stickstoff anreichern. Löwenzahn, Gänseblümchen, Ginster, Buchweizen und Kamille sammeln Kalk, auch auf kalkarmen Böden, und stellen ihn anderen Pflanzen zur Verfügung. Bilsenkraut, Stechapfel und Baldrian verbessern die Phosphorversorgung. Huflattich speichert Zink (deswegen heilt er auch Wunden wie eine natürliche Zinksalbe). Die Liste könnte noch verlängert werden – ich erwähne das nur, damit Sie den »Unkräutern« den gehörigen Respekt zollen. Sie haben eine wichtige Funktion bei der Gesunderhaltung eines Gartens.

Anstatt sich auf die von selbst auftauchenden Wildpflanzen zu verlassen, kann man aber auch mit gezielter Gründüngung Bodenübermüdung angehen. Gründüngung kann auch im Spätsommer oder im Herbst, wenn die Beete abgeerntet sind, eingesät werden.

GRÜNDÜNGUNG

^ *Gründüngungspflanzen verschaffen dem Boden Erholung: Sie schützen vor Erosion und führen ihm Stickstoff zu.*

Gründüngung kann man als lebende Bodenbedeckung bezeichnen: So nennt man Pflanzen, die man nur zu dem Zweck aussät, dass der Boden nicht brachliegt, sondern von Pflanzen bestanden wird, die auch noch düngende Nährstoffe in die Erde einbringen – sei es über ihre Wurzeln, in denen sie den Stickstoff aus der Luft sammeln, oder weil die Pflanze untergepflügt wird.

Die Wurzelmasse der Gründüngungspflanzen wächst und durchlockert den Boden, solange die Tage nicht zu kalt werden. Im Winter gefrieren die Gründüngungspflanzen und verwandeln sich in Mulch (Bodenbedeckung). Mulch wiederum schützt die Bodengare und dient den Bodenkleinlebewesen und Regenwürmern als Nahrung. Im Frühling kann der Rest der Gründüngung aufgerecht und dann kompostiert werden.

Einige Gründüngersaaten, wie Winterroggen, Inkarnatklee und Hopfenklee, sind winterhart. Im Frühling werden sie untergepflügt oder abgeerntet und kompostiert.

Die Gründüngersaat wird am besten mit der Hand breitwürfig ausgesät und anschließend mit dem Rechen eingeharkt.

Die wichtigsten Gründüngungspflanzen

Bienenfreund, Phazelie oder **Büschelschön:** Das aus Nordamerika stammende Kraut wächst sehr schnell, wurzelt tief und dicht und hinterlässt eine gute Krümelgare des Bodens. Da es mit keinem der üblichen Gemüse verwandt ist, lässt es sich gut in die Fruchtfolge einbauen. Die Phazelie ist eine Imkerpflanze, die noch spät im Herbst blüht und dabei viel Nektar produziert. Die attraktiven lilablauen Blüten sind eine gute Futterquelle für Bienen, Hummeln und Schwebfliegen.

Blaue Lupine: Diese nicht winterharte Leguminose wurzelt besonders tief und reichert gleichzeitig, dank der Knollenbakterien an den Wurzeln, den Boden mit Stickstoff an. Die **Gelbe Lupine** hat als Gründüngerpflanze ähnliche Eigenschaften wie die Blaue Lupine. Sie lockert den Boden und unterdrückt andere Wildkräuter.

Gelber Senf: Auch der Senf keimt und wächst besonders schnell. Er ist nicht winterhart. Nematoden werden durch die Senftracht vertrieben. Da Senf ein Kreuzblütler ist, sollte man ihn aus Gründen der günstigen Fruchtfolge nicht vor oder nach Kohl oder Rettich anbauen.

Ölrettich: Als Gründünger hat der Rettich ähnliche Eigenschaften wie der Senf.

Buchweizen: Da der Buchweizen keine Verwandten unter den Gemüsen hat, ist er ein geeigneter Gründünger für alle Gemüse. Er lockert den Boden und stellt eine gute Bienenweide dar.

Studentenblume: Wo Nematoden ein Problem sein können, also zwischen Kartoffeln, Roter Bete, Karotten und anderen Wurzelgemüsen, ist eine Gründüngung mit der Studentenblume angebracht. Sie zieht jedoch die Nacktschnecken an.

Saatmischungen wie das »Landsberger Gemenge«, bestehend aus einer Getreideart (Roggen oder Hafer) und einem Schmetterlingsblütler (Erbsen, Gelbe Lupine, Wicke, Inkarnatklee, Perserklee oder Serradelle), gibt es im Handel zu kaufen. Der Vorzug der Schmetterlingsblütler oder Leguminosen ist, dass sie mit ihren Wurzeln Stickstoff in den Boden einbringen.

Um es noch einmal zu betonen: Fruchtfolgen sind wichtig, denn Pflanzen, die zur gleichen Familie gehören, beanspruchen den Boden einseitig. Fruchtfolge hilft, die Bodenqualität zu erhalten, mindert die Vermehrung von Krankheitserregern und Schädlingen, reduziert die Anhäufung von einseitigen Wurzelausscheidungen, die oft eine wachstumshemmende Wirkung haben, und steigert die Erträge.

Pflanzen außerhalb der wichtigsten Pflanzenfamilien

Es ist immer sinnvoll, auch jene Pflanzenarten in die Fruchtfolge mit einzuschalten, die gänzlich anderen Familien angehören als die ab Seite 72 aufgelisteten Gemüse- und Blumensorten. Unter ihnen befinden sich beispielsweise:

Buchweizen, der zur Familie der Knöterichgewächse gehört und ein wertvolles Nahrungsmittel ist, reich an Eiweiß und Stärke. Buchweizen verbessert den Boden, und die duftenden Blüten sind eine hervorragende Bienenweide.

Hanf, der wie der Hopfen zur Familie der Hanfgewächse gehört, darf heutzutage leider nicht angebaut werden, da aus den weiblichen Blüten (des Indischen Hanfs) eine euphorisierende Droge hergestellt werden kann. In früheren Zeiten schätzte man den Hanf nicht nur als Faserpflanze, sondern auch als Ölsaat. Die Samen enthalten wertvolle ungesättigte Öle und Gamma-Linolensäure. Schon in vorchristlichen Zeiten spielten Hanfsamen eine wesentliche Rolle für die Ernährung in Europa. Die Anwesenheit von Hanfpflanzen im Garten hat eine harmonisierende Wirkung auf andere Gemüse, insbesondere auf die Kohlarten.

Feldsalat, auch Nüssler oder Rapunzel genannt, gehört zur Familie der Baldriangewächse. Er schmeckt nicht nur lecker als Salat – als Nachfrucht im Herbst ausgesät, ist er zudem ein guter Bodendecker.

Mohn oder Schlafmohn gehört, wie auch das Schöllkraut, zur Familie der Mohngewächse. Die jungen Rosetten der Mohnpflanze eignen sich hervorragend als Salat, und mit den blauschwarzen Samen können köstliche Mohnbrötchen und Mohnkuchen gebacken werden. Weder die jungen Pflanzen noch die Samen enthalten Mohnalkaloide, die zwar wichtige Heilmittel sein können (etwa als Schmerzmittel oder bei der Behandlung von Ruhr), aber auch zu Opium verarbeitet werden. In Deutschland ist der Anbau dieser alten Kulturpflanze deswegen verboten, in der Schweiz ist der Anbau für Privatpersonen verboten, in Österreich ist er jedoch legal.

Fuchsschwanz oder **Amaranth** gehört zur Familie der Fuchsschwanzgewächse. Amaranth-Arten sind als »Unkräuter« bekannt oder, wie der rote Garten-Fuchsschwanz, auch als Zierpflanzen. Die jungen Pflanzen sind allesamt gute »Spinatgemüse«, und aus den reifen Samenständen können die nahrhaften, an essenziellen Aminosäuren reichen Körner herausgedroschen werden. In weiten Teilen der Welt sind die Amaranth-Sorten wichtige Nutzpflanzen. Auch wir können geeignete Sorten in die Fruchtfolgen einbauen.

Hauptkultur, Vorfrüchte und Nachfrüchte

Die meisten Gemüse brauchen im Garten eine volle Saison von der Aussaat oder Pflanzung bis zur Erntereife. Man kann sie Hauptfrüchte oder Hauptkultur nennen. Dazu gehören unter anderem viele Kohlarten, Kürbis, Möhren, Mangold, Porree, Busch- und Stangenbohnen, Sellerie, Pastinaken, Schwarzwurzeln, Topinambur und Zwiebeln.

Andere Gemüsesorten kann man relativ früh auspflanzen und schon im Sommer oder gar Frühsommer ernten – man nennt sie Vorfrüchte oder Vorkulturen. Wenn sie geerntet sind, wird das Beet frei für die Nachfrüchte, die in einem günstigen Klima noch genügend Zeit haben, in der zweiten Jahreshälfte zu reifen.

Einige der Hauptfrüchte nehmen sich relativ viel Zeit beim Keimen und Wachsen. Da kamen die Pariser Marktgärtner, welche die Märkte der Großstadt versorgten, einst auf die Idee, den Raum zwischen den noch nicht überwachsenen

Vorfrüchte	Nachfrüchte
Folgende Gemüse können als Vorkulturen aufs Beet gebracht werden: • Chinakohl • Erbsen • Favabohnen (Puffbohnen) • Frühkartoffeln • Kohlrabi • Radieschen • Salate • Spinat • Zuckererbsen (Kefen)	Zu den Gemüsen, die sich als Nachkultur eignen, gehören folgende: • Chinakohl • Endivien • Feldsalat oder Rapunzel • Grünkohl • Karotten • Kohlrabi • Mangold • Neuseeländer Spinat • Pastinaken • Rosenkohl • Rosettenzichorien • Salate • Spinat • Winterrettich • Wurzelpetersilie • Zuckerhut Kohlsorten entwickeln sich übrigens gut als Nachfrucht auf dem Frühkartoffelacker. Selbstverständlich sind auch bei den Nachfrüchten die Regeln der Fruchtfolge zu beachten.

Reihen zu nutzen, indem sie schnell keimende Zwischenfrüchte einsäten. Das ist optimale Nutzung der wertvollen Gartenfläche.

Zwischenkultur

Als Zwischensaat dienen Schnittsalate, Radieschen, Spinat, Gartenkresse, Rucola (Rauke), Senfblätter oder Kohlrabi.

Nachdem die Zwischenfrüchte geerntet sind, sollte noch einmal mit reifem Kompost nachgedüngt und der Boden gehackt werden. Bald werden die Hauptfrüchte dann den vollen Raum einnehmen.

Platzsparende Kombinationen ergeben sich auch, wenn man hoch wachsende Pflanzen mit niedrig wachsenden kombiniert, etwa Stangenbohnen mit Kürbis, Neuseeländer Spinat unter aufgebundenen Tomatenstauden, oder wenn man Gurken unter Zuckermais oder Sonnenblumen wachsen lässt. Kombinationsmöglichkeiten gibt es viele. Das Gärtnern ist eben mehr als eine Wissenschaft, es ist eine Kunst.

Für den Familiengarten sind Zwischenfrüchte besonders geeignet, denn anders als in Gewerbegärten wird nicht das ganze Beet auf einmal geräumt, sondern oft nur ein einzelner Salat- oder Kohlkopf für eine Mahlzeit geerntet. Die leere Stelle schafft Raum für die noch im Wachstum befindlichen Nachbarpflanzen oder sie kann auch neu bepflanzt werden.

Gestaffelte Aussaat

Eine weitere Möglichkeit in der Gemüsegartengestaltung ist es, die Saaten zeitlich zu staffeln. Auf diese Weise wird nicht alles auf einmal reif. Besonders für den Familiengarten ist dies fast unerlässlich – denn wer kann schon ein ganzes Beet erntefertige Salatköpfe auf einmal verbrauchen? Erbsen und auch Zuckererbsen (Kefen), Möhren, Rote Bete, Radieschen und Pflücksalat können über mehrere Wochen gestaffelt ausgesät werden. Auch Salatkräuter wie Rucola, Kerbel oder Gartenkresse sollte man alle ein bis zwei Wochen in kleinen Mengen aussäen.

REGELN FÜR FRUCHTFOLGEN

In meinem Garten verändern die verschiedenen Gemüsekulturen jedes Jahr ihren Standort. Sie wandern im Kreis: Wo zum Beispiel im vorhergehenden Jahr die Starkzehrer Mais oder Kohl standen, wachsen in diesem Jahr die bodenschonenden, bodenverbessernden Schmetterlingsblütler: Bohnen und Erbsen. Ihnen folgen die verschiedenen Wurzelgemüse und Kartoffeln; danach kommen wieder Kohlarten, Salate und andere Blattgemüse. Auf diese Weise hat der Garten jedes Jahr ein anderes Erscheinungsbild.

Fruchtwechsel auf Grundlage der Nährstoffbeanspruchung

Es gibt verschiedene Möglichkeiten, die Fruchtfolge zu organisieren. Wichtig ist, zwischen starkzehrenden, schwachzehrenden und bodenschonenden Gemüsesorten zu unterscheiden.

Starkzehrer
Als Erste in der Reihenfolge pflanzt oder sät man jene Gemüse, die besonders hohe Nährstoffbedürfnisse haben. Sie kommen auf gut gedüngte Böden, also solche, die mit Kompost im zweiten oder dritten Verrottungsstadium versorgt sind (siehe Seite 123 f.). Zu diesen nährstoffhungrigen Pflanzen zählen:

- Aubergine (Eierfrucht)
- Gemüsefenchel
- Gurken
- Kartoffeln
- Klette (Gemüseklette)
- Kohlarten (Kohlrabi, Blumenkohl, Brokkoli, Weißkohl, Wirsing usw.)
- Kürbis und Zucchini
- Lauch (Porree)
- Mangold (Krautstiel)
- Paprika, Peperoni
- Salate und Endivien
- Sellerie
- Spinat
- Tomate
- Zuckermais

Bodenschoner
Den Starkzehrern folgen die bodenschonenden Gemüse. Bei ihnen handelt es sich um Kulturen, die dem Boden weniger Nährstoffe entnehmen. Es sind vor allem die Schmetterlingsblütler (Hülsenfrüchte, Leguminosen), die mithilfe der Knöllchenbakterien an ihren Wurzeln Stickstoff in den Boden bringen:

- Erbsen
- Zuckererbsen (Kefen)
- Favabohnen (Puffbohnen, Sau- oder Pferdebohnen)
- Buschbohnen
- Stangenbohnen

Schwachzehrer
Als Letzte in der Fruchtfolge sät man die schwachzehrenden Gartenpflanzen, nachdem man die Beete mit gut ausgereiftem Kompost leicht gedüngt hat. Zu dieser Gruppe gehören:

- Feldsalat (Rapunzel, Nüssler)
- Haferwurzeln
- Karotten
- Pastinaken
- Petersilienwurzeln
- Radieschen
- Rettiche
- Rote Bete (Randen)
- Schwarzwurzeln
- Steckrüben
- Sommerblumen
- Weiße Rüben
- Zuckerwurzel
- Zwiebeln, Schalotten

Neubeginn
Nun kann man den Boden wieder kräftig düngen und von Neuem mit Starkzehrern beginnen, oder

- man kann den Boden ruhen lassen (Brache),
- eine Gründüngung (siehe Seite 69) einschalten,
- eine Zwischenpflanzung von Pflanzenarten einbringen, die sonst gar nicht in der Fruchtfolge vorkommen, wie Buchweizen, Lein oder Getreide.

Fruchtfolge auf Grundlage der Elemente und Pflanzenorgane

Wer sich nicht gut merken kann, was Starkzehrer, Schwachzehrer und Bodenschoner sind, der kann den Fruchtwechsel nach anderen Kriterien organisieren. Eine solche Möglichkeit ist ein Fruchtfolgeplan, den viele biologisch-dynamische Gärtner und Landwirte befolgen. Er hält sich an die harmonische Abfolge der vier Elemente oder »Ätherarten«: Erde, Wasser, Luft und Feuer. Diese Elemente erscheinen in der Pflanze als Wurzel, Blatt/Stängel, Blüte und Frucht/Samen. Damit diese Ätherarten sich harmonisch ablösen, fängt die Fruchtfolge an mit dem gut gedüngten Blattgemüse.

1. Blatt- und Stängelgemüse *(Wasseräther)*: Auf kräftig gedüngten Boden kommen alle Kohlarten und Salate (Endivien, Kopfsalat, Lattich, Zichoriensalat, Zuckerhut), Mangold, Lauch, Blattsenf, Spinat, Stangensellerie, Fenchel, aber auch Feldsalat.

2. Blütenpflanzen *(Luftäther)*: Alles, was blüht – Artischocken, essbare Chrysanthemen, Blumen und Kräuter –, bildet die zweite Tracht.

3. Fruchtgemüse und Samenpflanzen *(Feueräther)*: An dritter Stelle werden die Hülsenfrüchte gesät, wie Erbsen (Markerbsen, Schalerbsen, Zuckererbsen, auch Kefen genannt) und Bohnen (Buschbohnen, Stangenbohnen), auch Buchweizen, Getreide, Gurken, Paprika, Kürbis, Zuckermais, Tomaten und Zucchini werden dazu gezählt.

4. Wurzelgemüse *(Erdäther)*: Mit den Wurzelgemüsen schließt sich der Kreislauf, dazu gehören Chicorée-Wurzel, Haferwurzel, Kartoffeln, Kerbelrübe, Knollensellerie, Möhre, Pastinake, Petersilienwurzel, Rettich und Radieschen, Rote Bete, Rüben, Schwarzwurzel, Zwiebeln.

Fruchtfolge nach den Pflanzenfamilien

Mitglieder derselben Pflanzenfamilie haben meistens ganz ähnliche Ansprüche an den Boden, an Nährstoffe und Spurenelemente. Deswegen sollte man in der Fruchtfolge nicht Mitglieder derselben Familie nacheinander pflanzen.

Gräser *(Graminaceae)*:
- Getreide (Weizen, Gerste, Roggen, Hafer, Dinkel, Hirse)
- Zuckermais

Liliengewächse *(Liliaceae)*:
- Knoblauch
- Lauch oder Porree
- Schalotte
- Schnittlauch
- Spargel
- Zwiebeln

Kreuzblütler *(Cruciferae)*:
- Chinakohl
- Gartenkresse
- Kohl (Blumenkohl, Brokkoli, Grünkohl, Kohlrabi, Rosenkohl, Rotkohl, Spitzkohl, Weißkohl, Wirsing)
- Pak Choi
- Brauner Senf oder Spinatsenf
- Radieschen
- Rauke (Rucola)
- Rettich
- Senf
- Speiserüben
- Steckrüben

Zur Familie der Kreuzblütler gehören auch andere essbare Pflanzen, die aber bei der Fruchtfolge keine Rolle spielen, wie etwa Löffelkraut, Meerrettich oder Brunnenkresse.

Schmetterlingsblütler oder Hülsenfrüchtler *(Fabaceae, syn. Leguminosae)*:
- Bohnen aus der Neuen Welt (Buschbohnen und Stangenbohnen, Limabohnen, Feuerbohnen)
- Bohnen aus der Alten Welt (Favabohnen, auch Puffbohnen oder Saubohnen genannt, Sojabohnen)

- Erbsen (Markerbsen, Schalerbsen, Zuckererbsen, auch Kefen genannt)

Doldengewächse oder Schirmblütler *(Apiaceae, syn. Umbelliferae)*:
- Gemüsefenchel
- Kerbelrübe
- Karotten oder Möhren
- Pastinake
- Sellerie
- Knollensellerie
- Staudensellerie
- Wurzelpetersilie
- Zuckerwurzel
- Gartenkräuter: Anis, Bibernelle, Dill, Engelwurz, Fenchel, Kerbel Koriander, Kümmel Liebstöckel (Maggikraut), Petersilie

Gänsefußgewächse *(Chenopodiaceae)*:
- Gartenmelde
- Guter Heinrich
- Mangold
- Spinat
- Zuckerrübe

Nachtschattengewächse *(Solanaceae)*:
- Aubergine oder Eierfrucht
- Chili
- Kartoffeln
- Paprika
- Tabak
- Tomate
- Tomatillo

Gurkengewächse *(Cucurbitaceae)*:
- Gurken
- Kürbisse
- Melonen
- Zucchini

Korbblütler *(Asteraceae, syn. Compositae)*:
- Artischocke
- Brüsseler Chicorée, Witloof
- Endivien
- Gemüseklette (Takinogawa, Gobo)
- Haferwurzel
- Kardy
- Salate
- Schwarzwurzel
- Sonnenblume
- Topinambur
- Gewürz- und Heilkräuter: Arnika, Beifuß, Estragon, Kamille, Ringelblume
- Blumen: Astern, Chrysanthemen, Dahlien, Goldrute, Schmuckkörbchen (Cosmea), Tagetes

Lippenblütler *(Lamiaceae, syn. Labiatae)*:
- Japanischer Knollenziest

SONDERKULTUREN

Mais und Kartoffeln lassen sich gut in die Fruchtfolgen einbauen, auch wenn sie besonderer Behandlung bedürfen. Einige Pflanzen bleiben jedoch länger in ihren Beeten und scheren teilweisen aus dem jährlichen Zyklus aus.

Spargel

Der Spargel, ein Edelgemüse aus der Familie der Liliengewächse, ist ein solcher Sonderfall.

Die Pflanze stammt ursprünglich aus dem östlichen Mittelmeerraum, folglich braucht sie viel Wärme und Licht. Leichte Sandböden kommen ihr entgegen; Sand besteht aus Kiesel (Silizium), einem Element, welches, wie die biologisch-dynamischen Landwirte sagen, Lichtkräfte vermittelt. Es dauert nach der Aussaat vier Jahre, bis man mit dem Spargelstechen beginnen kann.

Die schwarzen Samen werden im Frühling (März) in einem Saatbeet ausgesät. Im ersten Jahr entwickeln die zarten Pflänzchen Wurzeln, die aussehen wie kleine Taranteln.

Im zweiten Frühling verlassen die Jungpflanzen ihre Kinderstube. Die spinnenartigen Wurzelgebilde werden nun in das vorgesehene Spargelbeet gesetzt. Der Abstand zwischen den Pflanzen beträgt 50 Zentimeter; die Pflanztiefe 8 bis 10 Zentimeter. Es ist wichtig, die Beete unkrautfrei zu halten, denn sonst könnten die empfindlichen Pflänzchen erstickt werden.

Im dritten Jahr werden die Triebe mit Erde angehäufelt. Man erntet die jungen Triebe im Frühling jedoch noch nicht, denn die Stauden sollen erst einmal richtig Kraft sammeln. Bald wachsen sie schon zu stattlichen Wedeln heran, blühen weiß und bringen im Herbst rote (unbekömmliche) Beeren hervor.

Im Frühling des vierten Jahres kann man dann die Triebe ernten. Wenn man weißen Spargel haben will, muss man ihn unter dem angehäufelten Sand stechen; wenn man grünen Spargel will, lässt man ihn ins Licht austreiben und schneidet ihn mit dem Messer.

Das Spargelbeet sollte großzügig mit gut verrottetem Kompost gedüngt werden. Die beste Düngung ist kompostierter Taubenmist. Im Herbst (November) wird die Spargelkultur mit Mulch und Fichten- oder Tannenzweigen abgedeckt. Nach ungefähr 15 Jahren ist die Spargelkultur erschöpft, und es ist Zeit, ein anderes Beet an einer anderen Stelle anzulegen.

Spargel gilt nicht nur als edles Feiertagsgemüse, sondern auch als Heilpflanze. Er wirkt harntreibend, entwässernd und »blutreinigend« (entschlackend), daher ist Spargelgenuss heilsam bei Gicht, Rheuma oder auch Nierensteinen. Während einer akuten Nierenentzündung sollte man jedoch auf Spargel verzichten. Vielerorts gelten die Spargeltriebe, nicht zuletzt ihrer Form wegen, auch als Verjüngungsmittel und man glaubt, dass sie den Geschlechtstrieb anregen.

An manchen Orten wächst der Spargel verwildert; die grünen Triebe können im Frühling als Wildgemüse gesammelt werden. Wir bevorzugen den grünen Spargel, denn er enthält mehr Vitalstoffe als der gebleichte. In Ohio konnte ich ihn noch wild sammeln, im kalten Allgäu jedoch wächst er zu meinem Leidwesen weder in der freien Natur noch in unserem Garten.

Erdbeeren

In unserem Garten wandert das Erdbeerbeet allmählich weiter, aber nicht so schnell wie die einjährigen Kulturen. Ungefähr drei oder vier Jahre behalten die Erdbeerstauden ihren Platz, ehe sie gerodet werden, um anderen Gemüsen Platz zu

Gartenerdbeeren gehören zu den ersten süßen Früchten, die man im frühen Sommer bei uns ernten kann. Erdbeerpflanzen werden nach etwa vier Jahren ausgetauscht, sie tragen dann nicht mehr so reichlich.

machen. Zur gleichen Zeit pflanze ich die jungen, vitalen Ausläufer der Erdbeeren in das anschließende Beet. Die allmähliche Standortverschiebung ist vor allem notwendig, weil sich gerne zähe Unkräuter wie Quecke oder Giersch in den Beeten einnisten und die Erdbeeren bedrängen. Außerdem tut ein Standortwechsel den Erdbeeren gut. Als Nachfolgekultur wähle ich erst einmal die Kartoffel. Eine Kartoffeltracht säubert den Boden und hält die Unkräuter in Schach.

Erdbeernachbarn

Damit die Erdbeerstauden auch fleißig tragen, sollte man den Boden mit reifem Kompost düngen. Eine Vorkultur mit Stickstoff sammelnden Hülsenfrüchten verbessert die Startbedingungen auf dem vorgesehenen Erdbeerbeet. Günstig ist es, zwischen den Reihen der Erdbeerjungpflanzen Buschbohnen, Lattich oder Salat zu setzen. Auch der Löwenzahn ist eine gute Begleitpflanze für die Erdbeeren.

Beste Pflanzzeit für ein weiteres Beet ist nach der Ernte – Ende Juni bis Anfang August –, wenn die Erdbeeren neue Ableger bilden. Diese jungen Ableger pflanzt man dann ins neue Beet. Der Abstand innerhalb der Reihe beträgt 15 bis 25 Zentimeter und zwischen den Reihen, je nach Sorte, 40 bis 60 Zentimeter.

Pflegemaßnahmen

Wenn die Beeren ansetzen, kann man den Boden mulchen. Traditionell hat man sie mit Stroh gemulcht, weswegen sie im englischen *strawberries* (»Strohbeeren«) heißen; heutzutage, wo es viele Nacktschnecken gibt, kann das jedoch problematisch werden. Mulch aus Tannen- oder Fichtennadeln soll den Geschmack der Erdbeeren verbessern.

Im Sommer, nach der Ernte, sollte man sie auslichten, den Boden erneut düngen und die jungen Ableger in die vorgesehenen neuen Beete verpflanzen.

Im Herbst kann man das Erdbeerbeet mit strohhaltigem Pferdemist abdecken; man muss nur aufpassen, dass die Herzen der Pflanzen nicht zugedeckt werden.

Im Spätherbst bedeckt man das Beet mit Tannen- oder Fichtenzweigen. Das schützt die Pflanzen nicht nur bei Frost, sondern die Harze wirken auch pilzwidrig und keimhemmend. Tannenmulch hat eine säuernde Wirkung, er verschiebt den pH-Wert leicht nach unten. Den Erdbeeren, wie auch anderen verwandten Rosengewächsen, tut das gut.

So bleiben Erdbeerpflanzen gesund

Manche Gärtner schwören drauf, die Erdbeerblätter nach der Ernte im Juli abzuschneiden um Blattkrankheiten zu vermeiden.
Da die Pflanzen die Blätter zur Photosynthese brauchen, sollte man sie lassen. Mit einer Kopfdüngung und Knoblauchpflanzungen zwischen den Reihen bleiben sie gesund.

Erdbeeren, die ersten wirklich leckeren, süßen Früchte des Jahres, waren immer etwas Besonderes für die Nordeuropäer. Sie symbolisierten die guten Gaben der Natur, wurden assoziiert mit der Großen Göttin und später mit der Jungfrau Maria. Sie waren Teil des natürlichen Kalenders. Für meinen Lehrer, den Bauernphilosophen Arthur Hermes, sind die wässrig aufgedunsenen Plantagenerdbeeren, die man mitten im Winter kaufen kann, schlicht eine Perversion der Natur. Sie haben weder das Aroma noch die Lebensfreude schaffende Wirkung auf die Seele.

Rhabarber

Der Rhabarber, ursprünglich aus China, kam im 18. Jahrhundert in die europäischen Gärten. Hier freundete man sich schnell mit der Staude an, denn nach der öden Kost der langen, trüben Winterzeit sehnte man sich nach etwas Fruchtigem, Süßem. Sie kam diesem Bedürfnis entgegen. Aus ihren saftigen, rötlich dickfleischigen, säuerlich-fruchtig schmeckenden Blattstielen

»Die süßen Erdbeeren stellte man sich schon immer als Gaben einer guten Göttin vor.«

^
Topinambur, die Sonnenblumen-Artischocke, erfreut den Menschen nicht nur durch schmackhafte Knollen, sondern auch durch die sonnengelben Blütenköpfe, die an hohen Stängeln im Herbstlicht leuchten.

ließ sich – mithilfe des Zuckers, der dank karibischer Plantagen erschwinglich wurde – der erste Obstkuchen des Jahres backen, auch Kompott und Konfitüre machen. Rhabarber mit Pudding, Vanillesauce und Milchreis erfreute viele Kinderherzen. Die Blattstängel enthalten Kalium, Phosphor, Eisen und Vitamin C, aber auch Oxalsäure, die als Kalziumräuber bekannt ist. Deshalb sollte man nicht jeden Tag Rhabarber essen. Die Blätter selber sind giftig, sie enthalten Oxalsäure-Kristalle, die zu Nierenversagen führen können, sowie Anthrachinone, die Magen-Darm-Reizungen und heftige Durchfälle erzeugen.

Rhabarber ist ein Starkzehrer. Er braucht einen feuchten, humusreichen Boden. Mistgaben kann er gut vertragen. Früher hat man ihn sogar mit Güssen aus der Latrine gedüngt (nicht empfehlenswert!).

Ernten bis zum Johannistag

Erst zwei Jahre nach dem Setzen der Wurzelstöcke kann man anfangen, die Blattstiele zu ernten. Nie sollte man mehr als drei oder vier Stängel pro Pflanze auf einmal ernten. Anschließend gönnt man der Staude Zeit, sich wieder zu erholen. Um die Erträge zu erhöhen, hilft es, die Blütentriebe herauszubrechen. Die Erntezeit erstreckt sich vom April bis zur Mittsommerzeit – traditionell bis zum Johannistag am 24. Juni. Danach steigt der Oxalsäuregehalt. Nach der Ernte sollte man die Pflanze kräftig düngen und im Herbst mit verrottetem Mist abdecken.

Jede Rhabarberpflanze braucht einen Quadratmeter Raum. Sie kann mindestens sieben Jahre lang an einem Standort bleiben.

Japanischer Staudenknöterich

Mein guter Nachbar, der Herr Doktor rer. nat., der mir mit seinem veralteten Schlepper den Garten pflügte, hatte mir Rhabarberstauden geschenkt. Diese sind zwar noch da, aber inzwischen ziemlich verwaist, denn ich habe einen ebenfalls aus Ostasien stammenden Verwandten der Pflanze gefunden, der sich genauso gut als Fruchtgemüse eignet. Es ist der Japanische Staudenknöterich, der sonst zu Recht als aggressiv wuchernder Neophyt gefürchtet ist. Ich habe ihn mir trotzdem in den Garten gepflanzt, und wenn er sich an Stellen ausbreitet, an denen ich ihn nicht haben will, wird er einfach abgemäht.

Es stimmt nicht, dass der Riesenknöterich – wie viele behaupten – giftig ist. Im Gegenteil: Die chinesische und die japanische Küche kennen viele Rezepte für die ganz jungen, säuerlich schmeckenden Frühjahrstriebe. Diese spargelähnlichen Schosse, die in einer lauen

Frühlingsnacht locker 20, 30 oder noch mehr Zentimeter emporwachsen, sind saftig und zart. Sie sind ein Leckerbissen; der Geschmack der frischen Stängel erinnert an Rhabarber – die Pflanze gehört ja auch zur selben Familie. In Ostasien essen die Kinder die geschälten frischen Triebe ebenso gerne wie unsere Kinder den Sauerampfer. Die Schösslinge werden aber auch als Frühjahrsgemüse gekocht; durch Abdecken kann man die Triebe bleichen und sie dann salzen und wie Sauerkraut einmachen. Sie lassen sich aber auch, ähnlich wie Rhabarber, zu Torten, Kompott, Konfitüren und anderen Süßspeisen verarbeiten. Später im Jahr ist die Pflanze unbekömmlich. Für den bretonischen Wildpflanzen-Meisterkoch Jean-Marie Dumaine ergeben sich beim »Rhein-Rhabarber«, wie er den Japanischen Knöterich nennt, unendliche Zubereitungsmöglichkeiten – vom Chutney bis zum Dessert.

Auch als Heilpflanze wird der Riesenknöterich verwendet. Die Wurzel gilt in der modernen chinesischen Medizin als antiviral, spirochätenwidrig, pilzwidrig, blutstillend, entzündungshemmend (bei bakteriellen Entzündungen und eiternden Wunden), blutreinigend und entgiftend. Nach Angaben des amerikanischen Phytotherapeuten Stephen H. Buhner ist der Japanische Knöterich hilfreich bei der Behandlung einer chronischen Borreliose. Die Wurzel hilft Schäden zu reparieren, die die Spirochäten – eine Bakteriengruppe, zu denen auch die Borreliose verursachenden Borrelien gehören – angerichtet haben. Wirkstoffe wie Resveratrol, ein fettlösliches Flavonoid, das man auch in Rotwein findet, erweitern die Blutgefäße und verbessern die Blutzufuhr zu den Augen, Herz, Haut und Gelenken; sie bewahren Nervengewebe vor oxidativen Schäden und den toxischen Zerfallsprodukten von Bakterien, schützen die Blutgefäße, reduzieren Autoimmunreaktionen und vieles mehr. Resveratrol ist ein hochwirksames Antioxidationsmittel, das vor freien Radikalen schützt, die krebserzeugend sein können.

Topinambur

Das Knollengemüse mit dem Namen eines exotischen südamerikanischen Indianerstammes hat nichts mit Südamerika zu tun, sondern ist eine Sonnenblumenart aus der nordamerikanischen Prärie. Diese Knollensonnenblume wird ihres Geschmacks wegen auch Erdartischocke oder Jerusalem-Artischocke genannt. Sie ist noch nahrhafter als die nährstoffreiche Kartoffel, und sie erzeugt auf gleicher Fläche ungefähr dreimal so viel essbare Substanz. Sie wurde in Europa ungefähr zur gleichen Zeit wie die Kartoffel eingeführt und war in Frankreich ein Modegemüse. Die Kartoffel hat sie jedoch vom Acker verdrängt, weil sie sich nicht gut in die Fruchtfolge einbauen lässt. Und zwar vor allem wegen ihrer Vitalität: Wer sie einmal im Garten hat, der wird sie nur schwer wieder los. Immer bleiben winzige Brutknollen im Boden übrig, und diese treiben unweigerlich wieder aus. Wo sie verwildert wächst, wird sie inzwischen als »aggressiver Neophyt« eingestuft.

Überlebensknollen

Die faustgroßen, beigefarbenen bis rötlichen Knollen sind eigentlich das ideale *survival food*. Sie enthalten große Mengen verwertbares Eisen (weit mehr als Spinat), so viel Kalium wie Bananen sowie Kieselsäure und Kalzium für gesunde Knochen und Zähne, außerdem die Vitamine B1, B12, C und Niacin, zudem einen bestimmten Fruchtzucker, der die symbiotischen Darmbakterien anregt – wichtig fürs Immunsystem.

Topinamburknollen können roh in den Salat geschnitten werden, sie schmecken alleine oder mit anderen Gemüsen – etwa Kartoffeln, aber auch Pilzen – gekocht, gedämpft oder gebraten.

Im Garten gönnt man ihnen ein eigenes Beet. Nach einigen Jahren, wenn der Boden nicht mehr ausreichend Nährstoffe nachliefert, kann man die Knollen in ein neues Beet versetzen.

Geerntet werden sie im Spätherbst. Wenn sie blühen, sind die Knollen reif. Die Erdartischocke ist eine Kurztagpflanze, das heißt, sie fängt an zu blühen, wenn die Nächte länger werden als die Tage. In unseren Breiten erzeugt sie keine Samen, es ist zu kalt dafür. Das hindert sie jedoch nicht an der erfolgreichen Fortpflanzung über die Knollen.

Warum Jerusalem-Artischocke?

Der zweite Name des Topinambur stammt von der italienischen Bezeichnung *girasole articiocco,* das heißt »Sonnenblumen-Artischocke«. So wurde sie einst wegen ihrer Blüten in Italien genannt – und *girasole* hat sich durch den ähnlichen Klang der Wörter allmählich zu »Jerusalem« abgeschliffen.

PFLANZENGEMEINSCHAFTEN

Wenn man die Landschaft betrachtet, die Wiesen und Wälder, dann entdeckt man eine bunte Mischung verschiedener Pflanzenarten. Monokulturen kennt die Natur nicht. Bestimmte Arten mögen einander sehr, sie leben gern auf engem Raum zusammen und haben eine günstige Wirkung aufeinander. Andere wiederum meiden einander und verdrängen sich gegenseitig. Es ist vergleichbar mit der modernen Großstadt, wo die Soziologen in den Nachbarschaften verschiedene kulturelle Ökotope ausmachen. Es macht also Sinn, wenn Botaniker von Synökologie oder Pflanzensoziologie sprechen. Warum sollte es in einem Gemüsegarten mit so vielen unterschiedlichen Bewohnern anders sein?

Wer Topinambur in seinen Garten holt, muss wissen, dass die Pflanze sehr vital ist und sich mit ihren unterirdischen Rhizomen schnell ausbreitet: am besten also an den Rand des Gartens pflanzen.

Durch Duftstoffe der Blüten, ätherische Öle der Blätter, Wurzelausscheidungen, durch das Abschilfern von Rinde, den Laubfall, den von Wind oder Insekten verbreiteten Blütenstaub und durch die Verdauungsprodukte der Raupen und Schnecken teilen sich die Pflanzen ihren Nachbarn mit. Elemente und molekulare Verbindungen, Aminosäuren, Hormone, Enzyme, Hemmstoffe und andere Substanzen werden erzeugt, angereichert und als Botschaften weitergegeben. Um Kommunikation zwischen Pflanzen herzustellen, genügen oft schon geringe, geradezu homöopathische Dosierungen. Manchmal vermittelt das feine Pilzgeflecht, die Myzelien, die den Boden durchziehen und sich mit den Wurzeln verquicken, die Botschaften zwischen den Pflanzen. Manchmal scheint es nur die »Aura« der Pflanze zu sein, die ihre Nachbarn beeindruckt. Allelopathie nennen die Pflanzenphysiologen diese biochemischen Wechselwirkungen. Der Gärtner ist gut beraten, auf solche Wechselwirkungen zu achten.

Völkerkundler sind immer wieder beeindruckt, wie »primitive« Gärtnergesellschaften diese beachten. Für die nordamerikanischen Indianer, die hauptsächlich Mais, Kürbisarten und Bohnen auf ihren Hügelbeeten anpflanzen, gibt es keine Unkräuter. Der Begriff ist nicht vorhanden. Was da als Begleitkräuter wächst, wird als frisches grünes Suppen- und Salatgemüse oder als Heilpflanze verwendet. Clifford Geertz, ein bekannter US-amerikanischer Ethnologe, schreibt über die Felder der Wanderfeldbauern: »Die Anbauflächen sind gar nicht das, was wir uns unter Feldern vorstellen, sie sind verkleinerte tropische Urwälder, die hauptsächlich aus Nahrungs- und Arzneipflanzen bestehen.«

Traditionelle Permakultur

Der Tourist weiß oft gar nicht, dass er gerade durch einen Garten geht, wenn er – ganz gleich ob in Oaxaca/Mexiko oder im indschen Kerala – einmal abseits von Hotel oder Hauptstraße auf einem schmalen Pfad durch üppig wuchernde Pflanzenvielfalt läuft. Ein typischer Europäer oder Amerikaner, der puritanisch saubere Gärten gewöhnt ist, würde sie allenfalls als verlassene, verwilderte Gärten ansehen. Doch wenn man den scheinbar planlos wachsenden Wirrwarr von Pflanzen untersucht, dann findet man keine Pflanze, die dem Besitzer nicht irgendwie nützlich wäre. Es ist ein Gemüsegarten, Obstgarten, Arzneikräutergarten, Komposthaufen und Bienenhof, alles in einem. Tiefwurzler und Flachwurzler, die von Laub beschattet und durch eine Bodenbedeckung aus Laubstreu geschützt werden; wegen der Vielfalt der vermischten Arten kommt es zu keiner Schädlingsexplosion und der Ertrag ist – wie der Botaniker Edgar Anderson schreibt – »im Verhältnis zum Arbeitsaufwand sehr hoch«. Heutzutage nennt man das eine vorbildhafte Permakultur!

Essbare Landschaften

In unserem kühleren europäischen Klima, mit relativ langen Wintern und kurzen Wachstumszeiten, lässt sich das nicht unmittelbar nachahmen. Schon viele idealistische, aber dann enttäuschte Permakultur-Anhänger haben das erfahren müssen: Bei uns braucht es wesentlich mehr Arbeitseinsatz, um eine »essbare Landschaft« herzustellen. Aber man kann auch bei uns ohne großen Aufwand zumindest einige Schritte in diese Richtung gehen. Genaue Naturbeobachtung und die einige Tausend Jahre Erfahrung unserer Gärtner sind da hilfreich. Man muss wissen, welche Pflanzennachbarschaften günstig sind und welche nicht, welche Pflanzen einander fördern und welche einander behindern. Auch die Begleitkräuter, die sogenannten Unkräuter, sind da mit einzubeziehen.

PFLANZEN, DIE SICH GUT VERTRAGEN

Seit die Menschen vor rund 10 000 Jahren anfingen, Pflanzen zu kultivieren, haben sie beobachtet, dass manche Arten gut zusammen gedeihen und andere nicht. Daraus hat sich ein Schatz an Erfahrungen über das Anlegen von Mischkulturen gebildet. Die Hinweise sind nützlich, aber man darf sie auch nicht überbewerten. Sie sind nur ein Faktor neben vielen anderen, wie Düngung, Bodenbehandlung und zeitgerechte Aussaat.

Amaranth oder **Fuchsschwanz:** Die Indianer pflanzten Amaranth als Gemüse oder als Getreidepflanze zusammen mit Mais, Kürbis und Bohnen auf Hügelbeete. Amaranth öffnet als Tiefwurzler die Bodenschichten auch für die flach wurzelnden Arten und tritt mit ihnen wenig in Konkurrenz; zudem bringt er ausgewaschene Nährstoffe aus den tieferen Schichten nach oben.

Bohnen: Hülsenfrüchte vertragen sich mit fast allen Gemüsen. Buschbohnen sind eine geeignete Zwischenpflanzung für Erdbeeren, Frühkartoffeln, Kohl, Sellerie oder Gurken.

Bohnenkraut: Der kleine, würzige Lippenblütler hat eine günstige Wirkung auf Bohnen – die er dann auch in der Küche hervorragend würzt.

Erbsen: Zuckererbsen, Markerbsen oder Schalerbsen vertragen sich mit den meisten Gemüsen, insbesondere mit Möhren, Dill, Kohl, Radieschen, Gurken, Spinat, Salat und Speiserüben.

Erdbeeren: Lattich, Salat und Löwenzahn – auch der gezüchtete Salatlöwenzahn – begünstigen Erdbeeren. Mit Shungiku (Gemüse-Chrysanthemen), Buschbohnen und Gurkenkraut (Borretsch) kommen sie auch gut zurecht.

Zwischenpflanzungen von Studentenblumen, Ringelblumen, Knoblauch oder Mizuna (Japanischer Blattsenf) wehren Nematoden ab.

Gurken: Salat, Dill, Fenchel, Bohnen, Erbsen, Kohl, Sonnenblumen und Zuckermais sind mögliche Begleiter der Gurken.

Hanf: Die Hanfpflanze, deren Samen wertvolle ungesättigte Öle enthalten, hat wegen ihrer ätherischen Ausdünstungen eine allgemein positive Ausstrahlung im Garten. Als Begleitpflanze ist sie günstig für Kartoffeln, Rote Bete und Kohl. In Deutschland ist der Anbau nur mit Genehmigung erlaubt.

Kapuzinerkresse: Das leuchtend orangefarben blühende Gewächs eignet sich als bodenbedeckende Begleitpflanze bei Tomaten und Kürbissen. Die Raupen des Kohlweißlings bevorzugen die Blätter der Kapuzinerkresse als Futter, deswegen kann man sie als Köder neben den Kohl setzen und die Raupen dann absammeln.

Kartoffeln: Die Erdäpfel vertragen Bohnen, Puffbohnen sowie Kohl als Zwischenpflanzung. Eine Umrandung des Kartoffelackers mit Hanf, Kapuzinerkresse, Fingerhut oder Meerrettich soll sich gut bewähren. Die Nachbarschaft mit Hanf wirkt positiv gegen Mehltaubefall.

Kohl: Die Kohlsorten, egal ob Blumenkohl, Brokkoli, Rosenkohl, Spitzkohl, Weißkohl oder Wirsing, vertragen sich gut mit Zwischenpflanzungen von Salaten, Endivien, Mangold oder Sellerie. Hier und da eine Hanfpflanze im Kohlbeet vertreibt die Kohlweißlinge, jene weißen Schmetterlinge, die ihre Eier auf Kohlpflanzen legen und deren Raupen den Kohlköpfen dann denn Garaus machen. Randbepflanzungen mit Kamille, Ringelblume und Dill haben sich bei Kohl ebenfalls bewährt.

Kohlrabi: Diese Kohlsorte kann mit Rote Bete oder Zwiebeln auf ein Beet gepflanzt werden.

Kräuter: Kräuterbeete oder Kräuterzeilen haben wegen ihrer duftenden Essenzen eine positive Wirkung auf in der Nähe wachsendes Gemüse. Studien belegen, dass die Nachbarschaft von Brennnesseln den ätherischen Ölgehalt bei Minzen erhöht; Knoblauch unterstützt Rosengewächse und Erdbeeren; Kapuzinerkresse zieht Blattläuse an und hält sie somit von anderen Pflanzen fern.

Lauch/Porree: ist der ideale Partner von Sellerie. Beide bevorzugen als Dünger gut verrotteten kalihaltigen Schweinemist oder Holzasche. Der Porree hat, wie auch alle anderen Zwiebelgewächse, eine ausgleichende Wirkung auf Doldenblütler allgemein. Doldenblütler wie Karotten, Pastinaken, Wurzelpetersilie oder Zuckerwurzel schützen mit ihren Ausdünstungen den Lauch vor der Zwiebelmade.

Mangold: auch Krautstiel oder Römischer Kohl genannt, eignet sich für eine Mischkultur mit Kohl, Zwiebeln, Salat oder Endivien.

Möhren: Wie alle Schirmblütler gedeihen Karotten oder Möhren mit Begleitern aus der Familie der Zwiebelgewächse (Lauch, Zwiebel, Schnittlauch). Durch diese Nachbarschaft werden Möhrenfliege, Lauchmotte und Zwiebelfliege abgewehrt.

Radieschen/Rettiche: Diese Kreuzblütler mögen in ihrer Nachbarschaft Kapuzinerkresse, Kerbel, Erbsen, Schnittsalat und Kopfsalat.

Rote Bete: vertragen sich besonders gut in direkter Nachbarschaft mit Zwiebeln, Kohlrabi, Salat und Möhren.

Salat: Salate und Lattiche profitieren von einer Gemeinschaft mit Karotten, Radieschen, Erdbeeren, Gurken und Borretsch.

Sellerie: Wie andere Gemüse aus der Familie der Schirmblütler, gedeiht der Sellerie besser mit Lauch, Zwiebeln und Schalotten in der unmittelbaren Nachbarschaft.

Spinat: mag Erdbeeren, Kartoffeln, Kohl, Rettich und Tomaten.

Tomaten: Die Paradiesfrüchte vertragen sich mit den meisten anderen Gemüsen. Zwiebeln, Neuseeländer Spinat und Kapuzinerkresse mögen sie besonders.

Zwiebeln: lassen sich gut mit Roten Beten, Erdbeeren, Tomaten, Salat und allen Schirmblütlern oder auch Doldengewächsen als Nachbarn kombinieren.

UNGÜNSTIGE PFLANZENKOMBIS

Manche Pflanzen gedeihen deutlich schlechter in Gesellschaft von bestimmten anderen Pflanzen. Dazu gehören folgende:

Bohnen: vertragen sich schlecht mit Zwiebelgewächsen (Lauch, Schalotten, Knoblauch, Zwiebeln, Gladiolen).

Erbsen: wachsen weniger gut neben Zwiebelgewächsen; auch Nachtschattengewächse wie Tomaten oder Kartoffeln mögen sie nicht besonders. Verschiedene Arten von Hülsenfrüchten, etwa Bohnen und Erbsen, sollte man nicht zusammen in ein Beet setzen.

Erdbeeren: mögen keinen Kohl in ihrer Nähe.

Gurken: Kartoffeln, Rettich und Spinat sind ungünstig neben Gurken.

Kartoffeln: In der Gesellschaft von Sonnenblumen, Tomaten, Gurken oder Kürbissen werden die Kartoffeln eher von Mehltau und Pilz befallen. Auch Sellerie und Rote Bete sind keine guten Begleiter der Erdäpfel.

Kohl: Im Allgemeinen vertragen sich die Kohlarten mit allen anderen Gemüsen. Ausnahmen sind Senf und Mizuna (Japanischer Blattsenf), Erdbeeren und Zwiebelgewächse.

Lauch: wächst eher schlecht in Gesellschaft von Bohnen, Erbsen, Kohl und Kopfsalat.

Radieschen/Rettiche: Gurken und Zwiebeln sind eher ungünstig neben Rettichgewächsen.

Rote Bete: Kartoffeln und Lauch auf einem Beet mit Roten Beten sollte man vermeiden.

Tomaten: Man sollte Tomaten nicht mit Kartoffeln, Erbsen oder Gurken ins selbe Beet setzen. Das mögen sie gar nicht.

Zwiebeln: Bohnen, Erbsen und Rettiche sind eher ungünstig für Zwiebeln.

JENSEITS DER GEMÜSEBEETE

Mein Garten hört nicht an den Rändern der kultivierten Beete auf. Er geht nahtlos in das wilde Umland über. Da beginnt der Bereich, in dem Wildgemüse und die besten Heilkräuter wachsen. Für Besucher, die sich mit Pflanzen wenig auskennen, erscheint die Umgebung meines Gartens wie eine ungepflegte Wildnis, eine Ansammlung von nutzlosen Unkräutern. Aber in Wirklichkeit ist es eine »essbare Landschaft« – wie man in Permakultur-Kreisen so schön sagt. Die Wildgemüse wachsen da ganz von alleine, ohne mein Zutun. Andere jedoch habe ich mir absichtlich dort angesiedelt, ausgepflanzt oder ausgesät.

Was in der Umgebung wächst, in der man lebt, kommt ganz auf das Klima an, auf das lokale Mikroklima, auf die Höhenlage und darauf, ob der Ort sonnig oder schattig, ob der Boden feucht oder trocken ist, ob es sich dabei um Humus-, Sand- oder Lehmboden handelt. Unter diesen Umständen fällt es schwer, zu verallgemeinern, was da jeweils als Wildgemüse gedeihen kann.

ESSBARE LANDSCHAFTEN

Leichte Sandböden etwa, die kaum in der Lage sind, Wasser zu speichern, weisen eine völlig andere Wildpflanzenvegetation auf als die schweren Ton- oder Humus-Lehm-Böden hier im Allgäu. Auf durchlässigen, sonnigen Böden fühlt sich zum Beispiel der Wiesenbocksbart wohl, ebenso Wilder Fenchel, Wilde Möhre und Beerensträucher wie etwa der Sanddorn. Steinige, besonnte Böden werden gern von Pflanzen bewohnt, die wir als Würzkräuter verwenden: einheimische Thymiana etwa, die man deshalb auch gut in Pflasterritzen und auf Steinmauern ansiedeln kann.

Humusreiche Wiesen sind mit Löwenzahn und Spitzwegerich besiedelt, wenn sie etwas feuchter sind auch mit Wiesenknöterich und Wiesenschaumkraut. Am sonnigen Bachlauf wachsen Bachbunge und Brunnenkresse, Rohrkolben und Mädesüß – jede Pflanze hat unterschiedliche Bedürfnisse, jede Umgebung deshalb andere Pflanzen.

Deshalb beschränke ich mich hier darauf, Ihnen zu erzählen, was rund um unseren Garten unter der Hecke, auf der Wiese und am Waldrand wächst. Über die Frühlingskräuter, die »grüne Neune«, haben wir schon gesprochen (siehe Seite 32 ff.). Außerdem gibt es zum Beispiel folgende essbare Wildpflanzen im »extensiven Garten« jenseits der Beete:

Hopfen und Kaukasischer Beinwell nützen den Zaun gern als Stütze. Die jungen Hopfensprossen sind im Frühjahr eine Delikatesse, und im Herbst ernten wir die Zapfen für einen beruhigenden Tee.

MEINE ESSBAREN WILDPFLANZEN

Im Garten

Außerhalb meiner gepflegten Gemüsebeete wächst für den Betrachter wilde Wiese, Wildstauden und Gesträuch. Ich liebe meinen Wildpflanzengarten, der ohne meine Pflege wächst und in dem ich trotzdem ernten kann. Wenn die eine oder andere Wildpflanze noch nicht in Ihrem Garten wächst, helfen Sie nach und säen Sie gesammelte Samen großzügig aus. Wo die Pflanze sich wohlfühlt, wird sie sich ansiedeln.

Bocksbart 1

Die jungen Triebe und Blätter des Wiesenbocksbarts wie auch seine im Herbst gegrabenen Wurzeln sind eine Köstlichkeit. Die knospigen Blütenstände schmecken als Pfannengemüse. Weil die gelben Korbblüten dieses Wiesenbewohners so schön sind, lasse ich sie meistens lieber stehen. An ihrer statt säe ich in meine Gartenbeete die kultivierte Haferwurzel, eine nahe Verwandte mit ähnlich schönen, aber lila-bläulichen Blüten.

Guter Heinrich 2

Neben dem Haus und dem Stall wächst ein Verwandter der Melden. Es ist der Gute Heinrich. Ein Gemüse aus den jungen Trieben und Blättern schmeckt mir besser als der normale Spinat. Aus den Samen kann man eine Art Grütze oder Brei kochen. Das Gänsefußgewächs wuchert oft auf den stickstoffgesättigten Böden rund um die Sennhütten. Wie auch die Brennnessel bietet es den Sennern und Sennerinnen ab und zu ein vitaminreiches Gemüsegericht. Zu oft darf man den Guten Heinrich aber nicht essen, da er Saponine und Oxalsäure enthält, die dem Rheumatiker oder dem Nierenkranken zu schaffen machen würden. Wegen der vielen Saponine sollte man das Kochwasser wegschütten. Wo die Pflanze selten ist, steht sie bei uns unter Naturschutz.

Hopfen 3

Der alte Bergbauer Hans brachte uns einige Hopfenstecklinge. Nun wuchert die Schlingpflanze munter den Blitzableiter bis zum Dach empor, auch entlang des Zauns und in die Äste

1

2

3

der Bäume. Die grünen, saftigen Frühlingstriebe sind ein begehrtes Gemüse für uns. Ursprünglich galt die Kletterpflanze ja tatsächlich als feine Gemüsepflanze. In Notzeiten kann man die geernteten Sprossen trocknen. In Russland werden die Wurzeln des Hopfens gebraten oder in Suppe gekocht. Die Verwendung der weiblichen Blüten als Bierwürze wurde erst von den Benediktinern eingeführt. Die alten Kelten und die Germanen kannten noch kein gehopftes Bier.

Die unreifen Samenstände der Malven sehen aus wie kleine Käselaibe, weshalb die Kinder sie gern als »Puppenkäse« verwenden. Man kann sie auch als Gemüse kochen. Aus Malvenblüten bereiten wir Tee gegen Halsschmerzen.

Klette 4

Als Heilmittel haben wir diese bärenstarke Pflanze schon erwähnt. Die Klette ist ein zweijähriger Korbblütler. Im ersten Jahr sammelt er seine Kraft in der Wurzel und im zweiten Jahr schießt diese Kraft in die Blüten- und Samenentwicklung. Im Spätherbst des ersten Jahres, gegen Ende der Wachstumsperiode, ist also die richtige Zeit, die Wurzel als Gemüse auszugraben. Im Geschmack ähnelt sie der Schwarzwurzel. Klettenwurzel ist nahrhaft, ihre Kohlenhydrate bestehen vor allem aus Inulin, was sie für Zuckerkranke leicht bekömmlich macht. Die jungen, im Frühling frisch austreibenden Stängel eignen sich gut für Suppen und Gemüsegerichte.

4

5

Malven 5

Alle Malven – Käsepappel, Rosspappel, Wegmalve, Moschusmalve, Eibisch und so weiter – sind essbar. Die jungen Triebe und Blätter kann man Suppen, Salaten und Mischgemüsen beifügen. In Russland werden die Blätter getrocknet, zu Pulver verrieben und über das Jahr hinweg zum Würzen und Eindicken von Suppen und Soßen verwendet. Eine Malvenart ist sogar Hauptbestandteil des ägyptischen Nationalgerichts *melokhia*. Die unreifen Spaltfrüchte, die an winzige Käselaibe erinnern, werden gerne von Kindern gegessen, die sie in der Schweiz Chäsli oder Puppenkäse nennen; man kann sie aber auch sammeln und wie ein Erbsengericht kochen. Die zartrosa Blüten eignen sich als Salatdekoration. Die schleimhaltigen Wurzeln kann man zum Eindicken in Suppen mitkochen. Aus Eibischwurzelextrakt stellten die Amerikaner einst ihre berühmten *marshmallows* her, jene süßen Kugeln, die gern über dem Lagerfeuer geröstet werden.

Als Tee wirken die Schleimstoffe der Malve beruhigend auf die Schleimhäute. Er hilft bei Halsweh und Reizhusten sowie im Verdauungstrakt bei Magen-Darm-Reizungen.

Nachtkerzenwurzel ernten

1 + 2 Die Wurzel der Nachtkerze erntet man im ersten Jahr, wenn die Pflanze eine Blattrosette ausgebildet hat. Vorsichtig gräbt man die Erde auf, um die lange, dicke Pfahlwurzel nicht abzubrechen.

Nachtkerze oder Schinkenwurzel 6

Es ist kaum bekannt, dass die hübsche Nachtkerze, deren leuchtend gelbe Blüten sich nach Sonnenuntergang plötzlich öffnen, als Neophyt aus Nordamerika kommt. Die rosa angehauchte Pfahlwurzel ist ein gutes Wildgemüse. Man sollte die Wurzeln am Ende des ersten Wachstumsjahres graben, denn im zweiten Jahr schießt die Blüte in die Höhe, und die Wurzeln werden holzig. Auch die jungen Blätter schmecken im Frühling hervorragend als »Spinat« oder Suppenbeigabe. Die gelben Blüten kann man zum Garnieren von Salaten verwenden. Die Samen sind reich an wertvollen ungesättigten essenziellen Fettsäuren (Gamma-Linolensäure); sie können, gemörsert, in Suppen, im Müsli oder im Brot verwendet oder einfach so gegessen werden.

Das aus den Samen gewonnene Nachtkerzenöl mit reichlich ungesättigten Fettsäuren ist inzwischen in den Apotheken erhältlich; es wirkt lindernd bei vielen Leiden und Allergien. Das Öl, eingerieben oder eingenommen, hilft bei prämenstruellem Syndrom, endogenen Ekzemen, Polyarthritis, trockener Haut und brüchigen Nägeln. Die Indianer brauten aus den blühenden Sprossspitzen einen Tee gegen Husten, Bronchialspasmen sowie Magen- und Darmkrämpfe.

6

7

Essbares und Heilsames von Sumpf und Teich

Der Garten, den ich ursprünglich der Brennnessel-Kälberkropf-Wildnis abtrotzte, geht in ein wildes Sumpfgelände und Feuchtgebiet über, an dessen Rändern und auf dessen Inselchen Schlehen, Holunder und Salweiden wachsen. Auch ein kleiner, halb verlandeter Teich voller Lurche und Insekten schließt sich an. Sumpfschachtelhalm, Segge, das Zottige Weidenröschen, Sumpfdotterblumen, der weiß blühende Sumpfhahnenfuß, Wasserdost und ähnliche feuchtigkeitsliebende Pflanzen wachsen dort. Wenn man hier in den Boden gräbt, findet man eine dicke Schicht dunkelbraunen Torf. Ab und zu hole ich mir eine Schubkarre voll davon, um die Himbeeren damit zu mulchen. Für den Besucher ist das Gelände Wildnis pur. Was sie nicht wissen, ist, dass auch dieses Feuchtgebiet ein ausgedehnter, extensiver Garten für mich ist. Hier sammle ich nicht nur Wildkräuter, sondern hier habe ich auch einige Wildnahrungspflanzen wie Rohrkolben oder Wasserkastanie und Heilpflanzen wie Magenwurz (Kalmus) und Fieberklee hineingepflanzt.

Essbare Sumpfpflanzen

Bachbunge 7

Die Blätter und Triebe dieser saftig-fleischigen Ehrenpreis-Art kann man im Frühling – zusammen mit der Brunnenkresse, die gleich daneben wächst – in den Salat zupfen oder fein geschnitten mit anderen Kräutern in den Quark mischen oder aufs Butterbrot streuen. Auch als Zutat zur Kräutersuppe verwenden wir die Bachbunge, sie hat aber einen leicht bitteren Geschmack.

Zu Füßen des Rohrkolbens hat sich hier an einer sumpfigen Stelle die Bachbunge angesiedelt. Wegen ihres scharfen, leicht bitteren Geschmacks isst man sie gern gemischt mit anderen Wildkräutern.

Der Breitblättrige Rohrkolben ist am Teichrand oder am Bach nicht nur schön anzusehen – man kann ihn auch essen. Die jungen Frühjahrstriebe schmecken angenehm wie Bambussprossen.

Brunnenkresse 8

Kaum sind Schnee und Eis verschwunden, da treibt dieser Kreuzblütler seine saftigen, tiefgrünen Triebe und Blätter hervor. Nach dem langen Winter ist dieses vitaminreiche, scharf nach Rettich schmeckende Grün hochwillkommen in den ersten Wildkräutersalaten. Selbst wenn man nicht wüsste, dass die frischen jungen Blätter eine Fülle von wertvollen Stoffen enthalten – Jod, Phosphor, Eisen, Kalium, sehr viel Vitamin C, Vitamin B1 und B2, Vitamin E, Provitamin A und Vitamin D –, spürt man dennoch die Vitalität, die sie Körper und Geist spenden. Man kann die gehackten Blätter auch aufs Butterbrot streuen, Kräuterquark damit zubereiten oder, wie auf den kanarischen Inseln, eine Suppe (*sopa de berros*) daraus kochen. Wenn man sie roh verwendet, sollte man sie gut mit Wasser spülen, um sich nicht möglicherweise mit den von Schnecken übertragenen Würmern zu infizieren.

Kohldistel

Die gelb blühende Sumpfdistel hat keine Stacheln wie ihre Verwandten, die Kratzdisteln. Verwendet werden die jungen Triebe und die Blätter als Spinat, in Suppen und Aufläufen. Von jungen Pflanzen im ersten Jahr können auch die Wurzeln geerntet und gegessen werden.

Rohrkolben

Der Breitblättrige Rohrkolben ist eine meiner Lieblingspflanzen. Als Jungen haben wir die dicken braunen Kolben getrocknet und als Spielzigarren verwendet. Da die Pflanze zudem auch eines meiner Lieblingswildgemüse ist, habe ich sie mir in unseren Sumpf gepflanzt. Die jungen Triebe – sie sind etwas schleimig – kann man als Spargelgemüse dämpfen oder in der Pfanne, zusammen mit anderem Gemüse, in Öl braten. Die stärkehaltigen Rhizome, die man im Herbst erntet, sind ein echtes *survival food* und haben vielen Menschen das Überleben in Notzeiten ermöglicht. Man kann diese Wurzelstöcke auch für den Winter trocknen und aufbewahren, zu Mehl mahlen, zum Eindicken von Suppen oder mit im Brotteig verwenden. Die noch ganz jungen Blütenstände lassen sich ebenfalls als Gemüse kochen.

Besonders gefällt mir der üppig vorhandene gelbe, mehlartige Blütenstaub, den man aus den braunen Kolben herausklopfen kann. Aus dem Blütenstaub, den wir mit etwas Mehl mischen, backen wir leckere Pfannkuchen. Wir haben damit früher aber auch das Brotmehl gestreckt. In Deutschland stehen die wild vorkommenden Rohrkolben unter Naturschutz – essen Sie also nur die im eigenen Garten wachsenden!

Schwaden oder Mannagras

Die ausgedroschenen Körner dieses im stehenden Wasser wachsenden Süßgrases werden zu Grütze gekocht oder, zu Mehl gemahlen, in Suppen oder Backwaren verwendet.

Schlangenknöterich oder Wiesenknöterich

Die Wurzel des Wiesenknöterichs wirkt stark adstringierend, also zusammenziehend, und wurde früher zur Behandlung von Schlangebissen eingesetzt – daher auch der Name. Die jungen Frühlingstriebe, samt den noch eingerollten Blättern, verwenden wir als gutes, leicht säuerlich schmeckendes Gemüse.

Sumpfziest

Der Sumpfziest wächst leider nicht auf unserem Berg, aber ich will ihn dennoch erwähnen, da wir in Ostfriesland gelegentlich seine Wurzelknollen, wie Kartoffeln zubereitet, gegessen haben. Die im Herbst geernteten Samen kann man roh übers Müsli oder über Salate streuen.

Wasserlinse oder Entengrütze 9

Die Wasserlinsen gehören zu den kleinsten Blütenpflanzen der Welt. Auf manchen stillen Gewässern bilden die kleinen Schwimmpflanzen große grüne Teppiche. Die Entengrütze ist tatsächlich ein wichtiges, nährstoffreiches Futter für junge Wildenten. Aber auch für Menschen kommt sie als besonders eiweißreiches, vitaminhaltiges Nahrungsmittel infrage. Mit einem Netz kann man sie von der Wasseroberfläche immer wieder abernten und frisch in den Salat, aufs Butterbrot oder gekocht in die Suppe tun. Wo das Wasser unsauber ist, sollte man sie nicht ernten, denn die feinen Blättchen nehmen die Schadstoffe auf.

Wasserkastanie

Ehe die Kleine Eiszeit im 14. Jahrhundert das milde Klimaoptimum des Mittelalters beendete, wuchs der Wein bis nach Schottland, Südskandinavien und Ostpreußen, Feigen und Esskastanien gediehen im Rheinland, und in den stehenden oder langsam fließenden Gewässern wurde Wasserkastanie gezüchtet. Schon die neolithischen Pfahlbauern kannten die Knollen als Grundnahrungsmittel. Heute findet man diese eiweißhaltigen, schmackhaften »Nüsse« auf den Märkten in Ost- und Südostasien, aber nicht mehr bei uns. Diese Speicherknollen werden wie Edelkastanien roh gegessen oder wie

Kartoffeln gekocht oder geröstet; man kann sie auch trocknen und zu Mehl verarbeiten. Erhard Bolender, ein in Isny im Allgäu ansässiger Ökologe, der sich mit Gewässerflora beschäftigt, versucht dieses vielfältige Gemüse wieder als Kulturpflanze einzuführen. Er gab mir einige Knollen, die ich in den Teich hinter unserem Haus setzte. Sie wollten aber nicht gedeihen, auf 1000 Metern Höhe im Allgäu war es einfach zu kalt für sie. In wärmeren Regionen ist die Wasserkastanie durchaus eine attraktive Nahrungspflanze.

Zottiges Weidenröschen 10

Wie auch bei den anderen Weidenröschen-Arten – etwa dem Schmalblättrigen oder dem Kleinblütigen Weidenröschen – kann man die jungen Triebe als Gemüse verwenden. Die Blätter, vor der Blüte geerntet, sind ein hervorragendes Teekraut, das im Geschmack etwas an Schwarztee erinnert.

Heilkräuter aus dem Sumpf

Neben essbaren Wildpflanzen bieten der Sumpf und das Feuchtgebiet hinter unserem Haus auch verschiedene Heilkräuter. Die Rossminze wuchs da von selbst, Fieberklee, Helmkraut, Kalmus und Wolfstrapp habe ich mir in diesen erweiterten Garten gepflanzt.

Fieberklee oder Bitterklee 11

Die bitter schmeckenden Blätter des Fieberklees können als Tee verwendet werden bei Verdauungsstörungen. Fieberklee ist ein altes Heilkraut, das früher bei Skrofulose, einer einstmals verbreiteten Kinderkrankheit, Bleichsucht, Gelbsucht und Wechselfieber – daher der Name – eingesetzt wurde. Glücklicherweise haben wir es noch nicht gebrauchen müssen, dennoch freuen wir uns, dass es im Teich wächst, da es eine schöne, mit Zotten versehene rosa-weiße Blüte hervorbringt.

Helmkraut oder Sumpfhelmkraut

Den unscheinbaren kleinen, himmelblau blühenden Lippenblütler habe ich mir auch in den Garten geholt. Das fast vergessene Kräutlein wurde einst gegen Tollwut verwendet – daher der englische Name *maddogskullcap*. Helmkrauttee hat eine stark beruhigende Wirkung auf das Zentralnervensystem. Es wird in der Phytotherapie zur Behandlung von Epilepsie, Neuralgien und Schlaflosigkeit verwendet. Aus eigener Erfahrung kann ich bestätigen, dass einen der Tee trotz extremen Verspannungszuständen gut schlafen lässt.

Kalmus oder Deutsche Magenwurz 12

Die Wurzelausläufer dieser in Sümpfen wachsenden aromatischen Pflanze werden als Heilmittel bei Magenbeschwerden eingesetzt – deshalb der Name »Magenwurz«. Ein Kaltwasserauszug normalisiert den Gallenfluss und hilft bei Bauchspeicheldrüsenproblemen. Bei Durchfall darf man die Droge jedoch keinesfalls anwenden. Als Badezusatz beruhigt die Kalmuswurzel die Nerven, sie wirkt beruhigend bei Unterleibsleiden der Frauen. Bei Männern kann der Badezusatz aus Kalmuswurzel eher Lust erregende Wirkung zeigen. Kalmus stammt ursprünglich aus dem subtropischen Indien. Weil es für ihn hier bei uns zu kalt ist, kann er keine Samen bilden und muss sich vegetativ, also über Ausläufer, fortpflanzen.

Rossminze

Diese Minze hat einen eher unangenehmen Duft. Man würde sie nicht unbedingt für einen Tee verwenden wollen wie zum Beispiel die Pfefferminze oder die Ährenminze – sie ist eben eher für die Rösser und nicht für die Menschen gedacht. Dennoch ist sie ein gutes Mittel, um die Gallensekretion anzuregen.

Wolfstrapp 13

Den Wolfstrapp habe ich mir in das Feuchtgebiet gesetzt aus keinem anderen Grund, als dass er eine schöne Pflanze ist. Aber er wird auch als Heilkraut zur Behandlung von Schilddrüsenüberfunktion genutzt. Als Tee kann er prämenstruelle Spannungen wie Schmerzen in den Brüsten mildern.

DER OBSTGARTEN

Als ich eines Tages in den Briefkasten unten im Tal schaute, fand ich einen Zettel darin mit einem Hinweis auf eine Pflanzaktion für alte Hochstamm-Obstsorten. Die veredelten jungen Bäumchen wurden von der Gemeindeverwaltung praktisch verschenkt. Es gab auch einige Sorten, die für höhere Lagen geeignet waren, die in der relativ kurzen Wachstumsperiode reife Früchte hervorbringen würden. Das Angebot interessierte uns, denn auf knapp 1000 Metern Höhe reifen die meisten Äpfel und Birnen nicht – außer den kleinen Schnapsbirnen. Wir hatten gerade, nach vier Jahren automobiler Abstinenz, für ein paar hundert Mark unser erstes Auto vom Dorfmechaniker kaufen können, sodass wir die Bäumchen auch transportieren konnten. Die zwölf kleinen Apfel- und Birnenbäumchen, nicht größer als Ruten und ohne Erdballen, passten gerade so in den klapprigen alten Fiat. Glücklicherweise hatte es noch nicht geschneit – es war gerade Anfang November – , sonst hätte ich diese Schätze nicht hochbringen können.

Einen Obstbaum pflanzen

Es war trüb, neblig und nasskalt, und ich hatte Fieber. Es blieb mir aber nichts anderes übrig, die Bäumchen mussten in die Erde, denn eine Kaltfront zog auf, den Schnee konnte man schon in der Luft riechen. Wenn ich warten würde, wäre entweder der Boden gefroren oder es würde schon wieder so viel Schnee liegen, dass das Pflanzen unmöglich wäre; langes Lagern würde auch die Wurzeln austrocknen lassen.

Ich trank also einen heißen Fliedertee aus Holunderblüten und zwang mich dazu, die Löcher für die Baumsetzlinge auszuheben. Die Gruben mussten groß genug sein, damit die Wurzeln

Unsere Apfelbäume versorgen uns mit gesunden Früchten, die bis in den Frühling reichen. Gegen Wühlmäuse hilft ein feinmaschiger Drahtkorb, in den man den Wurzelballen des Bäumchens beim Pflanzen einschlägt.

nicht eingeengt oder gar aufgebogen würden. In jedes Loch kamen noch eine oder zwei Schaufeln gut verrotteter Kompost, die Bäumchen wurden hineingesetzt und die Wurzeln wieder bis zum Wurzelhals, ungefähr 10 Zentimeter unter der Veredlungsstelle, in die Erde eingebettet.

Nun galt es, die Stützpfähle, die ich vorher zurechtgeschnitten und angespitzt hatte, neben die Bäumchen in die Erde zu schlagen. Der Pfahl muss so hoch sein, dass er gerade an den Kronenansatz des jungen Baumes reicht. Mit einem aus dem Bindezwirn der Heuballen geflochtenen Seil band ich nun die Bäumchen mit einer Achterschleife fest an die jeweiligen Stützpfähle. Der Pfahl wird zur Hauptwindrichtung hin gut in die Erde verankert. Das ist nötig, damit das Bäumchen gut anwurzeln kann, ohne dass es immer wieder, vom Wind gerüttelt, in Schieflage gerät. Das Bindematerial sollte man jedes Jahr erneuern, damit es nicht den Stamm des in die Breite wachsenden Bäumchens einschnürt.

Beim Bäumepflanzen machen Anfänger oft den Fehler, die anfangs kleinen Stämmchen zu nahe aneinander zu pflanzen. Man muss ihnen den nötigen Raum geben und von vornherein wissen, wie weit die Kronen der erwachsenen Bäume ausladen.

Baumschnitt

Obstbaumexperten schreiben ganze Bücher über formgebende Obstbaumschnitte. Nur so erhalte man eine gut durchlichtete, tragfähige Krone. Schon bei den frisch gepflanzten jungen Bäumen solle man damit anfangen. Man spricht hier vom Erziehungsschnitt. Der ausgewachsene, bereits Obst tragende Baum bekommt jedes Jahr den Erhaltungsschnitt und der alternde Baum den Verjüngungsschnitt.

Mein Lehrer, der naturweise Arthur Hermes, vertrat dagegen die Ansicht, dass viele Gärtner regelrecht »schnittgeil« sind, dass viel zu viel geschnitten wird. Je mehr man schneidet, umso mehr Angst- und Geiltriebe – rasch wachsende, unfruchtbare Triebe – produziere der Baum. Dies sei ein weiteres Beispiel, wie der Mensch der Natur seinen Willen aufzwingen wolle. Den Ratschlägen des alten Hermes folgend hatte ich mit meinen Obstbäumen guten Erfolg. Ich beschneide sie kaum. Manchmal ist es die Natur selbst, die durch Schneebruch Äste herausnimmt.

Unsere Obstbäume wuchsen in den nächsten Jahren gut heran. Tatsächlich waren sie an die Höhe angepasst und brachten schon nach wenigen Jahren gute Ernten. Ein Problem, mit dem ich nicht gerechnet hatte, waren die Wühlmäuse, die sich über die Wurzeln der jungen Bäumchen hermachten. Die nächsten Obstbäume pflanzte ich deshalb in einem speziellen Drahtkorb in die Erde, der die Mäuse von den Wurzeln fernhält.

WILDOBST UND BEEREN

Was Früchte und Obst betrifft, so brauchten wir uns nicht nur auf die Äpfel, Birnen und Zwetschgen oder die Johannisbeeren und Stachelbeeren, die wir gepflanzt hatten, zu beschränken. Auch in diesem Fall geht der Garten weit über die kultivierte Fläche hinaus. Angefangen vom Holunderstrauch im Hof über die Schlehen und die Ebereschen am Waldrand bis zu den Heidelbeeren tief im Wald oder die Rauschbeeren im Moor unten im Tal ist der Tisch in der gesamten wilden Natur reich gedeckt.

Viele Wildbeeren und Wildobstarten, die bei uns in Mitteleuropa heimisch sind, kann man essen. Aber nicht alle! Man muss sich auskennen, ehe man sie probiert. Meistens warnen sie den Menschen, indem sie schlecht riechen und bitter im Geschmack sind. Allerdings sollte man es da nicht auf einen Versuch ankommen lassen. Es ist wirklich wichtig, die giftigen Früchte gut zu kennen. Manche können lebensbedrohliche Vergiftungen hervorrufen. Dazu gehören die Beeren des Aronstabs, die leuchtend roten, glasigen Beeren des Waldgeißblatts oder die Beeren der verwandten Heckenkirschen-Arten. Die Früchte folgender Pflanzen sind ebenfalls tödlich giftig von Kirschlorbeer, Kermesbeere, Efeu, Kreuzdorn, Maiglöckchen, Bittersüßem Nachtschatten, Pfaffenhütchen, Seidelbast, Stechpalme, Tollkirsche, Weißwurz (Salomonssiegel) und Zaunrübe.

Die schwarzen Beeren des Faulbaums können heftiges Erbrechen und Durchfälle verursachen. Bei der Eibe sind alle Teile der Pflanze tödlich giftig, außer den roten, süß schmeckenden, schleimigen »Beeren« – eigentlich die Samenmäntel des Baumes. Diese könnte man zwar essen, jedoch auf keinen Fall die darin eingehüllten Samen, denn das wäre tödlich – besser, man überlässt die Früchte den Vögeln.

Die folgende Liste enthält Wildobst- und Beerenarten, die man in der Natur sammeln oder auch im eigenen Garten anbauen kann. Es handelt sich um vitaminreiche Früchte, die noch nicht von Züchtern verdorben wurden. Viele haben eine antioxidative Wirkung und ersetzen, falls irgendwann einmal das globale Transportnetz zusammenbrechen sollte, die importierten Südfrüchte.

14

Apfelbeere oder Aronia 14

Die Apfelbeere oder Aronia kommt aus Nordamerika, wo sie *chokeberry* genannt wird und deswegen oft mit der *chokecherry*, der Traubenkirsche, verwechselt wird. Die Osteuropäer haben sie für sich entdeckt und ganze Plantagen damit bepflanzt, denn die Beere ist eine regelrechte Vitamin-C-Bombe und ein hervorragendes Antioxidans. Sie neutralisiert die sogenannten »freien Radikale«, die als krebsverursachend gelten. Deswegen wird die Beere von naturheilkundigen Ärzten zur Vorbeugung und Behandlung von Darmkrebs und auch zum Schutz der Blutgefäße bei Herz-Kreislauf-Erkrankungen verwendet.

Tee aus Bärentraubenblättern

2 Esslöffel frische Blätter mit 3 Tassen Wasser einige Minuten leise kochen lassen, abseihen und über den Tag verteilt trinken. Diese Kur, sieben Tage lang durchgeführt, hilft gut gegen Blasenentzündung. Während der Kur sollte man auf Fleischgenuss und säuernde Lebensmittel verzichten.

Bärentraubenbeeren 15

Die roten Beeren dieses Heidegewächses ähneln im Geschmack den Preiselbeeren. In Gegenden, in denen sie selten sind, sollte man sie jedoch nicht ernten. Die lederigen Blätter sind bekannt für ihre entzündungshemmende Wirkung bei Harntrakt- und Blasenentzündung.

Berberitze oder Sauerdorn 16

Die im September reifen scharlachroten Beeren des stacheligen Berberitzenstrauchs sind essigsauer. Gemischt mit süßen Früchten, schmecken sie gut in Mus, Marmelade, Gelee oder Saft. Man kocht die Beeren und passiert sie durch ein Sieb. Als säuerliche Würze gibt man sie an Suppen. In Persien und Afghanistan mischt man sie in Reisgerichte; das sieht schön aus und gibt dem gekochten Reis eine angenehm säuerliche Note. Dafür müssen allerdings die Kerne entfernt werden und das ist mühselige Fingerarbeit.

Die im Spätherbst geerntete gelbe Wurzelrinde wird traditionell bei Gallenstau, Gelbsucht und Leberschwellungen als Heilmittel verwendet. Der Wurzelrindentee, kurz aufgekocht, hat ebenfalls gefäßerweiternde Wirkung. Bei Nierenleiden sollte er nicht verwendet werden.

Bocksdorn oder Chinesische Wolfsbeere 17

Der Gemeine Bocksdorn ist ein Neophyt aus China, der bei uns verwildert vorkommt. Der Strauch mit rutenförmigen stacheligen Ästen gehört zu den Nachtschattengewächsen. Seine roten Beeren ähneln denjenigen des Bittersüßen Nachtschattens, sie sind aber nicht giftig wie diese. In der Traditionellen Chinesischen Medizin werden sie seit langer Zeit eingesetzt. Vor nicht allzu langer Zeit machten die getrockneten roten Früchte unter dem Namen Goji (chinesisch = Wunderbeere) bei gesundheitsbewussten amerikanischen Top-Managern und Filmstars Karriere als Wundermittel für Anti-Aging – inzwischen ist die Kunde von den gesunden Goji-Beeren auch bei uns angekommen. Frisch oder getrocknet konsumiert, stimulieren sie das Immunsystem und wirken anti-

Was sind Antioxidantien?

Antioxidantien sind chemische Verbindungen, die Schadstoffe wie freie Radikale unschädlich machen können und deshalb große Bedeutung als Anti-Aging-Substanzen haben.

»Ich liebe meine Wildobsthecken! Sie liefern vitaminreiche Früchte und bieten vielen Tieren ein Zuhause.«

oxidativ; sie enthalten mehr Vitamin B als alle anderen Früchte; sie sind gut für die Augen – vor allem bei Glaukom und verschwommenem Sehen – und sie wirken positiv auf den Kreislauf.

Bocksdorn ist winterfest und lässt sich gut im Garten anbauen. Er wird auf 1,5 Meter Abstand gepflanzt und braucht eine sonnige Lage.

Brombeeren

Wer sie kennt, weiß, warum diese Beere zu meinen Lieblingen zählt: Man kann sie roh essen, Kompott daraus kochen, Kuchen damit belegen oder die Vorräte zu Gelee oder Marmelade verarbeiten – sie schmeckt immer unglaublich lecker und ist obendrein noch gesund. Brombeerblätter, vor der Blüte gepflückt, sind ein guter Bestandteil des Haustees. Ansonsten ist ein Aufguss der Blätter wirksam als adstringierendes, reinigendes Mittel zum Spülen und Gurgeln bei Entzündungen im Mund oder bei Halsschmerzen.

Ebereschenbeeren oder Vogelbeeren 18

Roh schmecken die lachsroten Beeren der Eberesche herb-sauer und etwas bitter. Sie enthalten Parasorbinsäure, die bei empfindlichen Menschen Durchfall und Erbrechen auslösen kann. Beim Erhitzen verflüchtigt sich jedoch diese Säure. Aus den reifen Beeren der wild wachsenden Vogelbeere kochen wir ein kräftiges Mus sowie eine schmackhafte Marmelade – wenn die Vögel nicht schneller mit der Ernte sind als wir.

Heutzutage wird vielerorts eine größere, süßere Vogelbeere, die **Mährische Eberesche** oder **Edeleberesche,** gepflanzt. Ein Hirtenjunge hatte sie 1810 in Spornau, Mähren, entdeckt. Die Sorte wurde in der DDR häufig angebaut und zu Mus, Most und Essig verarbeitet. Sie trug zur Vitamin-C-Versorgung der Bevölkerung bei. Die Vogelbeeren können auch getrocknet werden. Grob zerstoßen und mit heißem Wasser überbrüht, liefern sie einen bitteren Tee, der bei Magenverstimmung hilft und als lymphreinigend gilt.

Botanisch Unbewanderte könnten die Vogelbeeren mit dem **Speierling** oder der **Mehlbeere** (auch Silberbaum) verwechseln, was aber nicht schlimm wäre, denn auch die Früchte dieser an wärmeren Standorten wachsenden Bäume sind gut genießbar.

Elsbeere oder Ruhrbirne

Die Vitamin-C-reichen Früchte dieses selten gewordenen Bäumchens waren einst im Mittelalter beliebt und konnten verwendet werden wie die Vogelbeeren. Ich habe mir drei Elsbeeren in meinen Garten gepflanzt, es ist ihnen aber zu kalt und sie dümpeln vor sich hin.

Erdbeeren

Die kleinen Walderdbeeren, die im Mittsommer reif werden, sind das erste Wildobst des Jahres, das wir sammeln können. Seit uns die Bäuerin im Tal Zuchterdbeeren schenkte, haben wir zwar weniger Anlass, diese kleinen Wildfrüchte zu suchen, freuen uns aber immer, wenn wir einige finden, weil sie einen unvergleichlich intensiven Geschmack haben. Am liebsten naschen wir sie dann roh, direkt aus der Hand.

Kartoffelrosen sind beliebte Rosen für Hecken. Sie sind widerstandsfähig, erfreuen uns das ganze Jahr mit ihren rosa oder weißen Blüten und liefern im Herbst dicke rote Hagebutten für Marmelade oder Erkältungstee.

Essigbaum oder Hirschkolben-Sumach 19

Der Hirschkolben-Sumach kommt aus Nordamerika und verbreitet sich als Neophyt in Mitteleuropa. Den roten Fruchtstand ließen die Indianer über Nacht in einem Krug kaltem Wasser ziehen und hatten dann eine Limonade, die nicht nur Vitamin-C-reich ist, sondern, mit Ahornsirup gesüßt, obendrein gut schmeckt. Die aufgekochten Beeren sind eine hervorragende Gerbstoffdroge, verwendbar zur Wundheilung, bei Ruhr und Durchfall sowie bei Hämorrhoiden.

Felsenbirne

Es gibt verschiedene Arten von Felsenbirnen: An trocken-warmen Berghängen auf kalkhaltigen Böden wächst die einheimische **Gewöhnliche Felsenbirne;** häufiger findet man, als Zierpflanze angebaut, nordamerikanische Sorten, wie die Ährige Felsenbirne, auch Korinthenbaum genannt. Alle haben, wenn sie reif sind, dunkelblaue, an Heidelbeeren erinnernde Früchte. Viele Gartenbesitzer wissen nicht, dass man sie essen kann. Sie sind aber weich und süß. Man kann sie roh verzehren oder trocknen wie Korinthen. Marmelade, Gelee, Kompott und auch Likör lassen sich aus ihnen herstellen.

Hagebutten

Die Hagebutten, die roten Früchte des Rosenstrauchs, sind ein wertvolles, vitaminreiches Wildobst – ganz gleich, ob sie von der Hundsrose, der Apfelrose, der Weinrose oder welcher Art auch immer stammen. Die gereinigten, säuerlich-süß schmeckenden Fruchtschalen lassen sich zu Mus (Hagebuttenmark), Konfitüre, Chutney oder Sauce verkochen. Besonders ergiebig sind die großen, fleischigen Früchte der Kartoffelrose. Sie kommt als salzverträglicher Neophyt

von der Küste Japans und wurde in den Nordseedünen und entlang der Autobahnen gepflanzt. Auch bei uns bildet sie rund um den Garten eine dichte, undurchdringliche Hecke. Aus den Kernen lässt sich ein köstlicher Tee bereiten. Sie müssen dazu im Wasser eine halbe Stunde langsam köcheln und eine weitere halbe Stunde ziehen, dann nimmt der Tee einen vanilleartigen Geschmack an. Dieser »Kernletee« soll gut für Verdauung und Nieren sein.

Heidelbeeren oder Blaubeeren

Heidelbeeren kennt jedes Kind. Die blauschwarzen Beeren können von Juli bis September in den Wäldern geerntet werden. Getrocknete Heidelbeeren helfen bei Durchfall; Piloten essen die getrockneten Beeren, um ihr Sehvermögen in der Dunkelheit zu verbessern.

Die Kulturheidelbeeren, die ihren Weg in Joghurt, Müslis und Blaubeer-Muffins finden, sind eine andere Sorte als unsere heimischen Waldheidelbeeren; es handelt sich um die viel höher wachsende Amerikanische Heidelbeere, die in Plantagen angebaut wird.

Himbeeren

Auch diese Wildfrucht ist jedem bekannt. Wir lieben sie als Marmelade, Saft, Wein und natürlich frisch und roh genascht. Weniger bekannt ist, dass die Blätter, vor der Blüte gepflückt, gut im Tee schmecken. Hebammen lassen Schwangere schon eine Zeit vor der Niederkunft Himbeerblättertee trinken, da er das Gewebe lockern und die Geburt erleichtern soll.

Hirschholunder oder Roter Holunder

Oft wird der Rote Holunder für giftig gehalten. Das stimmt auch. Roh genossen erzeugen die Beeren heftigen Durchfall und Erbrechen. In fernen Zeiten des Aberglaubens wurde er sogar als Abführ- und Brechmittel verwendet, um böse Geister auszutreiben. Besonders die Samen sind giftig. Dennoch kann man diesen Holunder gut in der Küche verwenden, wenn man den Beerensaft kocht und die Samen heraussiebt. Man kann den Saft mit anderen Obstsäften mischen und zu Gelee verarbeiten. Aus den roten Hirschholunderbeeren lässt sich ein Chutney bereiten, das ausgezeichnet zu Wildbret passt.

Holunder, Schwarzer Holunder oder »Flieder« 20

Von Holunderblüten-Küchlein und Holunderbeerensuppe, Saft und Marmelade haben wir schon gesprochen (siehe Seite 26). Botanisch Unerfahrene müssen achtgeben, den Schwarzen Holunder nicht mit dem Zwergholunder oder Attich zu verwechseln, dessen Beeren ebenfalls schwarz, aber wegen ihres Blausäure- und Bitterstoffgehalts giftig sind.

Indische Scheinerdbeere

Die Früchte und das Blatt dieser Scheinerdbeere sehen zwar wie die der Walderdbeere aus, aber ihre Blüten sind gelb und die »Erdbeeren« schmecken fad und eher wässrig. Auch ihr Name ist falsch – die Indische Scheinerdbeere kam als Neophyt aus China und nicht aus Indien. Man kann sie aber durchaus essen.

Johannisbeere

Die Johannisbeersträucher, egal ob es die Schwarze oder die Rote Johannisbeere ist, egal ob angebaut oder verwildert, sind allseits bekannt. Die aromatischen Blätter der Schwarzen Johannisbeere lassen sich gut im Haustee verwenden. Ihnen wird in der Volksmedizin eine blutreinigende, gichtwidrige, antibakterielle Wirkung nachgesagt. Verwandt mit der Johannisbeere ist die ebenfalls bekannte Stachelbeere.

Kornelkirsche, Derlitze oder Dirndl 21

Die vorzugsweise im süddeutschen Raum auf kalkigen Böden wachsende Kornelkirsche hat glänzende, eiförmige, rote Steinfrüchte, die nach völliger Reife roh gegessen werden können. Die leicht bitteren Beeren eignen sich auch gut zum Einmachen: als Kompott, Gelee oder Saft. Die ganzen Früchte schmecken gut süßsauer in Essig und Salz eingelegt.

21

22

Kratzbeere oder Blau-Brombeere

Im feuchten Ufergebüsch findet man gelegentlich eine »Brombeere« mit blau bereiften Beeren, die einen eher faden Geschmack haben. Auch sie sind essbar und eignen sich für Konfitüre und Saft.

Mahonie 22

Die Mahonie, eine meiner Lieblingspflanzen, stammt ursprünglich von der Küstenregion des nordwestlichen Amerika, wo sie *Oregon grape* (Traube aus Oregon) genannt wird. Ursprünglich als Zierpflanze angebaut, verwildert sie zunehmend in Europa. In Oregon lernte ich, wie man die burgunderblauen Beeren zu köstlichen Konfitüren, Gelees und Wein verarbeitet.

Wie bei der nahe verwandten Berberitze wird die Wurzelrinde als Heilmittel bei Leber- und Gallenbeschwerden eingesetzt; der Saft gilt als »Blut-Tonikum«. Salben aus der Rinde haben sich als wirksam bei Schuppenflechte erwiesen.

Achtung: Wer die Pflanze nicht sicher kennt, sollte sich vorsehen. Die Mahonie kann mit der Stechpalme verwechselt werden, die ebenfalls Stacheln an den Blatträndern aufweist, deren karminrote Beeren aber giftig sind.

Maulbeere

Es gibt Maulbeeren mit roten, mit schwarzen und solche mit weißen Früchten. Die Beeren aller drei Arten sind essbar. Aber da diese Früchte nicht haltbar und kaum transportfähig sind, werden sie nicht kommerziell gehandelt, sondern meist gleich roh verspeist. Die Weiße Maulbeere wurde im Westen eingeführt, um mit den Blättern Seidenraupen zu füttern. In China und Zentralasien werden die Beeren für den Winter getrocknet. Besonders die aromatischeren schwarzen Beeren eignen sich gut für Mischkonfitüre, Kompott und Säfte.

»Wer die essbaren Wildpflanzen
seiner Umgebung kennt, kann sich
völlig kostenlos gesund ernähren.«

Mini-Kiwi, Scharfzähniger Strahlengriffel, Weiki oder Sibirische Stachelbeere

Im Garten meines Freundes Peter wachsen kleine, schmackhaft süße, stachelbeergroße Kiwis. Er wohnt in der Lausitz, einer Landschaft, die bekanntlich nicht besonders warm ist. Das kann doch nicht sein, dachte ich, Kiwis brauchen es doch warm! Als er mir versicherte, es sei eine sibirische Art, die bis zu -30 Grad Celsius verträgt, habe ich mir den Kletterstrauch auch bestellt. Diese Kiwis sind zweihäusig, deshalb braucht man eine männliche und eine weibliche Pflanze, damit die leckeren Früchte entstehen. Leider haben mir die Wühlmäuse die Wurzeln des »Männleins« gefressen; also musste ich nachbestellen. Die Kiwistauden wachsen, auch auf unserer Höhe, inzwischen gut heran und wir können kaum die Ernte erwarten.

Mispel 23

Die braunen Früchte der Mispel, im Mittelalter ein beliebtes Obst, sind heute vergessen. Die Früchte, herb-bitter und zusammenziehend, werden erst süß und genießbar, nachdem sie den ersten Frost abbekommen haben. Man kann sie zu Kompott und Marmelade verarbeiten.

Bei den »Mispeln«, die es heutzutage gelegentlich in den Supermärkten zu kaufen gibt, handelt es sich nicht um die echte Mispel, sondern um die Japanische Wollmispel, die ursprünglich aus Ostasien stammt, ein mediterranes Klima braucht und bei uns nur in Kübeln gedeiht.

Preiselbeere

Nach dem Krieg zogen wir im August in die Wälder und sammelten eimerweise Preiselbeeren und Heidelbeeren. Man kann sie trocknen, Marmelade, Kompott oder Saft daraus machen. Preiselbeerchutney passt gut zu Wildgerichten. Die Cranberrys, die heute in den Supermärkten verkauft werden oder im Reformhaus als Cranberrysaft, sind eine Preiselbeerart, genauer gesagt eine großfrüchtige Moosbeere, aus Nordamerika. Preiselbeersaft ist reinigend und adstringierend und hilft bei Entzündungen der Harnwege. Eine Abkochung aus Preiselbeerblättern ist bei Blasenentzündung ebenso wirksam wie der Bärentraubenblättertee.

Quitte

Die Quitte ist als Obstbaum fast in Vergessenheit geraten – wahrscheinlich deshalb, weil man die apfelgroßen, hellgelben Früchte roh nicht genießen kann. Aus den reifen Früchten lassen sich aber eine Vielzahl von süßen Leckereien herstellen: Saft, Mus, Gelee, Sirup oder Schnaps. Praktisch unbekannt dagegen ist, dass man die Früchte der Japanischen Scheinquitte – ein häufig angepflanzter Zierstrauch mit scharlachroten Blüten – in gleicher Weise verwenden kann.

Rauschbeere

Viele Menschen halten diese Beeren, die in Waldmooren und Sümpfen wachsen, für giftig. Wegen eines Pilzes, des Rauschbeeren-Fruchtbecherlings, der die Früchte befällt, kann es zu rauschartigen Zuständen mit Erregung, Schwindelgefühl und Unwohlsein führen, wenn man zu viele der Beeren isst. Trotzdem kann man die Beeren ohne Weiteres sammeln und, gemischt mit Heidelbeeren, zu Marmelade, Mus oder sogar Wein verarbeiten. In Skandinavien wurde im Mittelalter sogar der Messwein aus Rauschbeeren gekeltert. In der Volksheilkunde werden sie bei Durchfall und bei Blasenschwäche verwendet. Wie die Blätter der Preiselbeeren und der Bärentrauben, können auch die Rauschbeerenblätter zur Behandlung von Blasenentzündung verwendet werden.

Roter Hartriegel

Dieser Verwandte der Kornelkirsche hat rötliche Zweige und im Herbst schwarzblaue Früchte. Sie sind roh ungenießbar, gekocht aber gut verwendbar für Marmelade und Säfte. Verwandt ist der Weiße oder Seidige Hartriegel aus Amerika. Die Indianer mischten dessen getrockneten Bast in die Tabakmischung für die Friedenspfeife.

Sanddorn 24

Der stachelige Sanddornstrauch wächst vor allem an Meeresküsten und in sonnigen Lagen der Gebirgstäler auf sandig-kiesigen Böden. Die säuerlichen, orangeroten Früchte sind schwierig zu ernten, aber mit Handschuhen und einem kleinen Rechen ist man vor den spitzen Dornen geschützt. Sanddornsaft ist so Vitamin-C-reich, dass der auf importierte Südfrüchte verzichten kann, der Sanddorn hat. Aus den Samen lässt sich ein wundheilendes rötliches Öl pressen.

Schlehe oder Schwarzdorn 25

Die bereiften, blauen Steinfrüchte des Schwarzdorns schmecken erst süß, nachdem sie einen Frost abbekommen haben, vorher wirken die kleinen Pflaumen im Mund arg zusammenziehend. Aus den Früchten lassen sich süße, saure und gehaltvolle Vorräte herstellen: Sirup, Mus, Saft, Gelee, Marmelade, eingelegte »Oliven«, Wein, Likör und Obstbrand.

Traubenkirsche 26

Traubenkirschen kann man roh naschen, zu Fruchtsaft und Gelee verarbeiten, den Saft als Wein keltern oder zu Essig vergären. Weniger bekannt ist, dass man auch die Spätblühende Traubenkirsche nutzen kann, die als Neophyt im Unterholz von Kiefern- und Mischwäldern wächst. Die reifen schwarzen Beeren sollte man nur in kleinen Mengen roh essen – sie wirken abführend. Die Indianer arbeiten sie in ihre Vorratsnahrung Pemmikan (siehe Seite 66) ein, und in Mexiko sind Teigtaschen mit diesen Kirschen beliebt.

Weißdorn

In Europa gibt es zwei Weißdornarten, deren Blüten und Blätter einen wirksamen Heiltee gegen Herz-Kreislauf-Beschwerden liefern. Die roten, mehligen Früchte werden »Mehlfässchen« genannt und sind bis auf den harten Kern essbar. In Gärten und Parks sieht man gelegentlich andere Weißdornarten, die vor allem aus Nordamerika stammen. Viele von ihnen haben größere und saftigere Früchte als unser einheimischer Strauch. Aus ihnen kann man zusammen mit anderem Beerenobst Marmeladen machen.

EXPERIMENTE: SELTENE GEMÜSE

Viele Gemüsearten sind zu Unrecht kaum bekannt, obwohl man sie ohne Weiteres im Garten ziehen kann, sie oft schön aussehen, gut in die Fruchtfolgen oder in die Pflanzengemeinschaften passen und das Nahrungsmittelangebot erweitern. Wenn Ernährungsexperten wie Alfred Popp recht haben, dann ist das Wichtigste an den Lebensmitteln weniger die Kalorienmenge oder die Inhaltsstoffe, sondern die Ordnung stiftende »Information«, die sie für den menschlichen Körper und Geist bereit haben. Je breiter gefächert die Palette an Nahrungsmitteln ist, die wir zu uns nehmen, je mehr verschiedene Pflanzenarten wir mit einbeziehen, desto vielfältiger ist die Information, die wir erhalten. Ähnliches sagten mir Schamanen und Medizinleute in verschiedenen Teilen der Welt. Sie nehmen ganz bewusst möglichst viele Wildpflanzen zu sich, weil sie dadurch besser in Resonanz mit der natürlichen Umwelt kommen. Auch im Gemüsegarten können wir unsere Nahrungsinformationen erweitern, wenn wir auf Vielfalt achten. Wir sollten uns also nicht gewohnheitsmäßig auf die wenigen herkömmlichen Gartengemüse fixieren, sondern uns auch an wenig bekannte und ungewöhnliche Nahrungspflanzen heranwagen.

Auch bekannte Gemüse haben wenig bekannte Seiten. Wer weiß schon, dass man das grüne Karottenlaub nicht unbedingt wegwerfen muss, sondern gut als Suppengrün

Rote Bete gehört zu den anspruchsloseren Gemüsen – sie wächst eigentlich auf fast jedem Boden. Am liebsten mag sie nährstoffreiche Humus-Lehm-Böden mit ausreichend Feuchtigkeit. Die Knollen lassen sich in Sand den ganzen Winter über lagern.

»Ungewöhnliche Gemüse bringen immer wieder neue Aromen auf den Speisezettel.«

verwenden kann. Aus den Blättern der Roten Bete lässt sich ein ausgezeichneter »Spinat« bereiten. Auch das Grün der Mairübe ist als Gemüse verwertbar, ebenso wie das frische Radieschengrün. Wenn man Radieschen zu spät erntet, sodass sie in die Blüte schießen, dann braucht man sie nicht gleich zu jäten und auf den Sammelkompost zu werfen. Die jungen, noch zarten Samenschoten, die sich entwickeln, sind ein schmackhaftes, leicht pfeffriges Gemüse. In China werden Radieschen und Rettiche oft extra wegen der Schoten angebaut; sie eignen sich besonders gut als Pfannengemüse. Hier eine Liste ungewöhnlicher Gemüse für den Hausgarten:

Brauner Senf oder Spinatsenf 27

Irgendjemand hatte mir einmal die Samen eines asiatischen Salatgemüses geschenkt. Hübsche Pflänzchen mit breiten, zarten, kupferbraun angehauchten grünen Blättern wuchsen heran. Die Blätter schmeckten leicht scharf und erinnerten an Rauke, die ebenfalls der Familie der Kreuzblütler angehört und unter ihrem italienischen Namen Rucola inzwischen in Salatbars und bei gesundheitsbewussten Leuten der Renner ist.

Wir probierten die Blätter im Salat und gedünstet mit anderen Gemüsen im Wok und waren begeistert. Im Laufe des Sommers wuchs das Senfgemüse bis über einen Meter hoch und blühte mit hellgelben, kreuzförmigen Blüten, typisch für diese Familie. Obwohl ich versäumt hatte, Samen zu ernten, erschien die schöne Pflanze im nächsten Jahr wieder. Sie hatte sich selber ausgesät und den strengen Allgäuer Winter gut überlebt. Der Braune Senf ist ein vitaminreiches Blattgemüse und eignet sich gut zum Garnieren.

27

Dahlie

Bei der Dahlie geraten die Blumenfreunde ins Schwärmen und die Botaniker ins Schwitzen – heißt es in einem Gartenlexikon. Von dieser Prachtblume aus Mittelamerika, die einst bei den Azteken dem Sonnengott geweiht war, gibt es inzwischen unzählige Züchtungen in allen möglichen Formen und Farben. Dass die mexikanischen Ureinwohner sie auch als Nahrungsmittel kannten, ist heute den wenigsten bekannt. Noch immer gibt es in Mexiko ein aus den Dahlienknollen hergestelltes »Dahlienbrot«. Die inulinhaltigen Knollen werden geröstet oder gekocht, und die Blütenblätter sind köstlich im Salat oder in der Suppe. Man kann die Knollen auch frisch raspeln und in den Salat mischen. Bei den vielen Zuchtsorten ist der Geschmack der Knollen unterschiedlich. Alle sind zwar essbar, aber manche schmecken bitter.

Als Heilmittel verwenden die Mexikaner fein geschnittene Wurzelscheiben, die auf entzündete Hautpartien gelegt werden. Der Knollensaft kann bei Blähungen und Verdauungsbeschwerden lindernd wirken.

Wie viele Blumengärtner zu ihrem Leidwesen erfahren müssen, schmeckt die Pflanze auch den Schnecken. Wenn man sie also anbaut, muss man auf Schneckenschutz achten. Im Herbst werden die Knollen der äußerst frostempfindlichen Pflanzen ausgegraben und kühl, trocken und frostfrei überwintert.

Bei uns auf dem Berg, in dem kalten Klima, ist es jedes Jahr wieder schwierig, die Dahlien zum Blühen zu bringen. Und eine derartig schöne Blume dann aufzuessen, dazu kann ich mich nicht überwinden.

Fuchsschwanz, Meyer, Amaranth 28

Die meisten Fuchsschwanz-Arten stammen aus der Neuen Welt, wo viele als Ackerwildkräuter vorkommen oder als Spinatgemüse in Kultur genommen werden. Der Gartenfuchsschwanz, der bei uns als Zierpflanze zu finden ist, und der Grüne Fuchsschwanz werden in vielen Ländern als Körnerfrucht angebaut. Die äußerst nahrhaften Samen sind reich an Aminosäuren;

in Reformläden sind sie in Form von Gesundheitsriegeln, als Müsli oder gemahlen in Mehlmischungen erhältlich.

Eine Amaranth-Art aus der Alten Welt ist der Aufsteigende Fuchsschwanz, auch Meyer, Blito oder Roter Meyer genannt. Bis ins 17. Jahrhundert war er in Europa eine bedeutende Gemüsepflanze, die in den Gärten angebaut wurde. Der Spinat hat ihn verdrängt. Es würde sich wohl lohnen, ihn wieder aus der Mottenkiste hervorzuholen.

Es gibt inzwischen viele Fuchsschwanz-Arten und bastardierende Unterarten, die als Pionierpflanzen Abfallhalden, Schuttfelder, Wegränder, Brachen und andere Unkrautfluren besiedeln. Es ist nicht schlimm, wenn man sie verwechselt, denn alle bringen reichlich die nahrhaften kleinen Körner hervor, und alle können im Jungstadium als grünes Blattgemüse gegessen werden.

Guter Heinrich 29

Den Guten Heinrich findet man, wie wir im Kapitel »Meine essbaren Wildpflanzen« (siehe Seite 86) schon gehört haben, fast nur noch ver-

‹ Die Blätter des Guten Heinrich kann man ebenso wie Stängel und Triebe als wohlschmeckendes Gemüse dünsten. Im Herbst erntet man die Samen und zieht im Winter daraus vitaminreiche Keimlinge für den Salat.

Knollenziest schmeckt nussig-knackig und ist winterhart. Die Knöllchen können den ganzen Winter im Boden bleiben – man erntet immer nur so viel, wie man gerade benötigt, da sie sich schlecht lagern lassen.

wildert auf Almen. Heute fast vergessen, war der Gute Heinrich früher ein bedeutendes, in den Gärten kultiviertes Blattgemüse. Der Spinat hat ihn irgendwann verdrängt. Guter Heinrich liebt stickstoffreiche, nicht zu leichte Böden, ist ansonsten aber anspruchslos. Man sät ihn ab April ins Freiland und erntet die jungen Blätter als spinatähnliches Gemüse. Die Blütenstände werden wie Brokkoli zubereitet. Die Pflanze ist mehrjährig und treibt aus der Wurzel immer wieder aus.

Haferwurzel oder Lauchblättriger Bocksbart

Auch die Haferwurzel, verwandt mit dem gelb blühenden Wiesenbocksbart, ist eine schöne Blütenpflanze. Sie zeigt erst im zweiten Jahr ihre rot-lila Blüten, im ersten bildet sie eine lange, süßlich schmeckende, milchhaltige weiße Pfahlwurzel, die als Gemüse gekocht wird. Da der Geschmack leicht an den von Austern erinnert, wird sie oft auch »Austernwurzel« genannt. Wie beim Wiesenbocksbart ist jeder Teil essbar. Die Blätter sind gut für Salat und Suppe; die Blütenknospen eignen sich für den Wok und im Mischgemüse. Wie bei der Schwarzwurzel werden die Wurzeln im Herbst geerntet und können im Winter im Keller in feuchtem Sand eingemietet werden.

Japanischer Knollenziest

Der Knollenziest, ein Lippenblütler aus Japan, hat kleine weiße Wurzelknöllchen, die aussehen wie das Michelin-Männlein, das wir aus der Werbung kennen. Die Knollen haben eine zarte dünne Haut und, roh oder gekocht, einen ausgezeichneten Geschmack. Sie sind wahrhaftig ein Edelgemüse. Man setzt die Knollen in Reihen ins Beet; sie vermehren sich durch Ausläufer. Inzwischen brauche ich in meinem Garten gar keine mehr zu

»Seltene Gemüse schmecken nicht nur interessant. Ich finde es auch immer wieder spannend, neue Pflanzen und ihre Eigenarten im Garten kennenzulernen.«

pflanzen, das machen die Wühlmäuse für mich. Manchmal finde ich eine ihrer Vorratskammern und habe dann gleich einen Topf voller Knollen für den Wok oder die Salatschüssel.

Kapuzinerkresse

Die attraktiv rotorange blühende Kapuzinerkresse ist ursprünglich im tropischen Amerika zu Hause. Sie gehört eigentlich nicht zu den Kressen. Den Namen hat man ihr wegen ihres leicht pfeffrigen, aromatisch-würzigen Geschmacks gegeben. Blätter, Blüten und Samen lassen sich essen. Als Heilpflanze ist sie ein natürliches Antibiotikum, das bei Bronchitis, Stirnhöhlenentzündung und Infektion der Harnwege hilft. Beim ersten Frost stirbt die Pflanze ab, aber meistens sind schon so viele Samen erzeugt worden, dass man sie im nächsten Jahr nicht wieder auszusäen braucht.

Kaukasischer Spinat oder Hablitzia

Die Hablitzia ist ein rankendes Blattgemüse aus der Familie der Fuchsschwanzgewächse, das hier und da in Skandinavien angebaut wird und nun von der Permakultur-Szene entdeckt wurde. Die neu entdeckte Gemüsepflanze, die im Aussehen der (giftigen) Schmerwurz ähnelt, gilt als eine Nahrungspflanze der Zukunft. Die Kletterpflanze, die zwei bis drei Meter pro Saison wachsen kann und deren Blätter als Spinat gegessen werden, verträgt kaltes Wetter sehr gut. Kat Morgenstern, eine Permakultur-Aktivistin, hat mir ein paar Jungpflanzen geschenkt; ich bin gespannt, wie sie schmecken werden, das heißt, falls die Schnecken die Pflänzchen nicht zuerst erwischen.

Kerbelrübe oder Knolliger Kälberkropf 30

Es gibt verschiedene Kälberkropf-Arten. Diese Schirmblütler werden weder gegessen noch spielen sie eine Rolle in der Volksheilkunde, denn viele von ihnen enthalten ein flüchtiges Alkaloid, das die Kälber und Rinder, die es fressen, taumeln lässt. Eine Ausnahme ist die Wurzel des Knolligen Kälberkropfs, der früher genau deshalb angebaut wurde. Die Knollen sehen aus wie kleine, kurze Möhren und gelten als Feinschmeckergemüse. Ihr Geschmack ist leicht süß und soll an Esskastanien erinnern.

30

Klettenwurzel graben

1 Klettenwurzeln gräbt man am Ende des ersten Jahres, wenn die Pflanzen noch nicht geblüht haben. Vorsichtig sticht man in den Boden und entfernt möglichst viel Erdreich rund um die Wurzel.

2 + 3 Mit der Hand fühlt man, ob die lange Pfahlwurzel schon freigelegt ist. Nach intensiver Grabarbeit kann man das feine Gemüse unbeschädigt aus der Grube ziehen.

Die Kerbelrübe wird im Spätherbst ausgesät. Der Boden muss mürbe sein und darf nicht vorher mit Rohkompost oder frischem Mist gedüngt worden sein. Die Samen brauchen eine Kälteperiode, ehe sie im Frühling keimen. Sie können leicht beschattete Lagen gut ertragen. Wie bei vielen Schirmblütlern eignen sich Zwiebelgewächse als Nachbarn. Im Juni, wenn die Blätter vergilben, sind die Wurzeln reif für die Ernte.

In Mitteleuropa war die Kerbelrübe seit dem Mittelalter als Gemüse verbreitet, später wurde sie durch die Kartoffel verdrängt. Heute baut man sie noch im Feinschmeckerland Frankreich an.

Klettenwurzel

Man kann die Wurzeln der Klette in der Natur sammeln und ein gutes Wurzelgemüse daraus machen. Es gibt die Klettenwurzel aber auch als Zuchtform. In Japan, wo sie *gobo* oder *takinogawa* genannt wird, ist sie sogar das beliebteste Gemüse. Die Wurzel wird im Herbst des ersten Jahres nach der Aussaat geerntet. Die Ernte ist eine echte Herausforderung. Die dicken Wurzeln, die tief in den Boden reichen, sind sehr zerbrechlich. Ähnlich wie bei den Schwarzwurzeln muss man neben der Reihe eine Furche graben und dann die Wurzeln behutsam herausheben. Die Japaner ziehen die Pflanzen deswegen in Boxen auf, sodass sie zum Ernten eine Seite herunterklappen und die Wurzeln sorgfältig herausheben können. Die Klettenwurzel ist besonders nahrhaft. Neben Vitaminen und Mineralien enthält sie das von Zuckerkranken gut zu verdauende Inulin als Kohlenhydrat.

Kronenwucherblume, Speisechrysantheme oder Shungiku

Vielen Zeitgenossen ist der Name Shungiku durch die japanischen Manga-Comics bekannt. Shungiku Nakamura ist wohl die berühmteste Manga-Zeichnerin. Aber es gibt auch noch eine andere Shungiku, die in Japan beliebt ist – es ist die Speisechrysantheme oder Kronenwucherblume. Die würzigen jungen Triebe und Blätter dieser Wucherblumenart gehören ebenso in das japanische Nationalgericht *Sukijaki* wie in das chinesische *Chop Sui*. Auch wir können die jungen Triebe in Suppen und Mischgemüse verwenden oder roh zum Würzen des Salats. Man kann die Kronenwucherblume recht früh aussäen und die Aussaat später gestaffelt wiederholen. Es ist möglich, immer wieder einzelne Blätter von den Pflanzen abzupflücken, aber nicht zu viele, damit sie sich immer wieder erholen und neue Blätter bilden kann. Für mich war es eine Freude, als ich sie das erste Mal in den Garten pflanzte. Nicht nur weil sie eine Bereicherung für die Küche darstellte, sondern auch, weil sie nach einer Weile sonnig gelb mit üppigen Blüten den Garten verschönte. Das Gemüsebeet war auf einmal ein Blumenbeet geworden.

Malabarspinat

Der Malabarspinat braucht Wärme, da er aus Südasien kommt. Hier auf dem Berg im kühlen Allgäu gelingt der Anbau nicht, aber in wärmeren Regionen, in Weinbaugebieten, wächst die Kletterpflanze gut. Anders als der herkömmliche Spinat schießt er nicht im Sommer. Die fleischigen jungen Blätter sind ein gutes Gemüse, sie können aber auch roh im Salat gegessen werden. Es lohnt sich, sie vorzuziehen und dann nach den Eisheiligen, Mitte Mai, ins Freiland zu pflanzen.

Mizuna-Rübstiel

Mizuna ist japanisch und bedeutet »etwas Grünes für den Winter«. Die dunkelgrünen, tief eingekerbten Blätter sind gut im Salat wie in der Suppe. Der Geschmack erinnert an Rucola. Die Japaner benutzen sie für Pfannengerichte, auch säuern sie die Blätter ein wie Sauerkraut. Mizuna ist kälteverträglich und stellt keine besonderen Bodenansprüche.

Neuseeländer Spinat

Während andere Salat- und Blattgemüsearten im heißen, trockenen Sommer leiden, gedeiht dieses Mittagsblumengewächs prächtig und treibt seine bis zu einem Meter langen kriechenden Triebe über den Boden. Ähnlich dem Malabarspinat sollte man ihn in Töpfen vorziehen und dann auspflanzen, wenn keine Bodenfröste mehr zu erwarten sind. Er braucht viel Platz (50 mal 80 Zentimeter pro Pflanze). Die fleischigen, pfeilförmigen Blätter sind ein gutes, mildes Gemüse. In der Mischkultur bildet er einen passenden Begleiter für Tomaten.

Orache, Gartenmelde oder Spanischer Spinat

Orache ist eines der vielen Gänsefußgewächse, die schon die Römer als Suppengrün kannten. Ursprünglich kommt sie aus den Salzsteppen Zentralasiens. Die Meldenart wird gelegentlich noch immer in Frankreich und Nordamerika in den Gemüsegärten als Suppengrün und Spinat angebaut.

Portulak oder Burzel 31

Schade, dass der Portulak bei uns nicht gedeiht. Wo aber das Klima Weinbau oder Maisanbau begünstigt, kann das bodendeckende Kraut sogar zum »Unkraut« werden. Die leicht säuerlich und erfrischend schmeckenden, dickfleischigen, saftigen runden Blätter und die ebenso sukkulenten rötlichen Stängel eignen sich bestens für den Salat und ebenso für die bunte Gemüsepfanne. In Griechenland wird die frische Pflanze traditionell zusammen mit Tomaten, Zwiebeln, Basilikum, Zitronensaft und Olivenöl als Salat zubereitet. In Frankreich gibt es eine »goldfarbene« Züchtung, deren Samen man für das Gemüsebeet kaufen kann. Portulak und Sauerampfer sind die Hauptzutaten der in Frankreich beliebten *Potage bonne femme* (Gemüsesuppe nach Hausfrauenart).

Postelein, Tellerkraut, Winterportulak oder Kubaspinat 32

Kubaspinat hat nichts mit Kuba zu tun. Das saftig zarte, frisch grüne Portulakgewächs kommt von den feuchten Berghängen der amerikanischen Westküste und heißt dort *miner's lettuce* (Goldschürfersalat), da es als Pionierpflanze dort die aufgewühlte Erde bedeckte und manchen hungernden Goldgräber am Leben hielt. In den Baumschulen und Staudengärtnereien in Norddeutschland und Holland ist das Kraut inzwischen zum dominanten bodendeckenden Neophyten geworden. In Gegenden, wo der Winter nicht zu kalt und schneereich ist, können die Samen des Tellerkrauts bis August ausgesät werden. Es braucht feuchten Boden und kann bis zum ersten Frost immer wieder geerntet werden. Postelein lässt sich auch sehr gut im Gewächshaus anbauen.

31

32

Rapunzel-Glockenblume oder Rübenrapunzel

Die Rapunzel kennen wir aus dem gleichnamigen Märchen. Da wird von einer schwangeren Frau erzählt, die einen Heißhunger auf die in Nachbars Garten wachsende Rapunzel entwickelte. Heute kennt kaum jemand mehr das einst beliebte Gemüse, das sich doch bis ins 17. Jahrhundert in fast jedem Bauerngarten fand. Die Rapunzel gehört zu den Glockenblumengewächsen; sie sollte nicht mit dem heutzutage beliebten Feldsalat verwechselt werden, der ebenfalls häufig Rapunzel genannt wird.

Die daumendicken weißen Wurzeln dieser Glockenblume erntet man im Herbst, im Winter oder im Frühling. Sie werden entweder gekocht oder mit etwas Essig, Salz und Pfeffer angemacht und roh als Salat gegessen. Die jungen Triebe können im Frühling wie Spargel zubereitet werden.

Die Rapunzel hat, wie der Tabak, ganz winzige Samen, was die Aussaat schwierig macht. Deshalb mischt der Gärtner die Samen mit der zwanzigfachen Menge feinen und trockenen Sandes und sät dieses Gemisch in Reihen, mit 20 bis 25 Zentimetern Abstand. Der Boden muss relativ feucht gehalten werden. Die Pflanze kann mäßigen Schatten vertragen. Die Aussaat erfolgt im Mai.

Gartensauerampfer 33

Den kleinen, säuerlich schmeckenden Sauerampfer naschen die Kinder gerne, wenn sie auf den Wiesen spielen. Es gibt aber auch eine großblättrige gezüchtete Form, die *Oseille large de Belleville*, die in Frankreich in der Frühlingssuppe sehr beliebt ist. Oft wird das Blattgemüse mit der Gartenmelde gemischt.

Schinkenwurzel oder Nachtkerze 34

Nicht nur der Schönheit ihrer Blüten wegen hat die Nachtkerze die Herzen der Pflanzenliebhaber erobert, sondern auch wegen der rosa angehauchten, fleischigen Pfahlwurzeln, die eine Gemüsedelikatesse sind. Da sie die Farbe gekochten Schinkens haben, hat man ihr den Namen Schinkenwurzel gegeben, und Gemüsegärtner haben aus der Wildpflanze, die auch in unserem Garten jenseits der Gemüsebeete gerne wächst (siehe Seite 88), ein regelrechtes Wurzelgemüse gezüchtet. Eine Gärtnerzüchtung aus Deutschland gelangte 1863 nach Amerika, in das Land, aus dem die Nachtkerze ursprünglich zu uns kam. Unter dem Namen *German Rampion* (Deutsche Rapunzel) wurde sie dort zeitweilig zum Modegemüse. Da der Anbau jedoch etwas aufwändig ist, findet man die kultivierte Schinkenwurzel inzwischen kaum mehr in unseren Gemüsegärten.

Senf

Die schwefelgelb blühende Senfpflanze lässt sich gut als Gründüngung (siehe Seite 69) verwenden. Ihre scharf schmeckenden Samen werden ausgereift getrocknet und würzen eingesäuertes Gemüse und Gurken. Aus den gemahlenen Samen werden Tafelsenf oder Mostrich bereitet oder, in der Hausmedizin, Senfpflaster und Senfwickel. Die jungen Blätter eignen sich sehr gut als gedünstetes Gemüse oder auch zum Würzen von Salat.

Taglilien schmecken süß und frisch mit pfeffrigem Nachgeschmack und eignen sich deshalb für süße und herzhafte Gerichte. Besonders hübsch: Die rohen Blüten kann man süß oder herzhaft füllen und den Gästen als Vorspeise servieren.

Taglilie

Die Taglilien mit ihren attraktiven ockergelben bis lachsfarbenen Blüten findet man häufig in den Bauerngärten. Kaum jemand weiß, dass die Pflanze in ihrem Ursprungsland China eine beliebte Gemüsepflanze ist. Sie wird auf den Deichen zwischen den Reisfeldern angebaut. Die jungen Triebe und Schösslinge werden im Frühling als »Spargel« gegessen oder finden ihren Weg in die Suppe und in den Salat. Auch die großen Blütenknospen kommen mit in den Wok oder die Bratpfanne. Die stärkehaltigen Wurzeln schmecken wie eine Mischung aus Zuckermais und Haferwurzel, aber es ist aufwendig, sie zu ernten und zu putzen. Die Pflanze ist nahrhaft, enthält Eiweiß, Beta-Karotin und Vitamin C. Ein Tee, aus den getrockneten Blüten gebraut, soll beruhigend, entspannend und blutreinigend wirken.

Achtung! Verwechseln Sie die Taglilie nicht mit anderen Liliengewächsen wie den giftigen Schwertlilien oder Narzissen!

Teltower Rübchen

Diese kleine Speiserübe, die seit dem Mittelalter in Brandenburg als »armer Leute Speise« angebaut wird, war nicht nur ein Lieblingsgemüse Goethes oder des Philosophen Kant, sondern auch ich bin von ihrem delikaten Geschmack begeistert. Die Rübchen stellen eine gute Nachfrucht für Beete dar, die früh abgeerntet werden, etwa nach der Ernte der Frühkartoffeln oder der Erbsen. Man sät sie in einem Reihenabstand von 25 Zentimetern. Die zarte Rübe eignet sich sehr gut für Gemüsesuppen und im Wok, aber auch als Rohkost.

Wurzelpetersilie

Die Wurzelpetersilie ist eine echte Petersilie, aber mit dicken, fleischigen Wurzeln, die dem Gemüseeintopf oder dem Schmorgericht ein interessantes Aroma geben. Die Wurzeln erinnern an Pastinaken, sind aber viel kleiner als diese. Wie auch bei anderen Schirmblütlern dauert es recht lange – bis zu sechs Wochen –, bis die Samen keimen. Die Reihen brauchen also eine Markiersaat und müssen gut beobachtet werden. Für Zwiebelgewächse sind sie geeignete Nachbarn.

Zuckerwurzel, Gierlen, Kringelmöhre oder Zuckermerk

Die Zuckerwurzel ist ein weiterer Schirmblütler, wie Möhre, Pastinake oder Petersilie. Ehe die Karotte sie aus den Gärten verdrängte, war die Kringelmöhre ein beliebtes Gemüse. Schon in römischen Zeiten ließ Kaiser Tiberius die schmackhaften Wurzeln aus den Rheinprovinzen Germaniens importieren. Ich habe sie mir in den Garten geholt. Auch bei den Zuckerwurzeln oder Gierlen dauert es eine halbe Ewigkeit, bis die Samen keimen. Im Winter könnte man sie wie die Pastinaken im Beet lassen, wären da nicht die Wühlmäuse, die ganz verrückt nach den fingerdicken Wurzeln mit dem süßen Geschmack sind. So ernten wir sie notgedrungen im Herbst und mieten sie im Keller in feuchtem Sand ein.

33

34

KOMPOST – SCHLÜSSEL ZUR FRUCHTBARKEIT

Bei unserem Nachbarn in Ohio, dem alten Hufschmied John Beck, lernte ich die ersten gärtnerischen Handgriffe. Auch über den Kompostierungsvorgang brachte er mir etwas bei. Auf den wachsenden Haufen kamen Küchenabfälle, Holzasche vom Grillplatz, Grasschnitt, den ich von den weitläufigen Rasenflächen rechen musste, gejätetes Unkraut, Herbstlaub, Pferdeäpfel und Ruß aus der Schmiede, in der die Amish-Bauern ihre Rösser beschlagen ließen. Der Haufen wurde einmal mit der Forke umgesetzt und blieb liegen, bis er sich irgendwann, nach zwei oder drei Jahren, in lockere, gut riechende, dunkle Erde verwandelt hatte. Dann wurde er auf dem großen Gemüseacker und unter den Obstbäumen verstreut.

KOMPOSTIEREN LERNEN

Wie üblich in den älteren Häusern im ländlichen Ohio, befand sich John Becks Klo nicht im Wohnhaus, sondern im Garten: ein selbst gebautes einfaches *shithouse* mit Donnerbalken über einem ungefähr zwei Meter tiefen Loch. Neben dem Sitzbalken befanden sich ein Eimer voll Sägespäne und ein Sack mit Löschkalk. Nach jedem »Geschäft« wurde mit einer Handschaufel etwas davon in die Grube gestreut. Wenn das Loch irgendwann fast voll war, versiegelte es John mit Erde, pflanzte ein junges Apfelbäumchen an der Stelle und baute ein neues Plumpsklo anderswo auf seinem Grundstück. Auf diese Weise entstand über die Jahrzehnte hinweg auf dem nährstoffgesättigten Gelände eine kleine, aber außerordentlich ertragreiche Apfelplantage. Eine Vielfalt von Sorten wuchs da – Sorten, die heute kaum jemand mehr kennt: McIntosh, Northern Spy, Augustäpfel und viele andere. Einer der letzten Bäume, die er setzte, hieß »Yellow Delicious«. Diese Sorte sei etwas ganz Besonderes. Dass es heute Yellow Delicious in jedem Supermarkt gibt, hätte er sich nicht träumen lassen.

Irgendwie weiß ja jeder, dass die Düngung des Bodens mit verrottetem Mist oder Kompost wichtig ist. Bei Manfred Stauffer, dem Gärtner- und Kompostmeister in der Siedlung an der Rhone, lernte ich jedoch, dass der Kompost kein Misthaufen und dass Kompostieren kein willkürliches Anhäufen von biologischen Abfällen, sondern eine hohe Kunst ist, eine echte, alchemistische Kunst.

Meister der stofflichen Umwandlung

Manfred war froh, als ich in den Garten kam. Nachdem ich im ersten Jahr den grundsätzlichen Tagesablauf – Säen, Nachpflanzen, Gießen, Hacken, Ernten, Bodenbearbeitung und das Putzen der Gemüse für den Markt – gemeistert hatte, zog er sich zurück, um sich nur noch mit dem Kompostgeschehen zu befassen. Er meditierte scheinbar ohne Unterbrechung in den Kompost hinein, man könnte sagen, er unternahm astrale Reisen in die dunkle, feuchte Welt des Verrottens und Verwesens. Feinsinnig spürte er den Mysterien der stofflichen Umwandlung nach. Seine Mist- und Kompostmieten verlegte er absichtlich direkt neben sein Wohnhaus: gerade vor die Wohn- und Esszimmerfenster, dort, wo er seinen Sitz am Haupt des Esstisches hatte. Die Fenster hielt er – wenigstens in der warmen Jahreszeit – immer geöffnet. Während er da saß, redete er kaum. Gelegentlich bewegte sich, die würzige Kompostluft schnuppernd, seine rötlich gefärbte Nase. Dabei murmelte er geistesabwesend kaum verständliche Worte, wie »Phosphorprozess«, »Stickstoffprozess«. Selbst Besucher, die sich hin und wieder zum Mittagsessen oder Abendbrot einfanden, konnten ihn nicht von seinen Meditationen abhalten. Das war natürlich peinlich für seine Frau, die sich mit den Gästen unterhalten musste. Wenn sie versuchte, ihn ins Tischgespräch einzubeziehen mit einem: » Stimmt das nicht, Manfred?«, dann hörte man lediglich ein entferntes: »Ja, Hilde!«, und schon war er wieder weg.

Alles, was dem Gärtnermeister in die Quere kam, wurde kompostiert. Da war zum Beispiel der wertvolle Lodenmantel, den eine Dame beim Besuch aus Versehen liegen gelassen hatte. Als sie ihn drei Wochen später abholen wollte, war das Kleidungsstück von den Kompostbakterien und Strahlenpilzen schon halb verdaut. Er habe gedacht, murmelte er als halbherzige Entschuldigung, der gehörte zum Lumpenhaufen. Wenn irgendein Gemüse zu lange gelagert worden war, sodass man es nicht mehr verkaufen konnte, oder wenn das Heu auf dem Heuboden schimmelte, weil man zu spät das Loch im Dach bemerkt hatte, war das für ihn keine Katastrophe. Er freute sich über das Kompostmaterial.

Er machte eine regelrechte Wissenschaft aus der Kompostierung, legte verschiedene Mistkomposte, Laubkomposte, Rasenschnittkomposte, Erdkomposte und andere an, machte Kräuterjauchen aus Kohl, Beinwell, Brennnessel, Ackerschachtelhalm oder aus vergorenen Kuhfladen und betrieb dazu ein kleines Labor, wo er unter anderem Wachstumstests mit Kresse- und Radieschensamen durchführte. Dabei verglich er, ob und wie schnell die Samen in welcher Erde keimten, ob die Sämlinge gesund waren und in welcher Mondphase der Test erfolgte. Nach zwei Wochen schnitt er die Keimlinge bodeneben ab und wog sie. Das Resultat stellte ihn zufrieden, wenn das Gewicht des Krauts das der Samen um das Zehnfache überstieg.

DER KOMPOSTKREISLAUF

Auf Grundlage der Kompostierkunst von Manfred Stauffer wurde mein Garten von Jahr zu Jahr ertragreicher. Was ich von diesem Kompostmeister lernte, will ich hier nun weitergeben.
Alles, was entsteht, muss wieder vergehen. Die Natur macht es uns im großen Jahreskreislauf vor. Dem stürmischen Wachstum der Vegetation im Frühling folgt das Blühen und Reifen und dann im spätem Herbst das Welken und Vergehen. So ist es Jahr für Jahr. Als einen unerbittlichen Reigen göttlicher Kräfte, als das Rad des Lebens oder den Atemzug der Erde, so sahen es die alten Völker. Wir sprechen eher prosaisch von dem Aufbau und Abbau der Biomasse. Rund 400 Milliarden Tonnen Biomasse werden pro Jahr von den Pflanzen aufgebaut und ebenso viel wieder von den abbauenden Organismen, den Tieren und Pilzen, abgebaut.

Auf- und Abbauprozesse

Der Vorgang ist Ausdruck der Jahreszeiten, er spiegelt das Verhältnis der Erde zur Sonne. Mit der stärker werdenden Sonneneinstrahlung im aufsteigenden Jahr, wenn also die Tage länger werden, nimmt die Kraft der Pflanzen zu, die Lebensenergie einzufangen und die leblosen Elemente zu beleben. Das Pflanzengrün (Chlorophyll) ist die Antenne, der Empfänger für die Lichtenergie. Mit dieser Energie wird Wasser gespalten und mit Kohlendioxid verbunden; so entsteht das Urmolekül des Lebens, der Traubenzucker. Dieser Zucker ist Grundbaustein für Stärke, Zellulose, Holz (Lignin) und letztendlich auch für tierische Gewebe. Dabei wird der Sauerstoff, der für uns Tiere das Lebenselement ist, als »Abfall« ausgeschieden.

Man stelle sich vor und staune: Bis zu 98 Prozent der Pflanzensubstanz ist lediglich Luft und Wasser; nur eine verschwindend geringe Menge der Substanz entstammt dem Boden, und zwar in der Reihenfolge Stickstoff, Phosphor, Kali, Kalk und Spurenelemente. Diese mineralischen Bestandteile spiegeln nicht einfach nur die Zusammensetzung des Bodens, bei dem die Elemente Sauerstoff, Silizium und Aluminium in verschiedenen molekularen Verbindungen am häufigsten vorkommen. Die Pflanzen selektieren die Bodenstoffe, die sie brauchen.

Diesem Aufbauprozess steht ein ebenso grandioser Abbauprozess gegenüber. Der Abbau beschleunigt sich nach der Sommersonnenwende, wenn die Sonneneinstrahlung abnimmt und die Tage kürzer werden. Die abbauenden

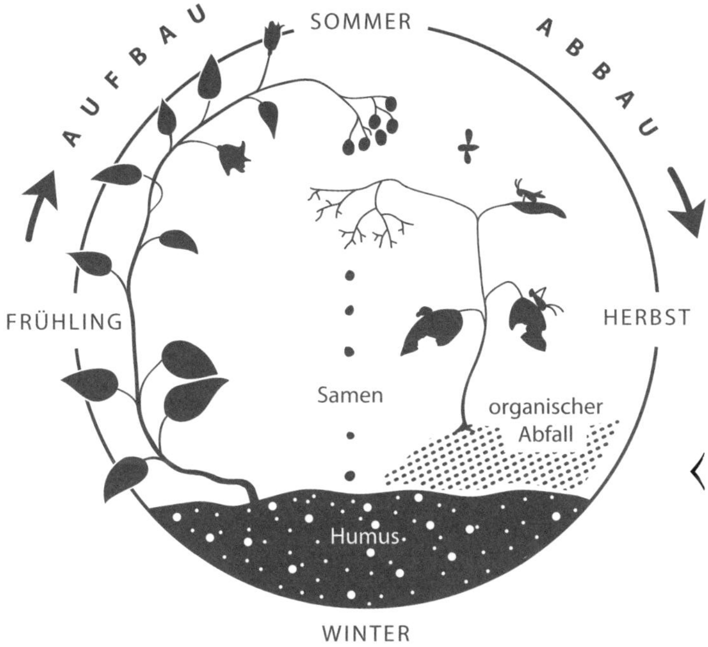

Jede Jahreszeit trägt ihren Teil bei zum ewigen Kreislauf von Auf- und Abbau in der Natur – wunderbar zu beobachten am Komposthaufen im Garten. Jede Pflanze, jedes Tier, jedes Lebewesen ist in diesen Kreislauf sinnvoll eingebunden.

Organismen – Insekten, Schnecken, Milben, Asseln, Würmer, Millionen von Bakterien sowie die Pilzorganismen, Mehltau, Rost, Schimmel, Strahlenpilze – machen sich immer mehr über die schwächelnden Pflanzen her. Sie spalten Zucker, Stärke, Lignin, Zellulose, Öle, Wachs und andere Verbindungen auf, setzen die darin festgehaltene Sonnenenergie (Kalorien) wieder frei und nehmen diese für sich in Anspruch. Sie zerlegen, verdauen und oxidieren (verbrennen) das dürre, verwelkte Kraut, die abgefallenen Blätter, das tote Holz – alle organische Materie. Sie lösen die molekularen Verbindungen der Pflanzensubstanz wieder in ihre Bestandteile auf: Kohlenhydrate werden in einfache Zucker, organische Säuren und schließlich in Kohlendioxid und Wasser zerlegt. Bestimmte Bakterien zersetzen die Eiweiße zu Aminosäuren, Nitrit und schließlich zu Ammoniak, das sich in der Luft verflüchtigt. Und die mineralischen Bestandteile kehren zur Erde zurück.

Aber nicht ganz. Ehe der Abbauprozess vollendet ist, kommt es zur Umkehr. Bestimmte Pilze und Bakterien nehmen die gelösten Stoffe wieder auf. Das enge Geflecht der Pilzmyzelien fängt das flüchtige Ammoniakgas auf und baut es in seine Gewebe ein. Bald folgen Nitratbakterien, Strahlenpilze und schließlich Regenwürmer, die diese Substanzen in den lockeren, duftenden, reifen Dauerhumus verwandeln, den die Pflanzen brauchen, um gut zu keimen und zügig zu wachsen.

Man kann sich den Vorgang auch so vorstellen: Beim fortschreitenden Abbauprozess spaltet sich die Pflanze in zwei Teile – absterbende Streu einerseits und Samen, die den Lebenskeim tragen, andererseits. Während die Samen ruhen, bauen die Mikroorganismen die Streu in nährstoffreichen Humus um. Im neuen Aufbauzyklus werden Humus und Samen wieder vereint und bringen erneut lichtassimilierende Pflanzengebilde hervor.

WAS IST KOMPOST?

Die Kompostierung ist ein von Menschenhand gelenkter Verrottungsprozess. Indem der Gärtner einen Kompost bereitet, ahmt er den oben beschriebenen natürlichen Umwandlungsprozess auf kunstvolle und konzentrierte Weise nach. Er beschleunigt und intensiviert den Vorgang. Es ist wahrhaftige Alchemie – die Kunst der stofflichen Verwandlung –, die da stattfindet. Der Abbau der organischen Verbindungen durch bestimmte Bakterien, Schleimpilze und andere Pilze wird gelenkt und in einen neuen Aufbauprozess umgewandelt. Die fortschreitende Auflösung, wobei Eiweiße in Aminosäuren und schließlich Ammoniakgas, Kohlenstoffverbindungen in Kohlendioxid und andere Verbindungen in ihre mineralischen, elementaren Bestandteile zerfallen, wird aufgehalten und umgekehrt. Pilze, Nitratbakterien, Strahlenpilze, Springschwänze, Regenwürmer und anderes Kleingetier bauen die Reststoffe in wertvolle Ton-Humus-Komplexe um. Diese aus kolloidal verklebten Tonmineralien und Humuspartikeln bestehende krümelig lockere, gut riechende Substanz ist das Ziel der Kompostierung.

Kompost ist das beste Bodenverbesserungsmittel. Er ist ein nachhaltiger Dünger. Er enthält nicht nur die Grundstoffe (Stickstoff, Kali, Phosphor, Kalk), die die Pflanzen für ihr Wachstum brauchen, sondern auch Spurennährstoffe. Im Humus sind diese Nährstoffe nur langsam löslich, sie werden nicht sofort ausgewaschen. Das verdanken wir den im reifen Humus vorhandenen langen, verketteten Kohlenstoffmolekülen, die die Ionen dieser Elemente (Kalium, Magnesium, Kalzium, Ammonium und so weiter) wie Fangarme festhalten. Erst die Enzyme der Wurzelhärchen der Pflanzen lösen sie wieder heraus.

Medizin für den Garten

Kompost unterstützt die Wasserverfügbarkeit für die Gartenpflanzen. Die elektrostatische Anziehungskraft der langkettigen (polymeren) Humusmoleküle zieht nicht nur Nährstoffe an, sondern bindet auch die Wassermoleküle an sich. Humuserde kann 800 bis 900 Prozent mehr Wasser festhalten als Sandboden.

Kompost verbessert die Bodenstruktur. Der Boden wird krümelig, locker und ist leichter zu bearbeiten. Kompost puffert Schwankungen des pH-Werts, sodass der Boden weder versauert (niedriger pH-Wert) noch zu alkalisch (hoher pH-Wert) wird. Die meisten Gartenpflanzen fühlen sich im neutralen Bereich – zwischen pH 6,5 und pH 7 – am wohlsten. Der biologisch wirtschaftende Gärtner, der Kompost verwendet, braucht sich nicht um den pH-Wert zu kümmern. Der belebte Humusboden schützt sich selbst gegen überschüssige Säuren oder Basen.

Kompost stärkt die Abwehrkräfte der Pflanzen gegen sogenannte Schädlinge und gegen Pilze. Bio-Gärtner wie Manfred Stauffer kümmern sich gar nicht um Krankheiten und Schädlinge. Kompost ist die beste Medizin für den Garten.

Für Gärtnermeister Manfred Stauffer stellte das Kompostieren einen ähnlichen Prozess dar wie das Kuchenbacken. Welches Produkt am Ende herauskommt, hängt von zwei Faktoren ab: den Zutaten (Kompostmaterial) und dem Ablauf (Rühren, Mischen, Länge des Vorgangs).

Gemüseabfälle aus der Küche sind wertvolles Kompostmaterial, das man als Gartenbesitzer unbedingt nutzen und nicht in der Mülltonne entsorgen sollte.

KOMPOSTMATERIAL

Alle organischen Abfälle, alles, was einst lebendig war und aus dem Lebensprozess herausgefallen ist, eignet sich für den Kompost. Beim Kompostieren werden diese Substanzen wieder in den Lebensprozess eingebunden.

Das kann auf den Kompost

- **Küchenabfälle** – Obstschalen, Kartoffelschalen, Gemüsereste, Eierschalen, grobes Papier, Kaffeesatz, Teeblätter, Blumenerde, normaler Hauskehricht
- **Gartenabfälle** – Herbstlaub, Unkraut, Gras, Rasenschnitt, gröbere Gartenabfälle wie Kohlstrünke, grobe Stängel und Zweige (Diese zerkleinerte Manfred mit einer Häckselmaschine. Wer sich keine solche leisten kann, kann sie mit dem Spaten etwas zerkleinern und als unterste Lage im Kompost verwenden)
- **Stallmist, Dung und Einstreu** aus dem eigenen Stall oder von Bio-Höfen – Geflügelmist (von Hühnern, Tauben, Truthähnen usw.), Rinder-, Pferde-, Schaf-, Ziegen-, Kaninchen- und Schweinemist
- **Tierabfälle** – Katzenklo (in geringen Mengen), alte Knochen, Federn aus dem Hühnerstall, Gänsedaunen aus alten Federbetten, Haare vom Haareschneiden
- **Wolle, Baumwolle, Naturstoffe**
- **Asche** – Asche vom Holzofen und vom Grill, Ruß aus dem Schornstein, den der Kaminfeger herausgekratzt hat
- **Zeitungspapier, Pappe** (in begrenzten Mengen)

Als Kompostzutat nicht geeignet

Der Kompostierungsvorgang ist eigentlich ein Verdauungsprozess, wie wir ihn in Magen und Darm bei den Tieren finden. Organische Stoffe werden zerlegt und oxidiert. Die Oxidation ist im Grunde genommen ein Verbrennungsprozess, wobei in den Anfangsstadien der Kompostierung Temperaturen von bis zu 75 Grad Celsius erreicht werden. Dabei werden die meisten mikrobiellen Schaderreger, Unkrautsamen und -wurzeln, Insekteneier und dergleichen abgetötet und selbst der Verrottung anheimgegeben. Deshalb habe ich keine Scheu, Wurzelausläufer und Samen tragende Triebe in den Kompost zu mischen. Es gibt aber auch Ausnahmen:

- **Ausgerissene oder ausgegrabene Ackerschachtelhalm-Rhizome** können die Heißphase des Komposts überleben. Wenn man den Kompost dann im Garten ausbringt, verbreitet man unbeabsichtigt dieses zähe »Unkraut«. Der Gärtner, der es einmal im Garten oder auf dem Acker hat, wird es kaum wieder los, denn die Speicherknolle befindet sich anderthalb Meter tief in der Erde und treibt immer wieder aus. Jeder bei der Bodenbearbeitung zerhackte unterirdische Trieb wächst zu einer neuen Pflanze heran. Auch Rhizome, die durch den Kompost gingen, können – wie ich zu meinem Leidwesen erfahren musste – wieder austreiben. Da hilft nur fleißiges Ausreißen. Oder Ernten und Trocknen, denn der Ackerschachtelhalm ist eine unserer stärksten Heilpflanzen (siehe Seite 24)
- **Mist von Massentierhaltungen** und industriellen Großbetrieben ist nicht empfehlenswert, da er oft mit chemischen Rückständen und Antibiotika belastet ist. Antibiotika stören massiv die Entwicklung der notwendigen Mikroorganismen im Kompost
- **Keine Asche von Steinkohle** verwenden. Sie enthält zu viel Schwefel, der sich im Kompost oder im Erdboden in Schwefelsäure verwandelt
- **Altes Motoröl** und Industriefette
- **Farbig bedrucktes Hochglanzpapier**
- **Zigarettenkippen**
- **Kunststofffasern** und chemisch behandelte Textilien
- **Inhalt von Staubsaugerbeuteln**
- **Schwermetallbelasteter Klärschlamm**

KOHLENSTOFF-STICKSTOFF-VERHÄLTNIS

Die zu kompostierenden Materialien werden nicht willkürlich zusammengeworfen. Damit die Kleinlebewesen sie umwandeln können, brauchen sie neben Luft (Sauerstoff) und Wasser auch Kohlenstoff (C, Carboneum), also kohlenstoffhaltige Materie, zur Energiegewinnung, und sie brauchen Stickstoff (N, Nitrogenium), um Eiweiße zu bilden. Der Kohlenstoff kommt vorwiegend aus Pflanzenresten, der Stickstoff aus Tiersubstanzen (Mist, Urin, Kadaver) oder von jüngeren Pflanzenteilen wie etwa Rasenschnitt.

Ob der Kompost die kostbare, dunkelbraun erdige, weiche, samtige, gut riechende Komposterde hervorbringt oder nicht, hängt von der korrekten Mischung der stickstoffhaltigen und kohlenstoffhaltigen Bestandteile ab. Man spricht hier vom C-N-Verhältnis. Das C-N-Verhältnis kann in einer Skala dargestellt werden, die angibt, wie viele Kohlenstoffanteile in der jeweiligen Substanz auf einen Teil Stickstoff anfallen.

Kompostzutaten und ihre Kohlenstoff- und Stickstoffbestandteile (*C-N-Verhältnis*)

Sägemehl	**500:1**	*Weites C-N-Verhältnis*
Zeitungspapier	**300:1**	
Weizenstroh	**125:1**	
Laubstreu	**30–60:1**	
Alter Mulch	**55:1**	
Nadelstreu	**50:1**	
Torf	**30–50:1**	
Adlerfarnkraut	**40:1**	
Kartoffelkraut	**25:1**	
Küchenabfälle	**20:1**	*Ideales Verhältnis*
Rasenschnitt	**15:1**	
Hülsenfruchtstroh	**15:1**	
Tierkot, Mist	**15:1**	
Hornspäne	**1:1**	
Harn	**1:1**	*Enges C-N-Verhältnis*

Bei frischem Sägemehl sind es 500 Teile Kohlenstoff, die auf einen Teil Stickstoff kommen – das ist ein C-N-Verhältnis von 500:1 (siehe Tabelle unten). Bei Harnstoff fällt ein Teil C auf einen Teil N – ein Verhältnis von 1:1. Bei Sägemehl, Zeitungspapier oder Stroh spricht man von einem weiten C-N-Verhältnis. Bei Harn oder Kot spricht man von einem engen C-N-Verhältnis. Als ausgewogenes C-N-Verhältnis gilt 20:1, wie man es etwa bei Küchenabfällen vorfindet.

Wenn man eine Kompostmiete aufsetzt, sollte man die Ausgangsstoffe, also die Zutaten zum Kompost, so mischen, dass das C-N-Verhältnis zwischen 20 und 40 Teilen Kohlenstoff pro Stickstoffeinheit liegt. Das wäre ideal für die Mikroorganismen. Die alten Gärtner haben es im Gefühl, wie sie die Zutaten im richtigen Verhältnis mischen. Sie brauchen darüber gar nicht nachzudenken. Für Anfänger ist jedoch eine Tabelle des ungefähren C-N-Verhältnisses hilfreich.

Bei einem zu engen C-N-Verhältnis der Ausgangsstoffe kommt es zu Stickstoffverlusten, man riecht das sich verflüchtigende Ammoniak, der Komposthaufen wird faulig und speckig, und er zieht Fliegen und Maden an. Je weiter hingegen das C-N-Verhältnis ist, desto länger dauert die Zersetzung. Wenn der Haufen zu trocken ist, entwickelt sich Weißer Mehltau, und wenn es zu feucht und kühl ist, dann erhält man einen sauren, nährstoffarmen, torfähnlichen Stoff.

KOMPOSTZUSÄTZE

Was für den Bäcker Salz, Zucker und Gewürze sind, sind für den Kompostmeister die verschiedenen Zusätze, Elixiere und Präparate.

Kompoststarter

Unter Kompoststartern versteht man verschiedene Zusätze, von Effektiven Mikroorganismen und anderen Mischungen mit Bakteriensporen und Stickstoffkonzentrationen bis hin zu mysteriösen magischen Präparaten. Manche sind

ZUSÄTZE, DIE DEM KOMPOST BEIM UMSETZEN BEIGEMISCHT WERDEN KÖNNEN

Kompost verrottet auch ohne Zusätze zu guter Erde, doch mit ein wenig Nachhilfe lässt sich der Kompostierungsverlauf verbessern und beschleunigen. Etwas reife Humuserde vom abgetragenen Komposthaufen sollte man dem neuen immer gönnen. Grundsätzlich gilt: wenn Zusätze, dann nur wenig davon.

- **Gartenerde:** Man kann dem Kompost 5 bis 10 Prozent gute Humuserde beimischen. Das hilft den Strahlenpilzen und Kompostwürmern bei ihrer Verdauung.
- **Ton:** Beim Umsetzen streuen manche Gärtner getrockneten, zu Pulver zerstampften Ton in dünnen Schichten zwischen die Lagen. Die Kompostwürmer nehmen die Tonpartikel gerne auf. In ihrem Darmtrakt vermischen sie den Ton mit Pflanzenresten, Algen und Pilzen, verwandeln sie in die wertvolle **Ton-Humus-Komplexe** und scheiden sie aus. Dieser Wurmkot ist besonders nährstoffreich. Regenwürmer im Gartenbeet und im Kompost sind Garanten der Fruchtbarkeit.
- **Kalk (Kalzium):** Auch etwas von diesem alkalischen Element, wie Puderzucker auf den Kuchen zwischen die Lagen gestreut, fördert die Verrottung und bindet Gerüche. Auf großflächige Kalkung von Gartenböden sollte man eigentlich verzichten – außer bei sauren (aziden) Böden, schweren Tonböden oder Sandböden. In diesen Fällen wirkt Kalk der Bodenversäuerung entgegen und verbessert die Bodenstruktur. Aber Achtung! Man kann den Boden durch Überfütterung mit Kalk ruinieren. Ein alter Bauernspruch mahnt: »Kalk macht reiche Väter und arme Söhne!« Den meisten Böden steht genug Kalk zur Verfügung. Überdüngung mit dem Element verschlechtert die Aufnahme von Magnesium und Kalium, bindet das Eisen und lässt Kartoffeln schorfig werden. Wenig Kalk, zwischen die Lagen des Komposts gestreut, genügt meistens.

  Am besten, man verwendet langsam reagierende Kalksteinmehle, Algenmehl, Muschelkalk, Eierschalen, Dolomit-Steinmehl oder Kalkmergel.

  Weniger geeignet sind Branntkalk oder Löschkalk. Diese sind ätzend, nicht nur für Augen und Schleimhaut des Gärtners, sondern auch für die Pilze und Kleinlebewesen im Kompost. Ungelöschter Kalk ist hoch reaktiv und führt im Kompost oder in der Jauche dazu, dass sich der Stickstoff als Ammoniak verflüchtigt.
- **Holzasche:** Auch Holzasche – am besten von Harthölzern (Laubbäumen) wie Buchen oder Eschen – kann man beim Aufsetzen des Komposts zwischen die Lagen stäuben. Holzasche enthält Kalzium, aber auch viel Kalium und Spurenelemente, welche die Kompostmikroorganismen für ihren Stoffwechsel brauchen.
- **Steinmehle:** Zu Pulver gemahlene Steine und Mineralien (Basalt, Feldspat, Dolomit) werden von Kompost- und Bodenmikroorganismen mittels organischer Säuren und Enzyme langsam erschlossen und biologisch verfügbar gemacht. So werden die Pflanzen nachhaltig mit essenziellen Mikronährstoffen versorgt.
- **EM:** Die sogenannten **effektiven Mikroorganismen** (EM), von einem japanischen Agrarwissenschaftler entwickelt, bestehen aus einer Mischung vorwiegend anaerober (ohne Sauerstoff lebender) Mikroorganismen wie Milchsäurebakterien und Hefe. Effektive Mikroorganismen scheinen tatsächlich jene Böden wieder sanieren zu können, die durch Pestizide und Chemieeinsatz stark gestört wurden. Auch Jauchen und Gülle kann man mit EM verbessern und atrophierte Teiche wieder verlebendigen. Im biologischen Kompost schaden sie nicht, sind jedoch überflüssig, denn die Kompostmikroorganismen stellen sich von selber ein und bilden spontan ein natürliches kleines Ökosystem.

Mangold und Weißkohl lieben gut gedüngten Boden und stehen gern in Mischkultur zusammen auf einem Beet. Zu Kohl passen Sellerie und Salate, aber besonders der Hanf, der ihm hilft, Schädlinge abzuhalten.

überzeugt, es brauche besondere Bakterienkulturen, um die Verrottung gut in die Wege zu leiten. Es sei wie beim Brotbacken oder Bierbrauen: Die richtige Hefe, der richtige Sauerteig müssen es sein. Man kann zwar den rohen Teig oder die Maische einfach durch Wildhefen besiedeln lassen, aber das Resultat ist oft enttäuschend: Das Brot geht nicht auf oder wird bitter, das Bier wird sauer. Beim Kompost sei es ähnlich.

Meiner Erfahrung nach stimmt das nicht unbedingt. Eigentlich braucht man den Kompoststarter nicht. Die richtige Menge Wasser zum Anfeuchten und einige Handvoll reifer alter Kompost – der sogenannt Stammkompost – genügen, um den Verrottungsprozess gut in Gang zu bringen.

Auch mit einem in Wasser vergorenen Kuhfladen (von einer Kuh, die keine Antibiotika bekommen hat) kann der Kompost geimpft werden. Sogar der »Kompoststarter des Vorsitzenden Mao«, wie die amerikanischen Bio-Gärtner die Spezialmixtur aus Wasser und Urin im Verhältnis 4:1 nennen, tut dem Kompost gut. Besser jedoch finde ich es, den Kompost mit einer Jauche aus vergorenen Brennnessel- oder Beinwellblättern anzufeuchten.

DER KOMPOST ALS LEBEWESEN

Der Kompost ist lebendig. Der Haufen stellt nicht nur eine beliebige Ansammlung von Abfällen und Material dar: Unzählige Billionen von Kleinlebewesen tummeln sich da. Alle Lebensvorgänge finden im Kompost statt: Atmung, Stoffwechsel, Ausscheidung, Vermehrung und so fort. Wie einst die Alchemisten, so sehen noch heute die biologisch-dynamischen Gärtner und Bauern den Kompost als einen Körper aus undifferenziertem, amorphem Ur-Leben, als *prima materia*. Der Lehre Rudolf Steiners entsprechend pflanzen die Biodynamiker diesem Urlebewesen sogar »Organe« ein, nämlich die biodynamischen Kräuterpräparate, die den Komposthaufen durchstrahlen und ihn empfänglicher für ordnende kosmische Impulse machen sollen.

Optimale Größe

Der Gartenkompost muss sorgfältig aufgesetzt werden. Die Kompostmiete braucht genügend Masse und die richtige Form – nicht nur damit sie ordentlich aussieht. Sie braucht Masse, um sich erwärmen zu können, damit die erwünschten biochemischen Reaktionen stattfinden und die Gase und die Feuchtigkeit im Inneren zirkulieren können. Die ideale Höhe des beliebig langen Haufens beträgt 1,20 Meter, die Breite bis zu 2 Meter. Wenn er größer ist, besteht die Gefahr, dass die inneren Schichten nicht genug Sauerstoff bekommen und anaerob faulen.

Die Haut des Komposts

Wie jedes Lebewesen braucht die Kompostmiete eine Haut. Diese verhindert, dass die Lebenskräfte in Form von Ausdünstungen in die Atmosphäre verströmen oder dass er in Trockenperioden unnötig austrocknet und in Regenzeiten zu nass wird. Die »Haut« besteht aus einen 5 bis 10 Zentimeter dicken Mantel aus Erde; darüber kommt eine weitere Decke aus Laub, Stroh, verrottetem Sägemehl oder einer anderen stickstoffarmen Substanz, die in der Lage ist, flüchtige Gase aufzufangen.

Die drei Lebensstufen des Komposts

Es ist sinnvoll, auf dem Kompostplatz eine Sammelstelle einzurichten, auf der man über eine Zeitspanne hinweg die Kompostmaterialien – Küchenabfälle, Tiermist, Laub, gejätete Unkräuter, Hühnerfedern und so weiter – sammelt. Wenn dann genug da ist, kann man die Miete fachgerecht aufsetzen. Man mischt die Zutaten und achtet dabei auf ein ausgeglichenes C-N-Verhältnis. Die Mikroben brauchen nicht nur Luft (Sauerstoff), um zu leben und sich zu vermehren, sondern auch ausreichend, aber nicht zu viel Feuchtigkeit. Also feuchtet man das Material an, indem man Wasser oder verdünnte Jauche zwischen die Lagen sprenkelt.

Nach dieser seiner »Erschaffung« macht der Haufen erstaunliche Metamorphosen durch, die man als die drei Stadien oder Phasen seines Lebens bezeichnen kann. Wenn man es genau betrachtet, dann scheint er sich wirklich wie ein – primitives, amorphes – Lebewesen zu verhalten. Diese drei Stadien sind die folgenden:

Stadium I

Stürmische Jugend. Hauptrotte oder Hochtemperatur-Phase: In dieser ersten Phase steigt die Temperatur rasch an. Wärmeliebende und wärmetolerante Kleinlebewesen – Pilze, Aktinomyzeten (Strahlenpilze), sporenbildende Bakterien – greifen die organische Materie an und zerlegen, zersetzen und verdauen die Eiweiße, Zucker, Fette, Zellulose und andere komplexe molekulare Verbindungen. Eiweiße werden zu Aminosäuren und schließlich Ammoniak reduziert; Kohlenhydrate zu einfachen Zuckern, organischen Säuren und schließlich zu Kohlendioxid. Es ist ein Verdauen, Verbrennen, ganz ähnlich, wie es in den Mägen und Gedärmen der Tiere stattfindet. Die Temperatur steigt in dieser Phase bis auf 75 Grad Celsius. An kühlen Tagen kann man den Kompost dann dampfen sehen. Die Hitze bewirkt gleichzeitig, dass Unkrautsamen und unerwünschte Krankheitsstoffe, etwa gramnegative Mikroorganismen, weitgehend abgetötet werden.

Nun ist es von Vorteil, wenn die Miete eine Haut hat, denn diese fängt viel von der verströmenden Materie auf. Der Wasserdampf kondensiert unter der Haut und das Wasser sickert wieder nach unten – eine Art primitiver »Blutkreislauf«.

Offensichtlich gehört diese Phase der Kompostierung noch – im großen Rad des Lebens – zum Abbauprozess. Würde der Abbau nicht in einen Aufbau umschlagen, dann würde alles auf die einfachsten Elemente – atmosphärischen Stickstoff, Wasser und Kohlensäure – reduziert werden. Aber nun beginnt die Umbauphase.

Stadium II

Reife. Die Pilz-Regenwurm-Phase: Nach drei bis fünf Wochen kühlt der Kompost auf eine mäßigere, aber immer noch warme Temperatur ab. Eine vielfältige mikrobielle Mischflora übernimmt die Vorherrschaft, derweil sich die wärmeliebenden Bakterien zurückziehen und Dauersporen bilden. Ein Gewebe feiner Pilzfäden durchzieht den Haufen, nimmt die gelösten Stoffe auf und baut sie in komplexere Moleküle um.

Nun ist der beste Zeitpunkt, den Haufen noch einmal umzusetzen. Durch das Umschaufeln kann man eingeschlossene trockene Bereiche wieder anfeuchten oder nasse, faulende Stellen wieder für die aerobe Verrottung erschließen.

Beim Umsetzen in dieser Phase ist es günstig, immer wieder eine Handvoll Lehmpulver, Steinmehl, Holzasche und kohlensauren Kalk (Algenmehl, Dolomitmehl oder eine andere gelöschte Kalkart, aber nie Ätzkalk! Siehe auch Seite 121) zwischen die Lagen zu streuen. Der Kalk bindet die organischen Säuren und hilft den Salpeter schaffenden, Zellulose und Lignin zersetzenden Bakterien und Strahlenpilzen. Auch den Mistwürmern aus der großen Familie der Regenwürmer kommt er zugute. Die Mistwürmer nehmen die durch die Pilze vorverdauten Pflanzenreste auf und bauen mithilfe von Kalk und Ton den begehrten Dauerhumus auf.

In diesem zweiten Stadium kann man den Rohkompost schon als Flächenkompostierung oder Mulch für starkzehrende Pflanzen – Kohl, Mangold, Zuckermais – verwenden.

Stadium III

Altersphase. Das Nitratbakterien- oder Salpeterstadium: In diesem Stadium hat der Kompost keine Hitze mehr. Er besteht aus dunkelbraunem, lockerem, reifem Dauerhumus. Die Mistwürmer ziehen sich langsam zurück, derweil alle möglichen Bodentierchen – Tausendfüßler, metallisch glänzende Laufkäfer, Aas fressende Kurzflügler, Spinnen, Ohrenkneifer, Insektenlarven – die oberen Schichten des Haufens besiedeln. Der Dauerhumus besteht aus Ton-Humus-Kolloiden. Das sind Makromoleküle mit langen Kohlenstoffketten, die wie ein Magnet die positiv geladenen Kationen, aber auch negativ geladene Anionen (Phosphate, Nitrate, Sulfate) anziehen, festhalten und vor Auswaschung und Zerfall bewahren. Dieser Dauerhumus ist ein wahres Gesundheits- und Lebenselixier für alle Gemüsepflanzen im Garten.

Der reife, mürbe Kompost im dritten Stadium ist als Dünger besonders für keimende Samen, Jungpflanzen und Wurzelgemüse wichtig.

SONDERKOMPOSTE

Wie der Bäcker aus seinen Zutaten verschiedene Kuchen und Brote backen kann, so kann der Kompostmeister verschiedene Komposte für unterschiedliche Zwecke herstellen:

Normaler Abfallkompost

Hier haben wir es mit dem Kompost zu tun, der aus den täglich anfallenden Abfällen besteht, aus Laub, gejätetem Unkraut, Rasenschnitt und dergleichen, wie er dem Kleingärtner gewöhnlich zur Verfügung steht. Gehäckseltes oder mit dem Spaten zerkleinertes gröberes, sperriges Material, wie Himbeerruten, Sonnenblumenstängel oder Maishalme, bilden die untere Schicht des Haufens. Meistens wird dieser Abfallkomposthaufen langsam höher, indem immer neues Material das schon rottende bedeckt. Ab und zu kann man eine Handvoll Löschkalk, Tonpulver oder Holzasche darauf streuen. Bei einem solchen Kompost achte man darauf, die feuchten

Eigenschaften des Dauerhumus

Man kann diesen reifen Humus dank seiner kolloidalen Eigenschaften mit der Hand zu einem Ball formen. Wenn man diesen Ball mit dem Finger antippt, fällt er ohne Umstände wieder auseinander. Er hat also eine gute Krümelstruktur.
Der Geruch – erdig, erfrischend, angenehm – erinnert an Walderde. Es ist der Duft des Lebens!
Er behält optimale Feuchtigkeit. Wenn man eine Probe in der Faust zusammenpresst, dann benetzt er die Haut, aber es tropft kein Wasser ab.

und trockenen, festen und lockeren sowie die eiweißreichen und eiweißarmen Zutaten gut zu vermischen. Wenn sich der Haufen erhitzt, kann man ihn mit einer dünnen Erdschicht überziehen. Gerne bedecke ich ihn auch mit altem Stroh oder Mulchstreu; während einer länger anhaltenden Regenperiode lege ich zum Schutz alte Teppiche über ihn. Das Endresultat sollte ein dunkler, lockerer, nach Waldboden riechender Humus sein, den man für alle Gemüse verwenden kann.

Mistkomposte

Durch verschiedene kompostierte Tiermiste kann man eine gezielte Düngerwirkung erreichen. Aufgrund der unterschiedlichen Verdauungsvorgänge und Fressgewohnheiten der Tiere wird der jeweilige Dung eine andere Wirkung haben. Man kann die allgemeine Regel aufstellen, dass das Wachstum jener Pflanzenteile – Wurzel, Blatt, Trieb, Blüte, Samen –, welche der jeweiligen Tierart als bevorzugtes Futter dienen, auch vom Kot dieser Tiere angeregt und gefördert wird.

Schweinemist-Kompost

Schweine fressen am liebsten Wurzeln, Knollen, auch Egerlinge und Larven, die sie mit ihren feinfühligen Rüsseln aus dem Boden wühlen. Ihr eher kalter, kalireicher Mist kommt – wenn er gut kompostiert und verrottet ist – besonders den kaliliebenden Wurzelfrüchten wie Sellerie, Rüben, Zuckerrüben, Lauch und Kartoffeln zugute. Kali, auch Pottasche genannt, festigt das Pflanzengewebe, verhilft den Pflanzen zu starken Stängeln und Wurzeln und fördert Zucker- und Stärkebildung.

Mein Gartenzwerg mit Schwein bringt Glück in den Garten – nicht umsonst hat sich Gundermann in seiner Nähe angesiedelt. In alter Zeit vermutete man die Wohnstatt der Geister und Heinzelmännchen unter seinen duftenden Blättern.

Pferdemist-Kompost

Pferdemist ist heiß, leicht, trocken und luftig. Das macht ihn ideal für heiße Mistbeete im Frühling (siehe Seite 53). Wenn man ihn aufsetzt, am besten mit genügend Einstreu und etwas Erdzusatz, muss man darauf achten, dass nicht zu viel Düngekraft in Form von Ammoniak verloren geht. Ein Komposthaufen aus Pferdemist muss gut abgedeckt und auch feucht genug gehalten werden. Pferde sind ursprünglich Steppentiere, die bei trockenem, stängeligem Raufutter bestens gedeihen. Der Pferdemist-Kompost fördert Stängel- und Blattbildung. Der hitzige Pferdemist lässt sich gut mit dem schweren,

nassen Kuhmist vermischen. Zum Auflockern von schweren Lehmböden ist der Pferdemist-Kompost bestens geeignet.

Stallkaninchenmist-Kompost

Für den Kleingärtner ist das Stallkaninchen eine nicht zu verachtende Quelle für stickstoffreichen Dünger. Der Mist der Stallhasen hat ähnliche Qualitäten wie der Pferdemist.

Schaf- und Ziegenmist-Kompost

Die Ziege, »die Kuh des kleinen Mannes«, und das Hausschaf knabbern gerne aromatische Kräuter, Gestrüpp, Tannenzweige und Laubzweige. Entsprechend geben sie einen Mist, der sich besonders dazu eignet, die Qualität und das Aroma von Früchten, Ölpflanzen und Kräutern zu verbessern. Vor dem Aufkommen von Herbiziden und chemischen Düngern trieb man Schafherden in die Pfefferminzplantagen, wo sie die Felder von Unkraut säuberten und mit ihrem Dung die Minzen düngten, sodass der Gehalt an ätherischen Ölen sich verbesserte. Im Mittelmeerraum, wo die würzigsten Kräuter und die Olivenbäume wachsen, bilden diese Horntiere einen wichtigen Teil der Ökologie. Alle ölhaltigen Pflanzen, wie Senf, Hanf, Flachs, Mohn und Kräuter – reich an ätherischen Ölen oder Harzen –, werden durch die Komposte dieser Tiermiste verbessert.

Kuhmist-Kompost

Ein bekannter Gärtner sagte einmal: »Der Kuhmist ist in seiner Wirkung genau so freundlich und wohltuend wie das Wesen seiner Erzeugerin.« Kuhmist ist auf allen Ebenen ausgeglichen, er kommt der ganzen Pflanze zugute – vorausgesetzt, der Mist stammt nicht aus der Massentierhaltung, wo er durch leitungssteigerndes Kraftfutter, chemische Zusätze und Antibiotika-

Kohlrabi brauchen nicht ganz so viele Nährstoffe wie die dicken Kohlköpfe. Kohlrabisetzlinge können auch gut in die Lücken im Salatbeet nachgepflanzt werden. Ernten Sie Kohlrabi möglichst jung, ältere Exemplare werden holzig.

DER KOMPOSTPLATZ

Viele Gärtner geizen mit der ihnen zur Verfügung stehenden Fläche und gönnen dem Kompost zu wenig Platz. Dieser sollte aber nicht stiefmütterlich behandelt werden, denn er ist der Schlüssel zu einer reichlichen und gesunden Ernte.

Im Halbschatten
Ein leicht zugänglicher, vor Wind und zu starker Sonneneinstrahlung geschützter Ort ist am besten. Holunder, Birke, Haselnuss oder Erlengebüsch eignen sich als schattenspendende Pflanzen neben dem Kompostplatz. Einige Büsche und Bäume, insbesondere Weiden, sind dagegen keine guten Kompostnachbarn. Sie schicken ihre Wurzeln in den Kompost und saugen die Nährstoffe weg.

Vor Tieren schützen
Auch vor scharrenden Hühnern sollte man den Komposthaufen schützen. Diese sind, wie auch die Amseln, ganz verrückt nach den Würmern, die sie dort finden. Die Kompostmiete sollte auf den flachen Erdboden und nicht in eine Kuhle oder Grube gesetzt werden. In einer Kuhle bekommt sie nicht genug Luft oder säuft ab. Bei Luftmangel oder Luftabschluss kommt es, ähnlich wie beim Sauerkraut oder bei der Silage, zur Versäuerung. Die Masse verspeckt, vertorft und verliert an Nährstoffen; es bilden sich Methan, Ammoniak, Schwefeldämpfe und andere Fäulnisausdünstungen, und der Haufen beginnt zu stinken.

Mit Bodenkontakt
Der Kompost soll unmittelbar auf den Erdboden gesetzt werden und nicht auf Holzplanken, Zementböden oder Plastikunterlagen. Auf diese Weise findet ein reger Austausch mit der Erde statt. Die Kompostwürmer können sich dann aus dem Boden notwendige Mineralien und Tonkolloide holen. Der Kompostplatz sollte immer an derselben Stelle im Garten bleiben. So kann der Erdboden darunter zum Rückzugsgebiet für die Würmer und ein Reservoir für die Sporen der Kompostbakterien und Pilze werden. Diese können dann, wenn frisches Rohmaterial angehäuft wird, den neuen Haufen leicht besiedeln. Der »Kompoststarter« ist damit praktisch schon vorhanden.

gaben verdorben wird. Eine Kuh erzeugt ungefähr zehn Tonnen Mist pro Jahr – genug, um einen Hektar Gartenland zu düngen.

Geflügelmist-Komposte

Vögel wie Hühner und Tauben finden ihre Nahrung an der Peripherie der Pflanze; sie picken Samen und Insekten auf oder scharren Würmer aus dem Boden. Ihre Miste sind reich an Phosphor und enthalten Wuchsstoffe, die die Blüten-, Frucht- und Samenbildung anregen. Tomaten, Paprika, Auberginen, Obst und Beeren gedeihen durch Geflügelmiste besonders gut. Taubenmistkompost ist übrigens der beste Dünger für Spargel. Der hitzige Geflügelmist sollte mit genügend Erde und kohlenstoffhaltiger Streu aufgesetzt werden. Genauso gut kann man die phosphorreichen Vogelmiste zu Jauche vergären und damit, 1:10 verdünnt, die Pflanzungen direkt düngen oder die Jauche zum Anfeuchten und zur Verstärkung beim Umsetzen des normalen Abfallkomposts verwenden. Phosphormangel zeigt sich an den Pflanzen durch purpurrote Verfärbung der Stängel und Blätter, in gehemmtem Wachstum und Verzögerung von Blüte und Reife; beim Mais werden die Körner in den Kolben unregelmäßig.

Komposte aus menschlichen Dungstoffen

Inzwischen ist man vorsichtig geworden, was menschliche Fäkalien als Kompostzusatz betrifft. Das hat seinen guten Grund. Es besteht die

Gefahr von Übertragung pathogener (eventuell krank machender) Mikroben. Kein Tier frisst die Pflanzen, die auf dem eigenen Mist wachsen. Da müssen erst einmal andere Organismen dazwischengeschaltet sein. Dennoch werden in Asien, Afrika und Lateinamerika menschliche Exkremente als Dünger auf den Äckern ausgebracht. Sie werden entweder getrocknet und pulverisiert in Erd- und Pflanzenkomposte gestäubt oder anaerob mit anderen Jauchen vergoren und bei Regenwetter auf die Felder getragen. Auf dem Bauernhof im Emmental, wo ich ein Jahr verbrachte, und bei Arthur Hermes wurde der Abort-Inhalt zusammen mit Stalljauche und Schneeschmelzwasser in ein Sammelbecken geleitet, mit Kräuterzusätzen wie Brennnesselkraut vergoren und schließlich als Gülle oder »Pschütte« auf die Wiesen gebracht. Dort wurde der Dünger vom Gras aufgenommen, das dann als Futter der Weidetiere diente.

Rasenerde-Kompost

Wenn ein Neubau errichtet oder ein Parkplatz geschaffen wird, fallen manchmal Rasen- oder Wiesensoden an. Diese Soden kann man zu einer Miete aufsetzen. Zwischen die Schichten kommt etwas Kalk. (Ätzkalk verhindert die Besiedlung durch Drahtwürmer.) Um den Stickstoffgehalt zu erhöhen, kann man auch etwas Mist einbringen. Das Resultat ist, nach einem halben Jahr, eine gute Gartenerde, die sich für Blumentöpfe oder Saatbeete eignet.

Leguminosen-Kompost

Schmetterlingsblütler oder Leguminosen sind dank ihrer Knöllchenbakterien an den Wurzeln reich an Stickstoff. Die Laubmasse von abgemähten Wicken oder Lupinen, die man als Gründüngung gesät hat, oder die abgeernteten Ranken von Bohnen und Erbsen kann man zu einem stickstoffhaltigen Kompost aufbereiten. Stickstoff brauchen die Pflanzen für die Eiweiß-Synthese. Ein Mangel zeigt sich in dünnen, zähen Stängeln (ähnlich der »Hungerflora«) und gelb werdenden Blättern, die bald abfallen.

Laubkompost

Das im Herbst zusammengerechte Laub ist eher auf der sauren Seite (niedriger pH-Wert) und stickstoffarm, aber mit etwas Mist, Erde und ein bisschen Kalk kann eine ausgezeichnete Komposterde hergestellt werden. Nach einem Jahr hat

Mairüben wachsen sehr schnell und sind, wie der Name schon sagt, bereits im frühen Sommer erntefertig. Sie schmecken zart, mit einer leichten Schärfe, roh, gedünstet als Gemüse oder im Eintopf.

man dann eine feine, dunkle, mullige Erde, die sich für Topfpflanzen und Zierstauden besonders gut eignet. Ein Tannennadel-Tannenholz-Kompost ist noch saurer und dauert noch länger, ehe er verrottet ist, ist aber ideal für Beerenbüsche, Rhododendren und Erikagewächse.

Fertigkomposte in Plastiksäcken

In Gartenzentren und Supermärkten gibt es sogenannte »Biokomposte« und Blumenerden zu kaufen. Meistens stammen sie aus kommunalen Kompostierungsanlagen, die den Baum- und Strauchschnitt, das Mähgut und Laub aus den Parks, von Straßenrändern und öffentlichen Anlagen verwerten. Auch Mistkomposte aus Massentierhaltungen werden als Dünger käuflich angeboten. Früher konnte ich mir so etwas sowieso nicht leisten, aber als ich sie dann ausprobierte, waren die Ergebnisse enttäuschend. Ich bleibe bei den selbst hergestellten Komposten, da weiß ich genau, was ich habe.

KOMPOST-BLUES

Als frisch gebackener Doktor und Biogarten-Enthusiast zog ich mit meiner Frau nach Oregon. Da Wohnungen knapp waren, richteten wir uns, wie ich schon erzählt habe, in einem ehemaligen Hühnerhaus eine Bleibe ein. Land war genug da, um einen Garten anzulegen. Ich fragte den Besitzer, einen hageren, kettenrauchenden Cowboy-Typ namens Leonard, der mit seiner Frau Jane einen metallenen Container-Wohnwagen auf demselben Grundstück bewohnte, ob ich einen Selbstversorger-Gemüsegarten anlegen dürfte. »Nun, meinetwegen! Mach, was du willst«, war die lapidare Antwort.

Als ich dann anfangen wollte umzugraben, merkte ich, dass der Boden äußerst mager war. Neben der Fläche fand sich ein breiter, vier Meter hoher, von Wildkräutern bewachsener Haufen bester Muttererde, dunkel und humusreich.

Ich fragte Leonard danach. »Ja, ja«, antwortete er, »auf der Fläche wuchsen so viele verdammte Unkräuter, da habe ich eine Planierraupe geholt und das Dreckszeug weggeschoben. Es soll ja ordentlich aussehen!«

Bei einem befreundeten Bio-Gärtner borgte ich eine Schubkarre und karrte die dunkle, humusreiche Erde von dem unbeabsichtigten Erdkompost wieder auf die Fläche. Als ich damit fertig war, bestellte ich eine ganze LKW-Ladung Pferdemist und ließ ihn neben dem künftigen Gemüsegarten abladen.

Als Leonard am Abend von der Arbeit kam und den dampfenden Misthaufen auf seinem Grundstück sah, holte er eine Marlboro aus der Hemdtasche, zündete sie an, nahm einen tiefen Lungenzug und sagte, indem er den Qualm ausstieß: *»Shit!«*

Er war wütend. Pferdescheiße! Wie eklig! Das würde stinken, Fliegen und Krankheiten anziehen! Das müsse weg.

Ich versuchte ihn zu überzeugen, dass der Dung, wenn er sorgfältig kompostiert würde, weder stinke noch Ungeziefer anziehe. Außerdem habe er doch gesagt, dass ich da freie Hand hätte. Widerwillig gab er nach.

Der Pferdemistkompost, sorgfältig aufgesetzt und mit einem Erdmantel versehen, zersetzte sich schnell. Kein störender Geruch, keine Fliegen. Während der langen warmen Saison, wie sie für Süd-Oregon im Sommer typisch ist, gediehen die Gemüse, als seien sie von Zauberhand geführt. Bald schon war der Kompost so weit, dass ich ihn als Kopfdüngung verwenden konnte. Kohl, Tomaten, Kürbisse, Auberginen und alles andere gedieh so prächtig, dass die Leute an der Straße, auch die Studenten, staunend und bewundernd stehen blieben.

Um Leonard und Jane zu danken, dass sie uns erlaubt hatten, einen Garten anzulegen, füllten wir einen großen Erntekorb für die beiden. Die schönsten Gemüse, frische rote Tomaten, orange Karotten, violette Eierfrüchte, weißer Blumenkohl, grünes Blattgemüse und ein bunter

Blumenstrauß kamen hinein. Beim Wettbewerb um den schönsten Erntekorb hätte unser Präsent sicherlich den ersten Preis gewonnen.

Wir klopften an die Tür des großen Wohnwagens. Als Jane öffnete, reichte ich ihr stolz die schönen Früchte unserer Arbeit. Nervös zündete sie sich eine Zigarette an und erklärte, sie könne das nicht annehmen, denn sie und Leonard achteten auf Hygiene und Gesundheit. Sie verwende lieber Gemüse aus der Dose, denn da sei es steril. In ihr Essen komme kein *shit*.

DER GARTEN ALS ORGANISMUS

Der biodynamische Garten von Manfred Stauffer in Genf erstreckte sich über eine Fläche von zwei Hektar. Das ist groß. Der Bauernhof der Gemeinschaft umfasste 30 Hektar Acker- und Weidefläche. Auch er wurde biologisch-dynamisch bewirtschaftet. Das heißt, man folgte der Lehre Rudolf Steiners. Neben den Kompostpräparaten, die die Aufgabe haben, die Kulturpflanzen für die ordnunggebenden einstrahlenden Sternen- und Planetenkräfte empfänglich zu machen, gehört zur biodynamischen Methode, dass man den Bauernhof oder den Garten als einen »Organismus« auffasst. Die Pflanzen gelten dabei als Ausdruck der Lebenskräfte (»Ätherleib«) des Hofes, die Tiere als Ausdruck der Seelenkräfte und der Bauer und Gärtner selbst repräsentiert den Geist dieses Wesens. Alle Wesensteile – Boden, Pflanze, Tier und Mensch – bilden zusammen eine integrierte funktionelle Einheit, einen Organismus also. Der Humusboden, die verschiedenen Pflanzenarten, der Kompost, die Tiere und der Mensch sind die verschiedenen Organe dieses Organismus.

Dieser Sichtweise folgend kann es keine gesunde Landwirtschaft geben ohne eine Vielfalt verschiedener Pflanzen – sogar »Unkräuter« haben darin ihren Platz, zum Beispiel als Heilpflanzen oder als Bodenanzeiger. An den Pflanzen, die sich auf einem Boden ansiedeln, kann man die Qualität des Bodens erkennen: ob er sauer oder basisch ist, feucht oder trocken, und so weiter. Monokulturen sind nach dieser Lehre unnatürlich und führen zum Verlust der Fruchtbarkeit.

Geschlossene Kreisläufe

Auch eine Trennung des Pflanzenanbaus von der Tierhaltung bringt nach dieser Lehre langfristig Unheil. Boden und Pflanze brauchen die »Informationen«, die durch die Ausscheidungen der Tiere vermittelt werden. Das gilt auch für menschliche Ausscheidungen, die zusammen mit tierischer Jauche und Mist, gut vergoren und verändert, Teil des Informationsnetzes sind.

Dieser »landwirtschaftliche Organismus« hat geschlossene Kreisläufe. Die Tiere stellen sich auf das Futter, das auf dem Hof produziert wird, durch ihren Stoffwechsel ein, und ihre Miste und ihr Harn enthalten Impulse für den Boden, auf dem die Futterpflanzen wachsen. Konsequenterweise schließt das den Zukauf von Heu und Futter, das anderswo erzeugt wurde, aus.

Der Hof der Gemeinschaft wurde ganz in diesem Sinne betrieben. Deswegen gab es nicht nur Kühe, zehn an der Zahl, die von Hand gemolken wurden und die jede ihren eigenen Namen hatte, sondern auch einen dazugehörigen Stier. Schweine, die im Boden nach Herzenslust wühlen durften, lebten auf dem Hof, Hühner und ein stolzer Hahn, die sich überall frei bewegen konnten, Enten im Teich und Gänse auf der Wiese, und ein Pferd, das zum Eggen und Wagenziehen eingesetzt wurde. Auch einen Ziegenbock gab es, aber vor allem, weil Christoph, der Bauer, abergläubisch war: Er glaubte, dass der Teufel, wenn er in den Stall einfahre, zuerst in den Ziegenbock fahren und die anderen Tiere schonen würde.

Mit einem derart vielfältigen Angebot an Misten konnte unser Kompostmeister seine Versuche über die Wirkung verschiedener Tiermiste gut durchführen. Es stellte sich folgende Regel heraus: »Die Pflanzen oder auch der Pflanzenteil, welchen eine Tierart am liebsten frisst, wird von deren Kot gefördert und am besten gedüngt.« Pflanzen haben keine inneren Organe – sagte Manfred; er erinnerte an Goethe, der begeisterter Botaniker war und erklärt hatte, dass Pflanzen eigentlich nur »Blatt« sind, nur Oberfläche, dass sie nicht von innen her gesteuert werden, sondern ihre Impulse von außen, von Sonne und Mond, von den kosmischen Rhythmen, von der Atmosphäre und dem Erdboden her empfangen. In dem Sinn seien die Tiere mit ihren Misten für die Pflanzen so etwas wie nach außen verlegte Drüsen. Jede gebe den Pflanzen auf ihre Weise bestimmte Impulse.

KRÄUTERJAUCHEN UND -BRÜHEN

Kräuterjauchen sind etwas Gutes. Das habe ich in dem Supergarten von Manfred Stauffer erfahren, als ich dort als »verdeckter Ermittler«, unterwegs in Sachen ethnologischer Feldforschung, als Gärtner anfing. Wie erwähnt, gab ich mich als gärtnerisch interessiert aus – was gewissermaßen auch stimmte –, aber mein eigentliches Anliegen war eine soziologische Analyse einer kleinen Alternativgemeinschaft. Ich war damals noch sehr von mir und der Überlegenheit des Schulwissens überzeugt. Die biodynamischen Kompostpräparate und das Gerede von »ätherischen Strahlungen« und dergleichen hielt ich für pseudowissenschaftliches Geschwafel.

Es muss in der ersten Woche gewesen sein, da entdeckte ich an den Stangenbohnen schwarze Blattläuse. Mir war klar, man musste sie vernichten, ehe sie die anderen Gemüse befielen. Ein schönes Chemiegift wäre die Lösung, dachte ich. Da ich aber wusste, dass hier biologisch und giftfrei gegärtnert wurde, holte ich meinen teuren britischen Pfeifentabak hervor – die Pfeife war damals so etwas wie ein notwendiges Accessoire eines Akademikers – und kochte eine Brühe daraus. Das giftige Nikotin würde mit den Schädlingen schon fertig werden.

Gerade als ich den Sprühkanister gefüllt hatte und auf die befallenen Bohnen losgehen wollte, kam der Gärtnermeister angerannt.

»Halt, halt! Was soll das, mein Junge?«, rief er.

»Die Bohnen haben Blattläuse, und wenn wir sie nicht gleich vernichten, dann werden sie sich über den ganzen Garten verbreiten.«

»Nein, nein, wir müssen erst einmal überlegen«, sagte er, indem er sich auf den Boden hockte, an Kopf und Kinn kratzte und einige unverständliche Worte vor sich hin murmelte.

»Was gibt's da zu überlegen?«, sagte ich entschlossen, zeigte auf die Bohnen und dann auf meine Tabakbrühe. »Da ist das Problem, und hier ist die Lösung!«

Manfred reagierte nicht darauf. Ich fragte mich, ob er noch bei Trost war, und belehrte ihn: »Ich habe auch Biologie studiert, einschließlich einem Semester Entomologie, also Insektenkunde. Die Blattläuse können sich schlagartig vermehren. Nicht nur können sie bis zu zehn Generationen im Jahr hervorbringen, sie können sich auch parthenogenetisch vermehren, das heißt, die Weibchen können auch ohne Befruchtung Nachkommen erzeugen. Schon wenn sie geboren werden, reift in den Jungen die nächste Generation heran.«

Der Gärtnermeister ignorierte meine Belehrung. »Ehe wir losschießen, müssen wir erst einmal nachdenken, warum sie überhaupt erschienen sind. Was ist die Ursache für den Befall? Blattläuse sind eher als Symptome zu verstehen, etwa von ungünstigen Wetterverhältnissen, schlechter Düngung, falscher Fruchtfolge oder was auch immer. Man kann nicht einfach aufgrund von Theorien Aktionen starten. Man muss genau beobachten und dann daraus die richtigen Schlüsse ziehen.«

Nach einer kurzen Pause sagte er: »Wir machen gar nichts. Nach einer Woche werden sie verschwunden sein. Zur Kräftigung geben wir den Bohnen verdünnte Brennnesseljauche.«

Ich hatte meine Zweifel. Aber tatsächlich, nach einer Woche waren wir die Plagegeister los.

Die aus vergorenen Brennnesseln hergestellte Jauche wurde nicht etwa auf die Läuse gesprüht, sondern mit der Gießkanne direkt auf den Boden gegossen. Die Bohnenpflanzen nehmen das auf, es verändert ihre Säfte und dann schmecken sie den Blattläusen nicht mehr so gut.

Kräuterjauchen

Neben der Brennnesseljauche stellte Manfred mehrere Jauchen und Brühen her.

Als Behälter dient ein Fass, am besten ein Holzfass. In dieses wird frisches Pflanzenmaterial locker eingefüllt und mit Regenwasser aufgefüllt. (Nach Arthur Hermes wirke das während des Vollmonds gesammelte Regenwasser am besten.) Man überlässt den Inhalt der Gärung. Förderlich ist es, dem Gebräu eine Dosis Effektiver Mikroorganismen oder eine Handvoll Steinmehl beizugeben. Alle paar Tage wird die Brühe mit einem langen Stock gut durchgerührt.

Bis die Jauche reif und ausgegoren ist, dauert es zwischen 10 Tagen und 3 Wochen. Wie schnell die Gärung verläuft, ist vor allem von der Außentemperatur abhängig. Ein sicheres Zeichen, dass sie reif ist, ist das Erscheinen von dicken weißen Maden mit langen »Schwänzen«: Dabei handelt es sich um das »Atemrohr« der in der Brühe lebenden Larven, der sogenannten Rattenschwanzlarven. Das sind die Larven der Mistbiene oder Schlammbiene, einer nahen Verwandten der wertvollen Schwebfliegen. Die fertige Kräuterjauche wird vor dem Gebrauch 1:10 mit Regenwasser verdünnt. Regentage oder Tage mit trübem Wetter eignen sich am besten, um die Jauche auszubringen.

Brennnesseljauche

Die verjauchten Brennnesselruten sind ein hervorragendes Mittel zur Stärkung und Kopfdüngung der Gemüse. Die Jauche stärkt die Abwehrkräfte gegen Schädlinge wie Blattläuse oder Spinnmilben. Da Brennnesseln eisenhaltig sind, unterstützt die Jauche die Chlorophyll-Synthese in den Pflanzen. Brennnesseljauche entwickelt einen wahrhaft höllischen Gestank. Eine Gabe Effektiver Mikroorganismen mindert den Gestank, ein Holzdeckel auf dem Fass tut ein Übriges. Aber nicht umsonst lautet ein alter Gärtnerspruch: »Was stark stinkt, stark düngt!«

Beinwelljauche

Der Comfrey oder Beinwell ist durch eine nicht zu bändigende Vitalität gekennzeichnet. Nicht nur dass jedes winzige Wurzelstückchen eine neue Pflanze hervorbringt – wenn man die Blätter abmäht, treiben sofort neue nach. Die Pflanze enthält Stickstoff und ist besonders mineralreich. Das macht sie geeignet als Kopfdüngung für Starkzehrer. Besonders Tomaten sprechen auf Düngung mit Beinwelljauche an.

Kohlblattjauche

Vergorene Kohlblätter ergeben ebenfalls einen guten Dünger. Er soll den Schwefelstoffwechsel im Boden fördern.

Kuhfladenjauche

Der Kuhfladen wird in Regenwasser verrührt und vergoren. Diese Jauche harmonisiert den Bodenstoffwechsel.

Geflügeljauche

Da Geflügeljauche (aus Hühnermist, Taubendung) besonders reich an Phosphor ist, eignet sie sich als Kopfdünger für Blüten- und Fruchtgemüse wie Blumenkohl, Tomaten, Erdbeeren. Sie wird in zehnfacher Verdünnung ausgebracht.

Adlerfarnjauche

Bei Befall durch Läuse, Rost und Ungeziefer hilft oft eine Düngung mit verjauchtem Adlerfarn. Zudem ist diese Jauche eine gute Kali-Düngung.

Stalljauche

Im frischen, rohen Zustand wird Stalljauche nicht direkt auf das Beet gebracht, sie ist triebkräftig, regt die groben Kräuter wie den Ampfer

Das leuchtende Blau der Blüten des Kaukasus-Beinwells findet man nicht oft in der Natur. Deshalb habe ich mir diese schöne Pflanze in den Garten gesetzt – ihre Heilkraft ist die gleiche wie die des einheimischen Beinwell.

(»Blagge«) an und »verbrennt« die nützlichen Regenwürmer. Anstatt gleich in den Garten sollte man sie erst einmal über den Kompost leiten. Man kann sie aber auch im Behälter oder der Güllegrube reifen lassen, indem man sie mit Steinmehl, Effektiven Mikroorganismen und biodynamischen Präparaten impft und mit einer Decke aus gehäckseltem Stroh und Brennnesseln bedeckt. Diese schwimmende, etwa zehn Zentimeter dicke Decke trägt dazu bei, dass die Jauche nicht so sehr stinkt. Als Zusatzdüngung oder Kopfdüngung, zur Anregung im Wachstum stockender Pflanzen wird die Jauche 1:10 verdünnt und an trüben Tagen ausgebracht.

Kräuterbrühen

Gärtner unterscheiden Jauchen und Brühen. Jauchen durchlaufen einen anaeroben Gärprozess, Brühen nicht. Brühen, aus frischen oder getrockneten Pflanzen hergestellt, lässt man ein bis zwei Tage lang in kaltem Wasser quellen und ziehen. Dann werden sie auf kleiner Flamme 15 bis 30 Minuten gekocht. Die Brühen, abgeseiht und leicht verdünnt, werden auf die Pflanzen gespritzt oder mit der Gießkanne gegossen.

Holunderblätterbrühe

Brühen aus Holunderblättern sollen gegen Wühlmäuse und Möhrenfliegen helfen. (Wenn der Boden gut mit Kompost versehen ist und Zwiebelgewächse als Nachbarn wachsen, sollte man sowieso keine Probleme mit der Möhrenfliege haben.) Besser als Holunderblätter wirkt eine Brühe aus Attich oder Zwergholunder.

Zwergholunder- oder Attichbrühe

Dieser kleine Strauch, dessen Triebe jedes Jahr im Winter absterben, ist giftiger als der Schwarze Holunder. Sein Geruch ist widerlich. Die Brühe wird direkt in die Wühlmausgänge gegossen.

Tomatenblätterbrühe

Die aus Tomatenblättern und -trieben hergestellte Brühe wirkt gegen Kohlweißlingbefall bei Kohlpflanzen. Sie wird unverdünnt auf die Kohlpflanzen gesprüht.

Rainfarnbrühe

Rainfarn enthält das Nervengift Thujon. Dieses ist auch für Insekten aller Art giftig. (Also nur im äußersten Notfall verwenden!) Gemischt mit Schachtelhalmbrühe hilft Rainfarn bei Pilzbefall.

Wermutbrühe

Diese hat eine ähnliche insektizide Wirkung wie die Rainfarnbrühe. Wermut wirkt vor allem durch seinen starken Geruch. Die Brühe hilft zum Beispiel gut gegen Blattläuse.

Ackerschachtelhalmbrühe

Die Ackerschachtelhalmbrühe wirkt eindämmend bei Pilzbefall. Manche schwören auf eine Mischung aus Rainfarn- und Schachtelhalmbrühe gegen Blattläuse.

PFLANZEN UND PFLEGEN

Wenn im Frühling oder Frühsommer alle Beete bepflanzt und eingesät sind, dann ist die Hauptarbeit getan. Dennoch kann sich der Gärtner jetzt nicht auf seinen Lorbeeren ausruhen. Die noch kleinen Zöglinge brauchen Pflege, damit sie gut wachsen. Nicht umsonst heißt ein alter Gärtnerspruch: »Der Garten will seinen Gärtner jeden Tag sehen.« Die wichtigsten Pflegemaßnahmen, die man bis zur Winterruhe immer wieder durchführt, sind folgende:

HACKEN

Das Hacken ist fast synonym mit dem Gärtnern. Die Hacke war seit Anbeginn der Landwirtschaft neben dem Grabstock das wichtigste Gerät zur Feldbestellung. Oft diente ein winklig gebogenes Stück Holz oder ein Stock mit dem Schulterblatt eines Tieres als Hacke oder Haue. Lange ehe es den Pflug gab, wurde der Boden mit Schlaghacken aufgehackt und mit leichteren Hacken kultiviert. Der Gärtner bezweckt mit dem Hacken dreierlei: Das Unkraut wird beseitigt, der Boden gelüftet, und man spart Wasser. Ein alter Gärtnerspruch besagt: »Zweimal hacken ist so gut wie einmal düngen.«

Unkraut beseitigen

Im Gartenboden lauern unzählige »schlafende« Samen von Pionierpflanzen. Gärtner scheuen nicht davor zurück, sie »Unkräuter« zu nennen. Der wärmende Kuss der Sonne auf dem frisch bearbeiteten, neu bepflanzten oder eingesäten Boden ist das Signal an diese wilden Begleitpflanzen, aufzuwachen, zu keimen und in die Höhe zu schießen. Da sie meistens viel vitaler sind als die Kulturpflanzen, würden sie diese bald überwuchern und ihnen Licht und Nährstoffe streitig machen. Also ist es notwendig, ihnen mit der Hacke zu Leibe zu rücken. Die jungen Unkräuter werden dann selber zu Dünger oder Futter für die Regenwürmer.

Bodenatmung

Die Unkrautbekämpfung ist jedoch nicht unbedingt das wichtigste Anliegen des Hackens. Ebenso wichtig ist es, die immer von Neuem entstehende Verkrustung der Bodenoberfläche aufzubrechen, sodass der Boden und die Wurzeln atmen können. So kann das Kohlendioxid weichen. Ein guter Teil davon wird dann wieder von den Pflanzen über die Spaltöffnungen (Stomaten) auf der Unterseite der Blätter aufgenommen und mithilfe der Photosynthese als Bausteinmolekül verwendet. Man darf nicht vergessen, dass Kohlendioxid der wichtigste Nährstoff der Pflanzen ist! Auch Sauerstoff, den die Wurzeln und Bodenkleinlebewesen zum Atmen brauchen, gelangt durch das Auflockern leichter in den Boden.

Um den Boden tief zu lockern, ohne dass die Wurzeln unnötig beschädigt werden, verwendet man am besten den Sauzahn, ein einfaches Gerät mit einer einzigen gebogenen, kräftigen Zinke. Der Sauzahn greift tief, ohne die Erde zu wenden, wenn man ihn durch die Reihen im Beet zieht. Auf diese Weise kommt Sauerstoff in den Boden und das Kohlendioxid kann abziehen.

Regelmäßiges Hacken gehört zu den wichtigsten Pflegemaßnahmen im Gemüsegarten. Die jungen Erbsenpflanzen freuen sich, wenn der Gärtner das Anhäufeln nicht vergisst. So bilden sie mehr Wurzeln aus und wachsen kräftiger.

Dem Sauzahn ähnlich ist der Krail, der mit drei Zinken versehen ist. Der Grubber oder Kultivator, mit bis zu fünf Zinken, eignet sich ebenfalls gut zum Lockern des Bodens (siehe auch Seite 48).

Konservieren der Bodenfeuchtigkeit

Der ungehackte, verkrustete Boden trocknet leichter aus als der gehackte. Besonders bei Sonneneinstrahlung und wenn der Wind weht, wird er schnell trocken. Die Wassermoleküle werden nämlich durch den sogenannten Verdunstungssog nach oben gezogen. Sie steigen über die feinen Haarröhrchen im Boden entgegen der Schwerkraft kapillarisch an die Oberfläche. Auf diese Weise geht den Pflanzen viel Bodenwasser verloren, das sie über die Wurzelhärchen aufnehmen. Auch gute Böden, mit genügend wasserhaltenden Ton- und Humuskolloiden, trocknen aus, wenn es lange nicht regnet. Um die Kapillarbewegung zu unterbrechen, muss gehackt werden. Das Hacken bricht das Netz der feinen Haarröhrchen. Das Bodenwasser kann nicht nach oben steigen und verdunsten. Deswegen besagt ein anderer alter Gärtnerspruch: »Einmal Hacken ersetzt zweimal Gießen.«

Wie oft sollte man hacken? Die Antwort hängt natürlich vom Bodenzustand und den Wetterbedingungen ab. Eine sinnvolle Regel besagt, dass man alle 8 bis 14 Tage den Boden in den Beeten hacken oder lockern sollte.

Salat richtig pflanzen

1 Um ein Pflanzloch zu graben, sticht man mit der Handschaufel in die Erde und zieht diese etwas zu sich heran, sodass ein Loch entsteht.

2 Der Setzling mit möglichst viel anhaftender Erde wird locker in das Loch gesetzt, ohne dass man die zarten Wurzeln quetscht.

3 Von der Seite her füllt man das Loch nun mit Erde und drückt diese vorsichtig seitlich fest. Von oben darf die Erde nicht festgedrückt werden.

Das fleißige Hacken ist das Geheimnis der Pueblo-Indianer im ariden Südwesten der USA. Sie haben ihre Gärten überall in der Landschaft verteilt. Wenn sie sehen, dass irgendwo ein Gewitterguss niedergeht, dann rennt der ganze Stamm, Jung und Alt, genau dorthin und beginnt zu hacken, damit das kostbare Nass nicht verloren geht, sondern in den Boden eindringen kann.

PFLANZEN UND SÄEN

Nachdem wir die Beete mit der Harke gut geebnet und mit der erforderlichen Düngung versehen haben, können wir mit dem Pflanzen oder Säen beginnen. (Wir erinnern uns, wir arbeiten vom Weg aus und laufen bei der Arbeit nicht auf dem Beet herum.)

Pflanzen

Die vorgezogenen Setzlinge werden, ehe man sie aus dem Saatbeet herausnimmt, erst einmal angegossen. Nach einer halben Stunde ist dann die Erde feucht genug, dass sie gut an den Wurzeln haften bleibt, wenn man die Pflänzchen mit der Handforke aus ihrem Bett heraushebt.

Nun werden sie, mit so viel Erde wie möglich an den Wurzeln, im richtigen Abstand in das vorgesehene Beet gesetzt. Dazu nimmt man die Pflanzschaufel zur Hand. Das Schaufelblatt wird 10 bis 15 Zentimeter senkrecht in den lockeren Boden gedrückt und – in der Erde steckend – zum Arbeitenden hin gezogen, sodass sich ein Loch bildet. Dahinein setzt man das Pflänzchen. Die Erde wird dann von der Seite her wieder fest an die Wurzeln zurückgeschoben. Sie wird nicht von oben her festgedrückt, denn die Wurzeln müssen gut atmen können und die Erde muss in der Lage sein, Wasser aufzunehmen.

Beim Setzen sind die günstigen Pflanzennachbarschaften zu beachten.

Bei stickstoffliebenden Starkzehrern ist es angebracht, eine Handvoll reifen Kompost mit in das Pflanzloch zu füllen.

Erbsen sät man in eine etwa 5 Zentimeter tiefe Rille, die man entlang einer gerade gespannten Schnur gezogen hat. Alle 3 Zentimeter legt man eine Saaterbse in die Rille und füllt dann mit Erde auf.

Es folgt das Angießen: Nach dem Pflanzen wird jedem Pflänzchen ein Schluck Wasser aus der Gießkanne gegeben.

Aussaat

Der für die Aussaat bestimmte Boden muss mit reifem Kompost gedüngt, gut gelockert, glatt gerecht und genügend abgetrocknet sein.

Für jede Art sind die richtigen Saattermine einzuhalten. Wärmeliebende Pflanzen kann man im Gewächshaus oder in Töpfen vorziehen.

Sehr feine Samen mischt man am besten mit Sand, damit sie beim Säen nicht zu dicht liegen. Dicke Samen wie Bohnen, Erbsen, Puffbohnen, Mais, Sonnenblumen oder Kapuzinerkresse werden einzeln in den Boden gedrückt, gegebenenfalls mit einem Pflanzholz.

Lichtkeimer und Dunkelkeimer

Mit **Lichtkeimern** meint man Pflanzen, deren Samen Licht brauchen, damit sie keimen können. Sie dürfen also gar nicht oder nur sehr dünn mit Erde bedeckt werden. Hier muss man aufpassen, dass man die zarten Samen nicht mit der Gießkanne wegspült.
Dunkelkeimer werden nach der Aussaat mit mindestens einem Fingerbreit Erde bedeckt.

Reihensaat

Bei einer Reihensaat zieht man zuerst eine 2 bis 5 Zentimeter tiefe Rille entlang einer gespannten Schnur und sät dann die Samen hinein.

Bei Lichtkeimern wie Salat, Möhren, Lein, Basilikum oder Endivien werden ganz flache Rillen gezogen und die Samen nur ganz dünn mit Erde bedeckt, um sie vor Vogelfraß zu schützen. Die Samen können vorsichtig direkt aus der Tüte geschüttelt oder zwischen Daumen, Zeigefinger und Mittelfinger gestreut werden. Ich persönlich bevorzuge das Letztere, denn das vermittelt mir den persönlichen Kontakt zwischen dem Gärtner und der Pflanze. Es gibt Mystiker, die glauben, dass Informationen zwischen Hand und Samen vermittelt werden. Die russische Hellseherin Anastasia rät aus diesem Grund, einige Samen kurz in den Mund zu legen, ehe man sie in die Erde bringt.

Die Saat wird mit dem Rücken des Rechens angedrückt und anschließend mit der Brause bewässert.

Breitsaat

Bei Gründünger, Feldsalat, Spinat und einigen Blumensorten ist dagegen die Breitsaat angesagt. Wie der traditionelle Sämann im Kinderbuch es vormachte, werden die Samen mit breitem Schwung aufs Beet geworfen und gleichmäßig verteilt. Mit dem Rechen harkt man die Samen anschließend in den Boden ein.

Die geübte Hand führt eine gleichmäßige Saat aus. Den Anfänger erkennt man daran, dass er immer zu dicht sät. Selbstverständlich sät man etwas dichter, als es der Raum, den die erwachsenen Pflanzen einnehmen, verlangen würde. Das ist auch in Ordnung, denn damit kann man Ausfälle, die durch gefräßige Insekten, scharrende Vögel oder kratzende Katzen verursacht werden, ausgleichen. Zu dicht stehende Pflänzchen werden dann einfach in die Lücken gesetzt.

Ausdünnen und Auslichten

Im Laufe der Zeit müssen die Sämlinge, die zu dicht stehen, ausgedünnt werden. In der Regel beginnt man mit dem Auslichten, wenn die Sämlinge eine Größe zwischen 5 und 10 Zentimetern erreicht haben. Wie ein Vogel mit seinem Schnabel, so zieht man die kleinen Pflänzchen mit Daumen und Zeigerfinger heraus und vereinzelt sie. Man lässt die kräftigsten stehen. Das ist arbeits- und zeitaufwendig, aber es lohnt sich. Die Gemüse brauchen Platz zum Wachsen, sonst gibt es wenig zu ernten. Am besten ist es, nicht gleich alle überschüssigen Pflänzchen herauszuzupfen, sondern den Vorgang über einen

Anhäufeln

Das Anbringen von Mutterbodenerde oder reifem Kompost über dem Wurzel- oder Sprossenbereich von Gemüsen wird Häufeln oder Anhäufeln genannt. Mittels einer Hacke mit breitem Blatt zieht man rund um eine Pflanze etwas Erde heran und häuft diese um den Wurzelbereich auf, sodass in der Mitte die Pflanze herausschaut.
Bei Kohl, Mais und Tomaten bewirkt das Anhäufeln, dass sich zusätzliche Adventiv-, also Nebenwurzeln bilden, was Nährstoffaufnahme und Standfestigkeit verbessert.
Bei Lauch, Stangensellerie und Spargel dient die Maßnahme dem Bleichen der Stängel, die daher zarter werden.
Bei Kartoffeln und Karotten bilden sich durch das Häufeln keine grünen Stellen.

Ausdünnen in zwei Wachstumsstadien

1 Sobald die Sämlinge ein paar Tage alt sind und erkennbar ist, wie dicht sie wachsen, zupft man vorsichtig zu dicht stehende aus.

2 Wenn die ersten Möhren reifen, erntet man einzelne Exemplare, dann können die verbliebenen noch größer und dicker werden.

längeren Zeitraum mehrmals zu wiederholen. So kann man sicher sein, dass man bei eventuellen Ausfällen genügend Pflanzen übrig hat.

Das Ausdünnen lässt sich übrigens leichter bewerkstelligen, wenn der Boden feucht ist.

BEWÄSSERN UND GIESSEN

Oft sieht man Gartenbesitzer, die ihren Garten mit Schlauch und Düse munter überbrausen, bis alles trieft und tropft. Schaut man jedoch genauer hin und steckt den Finger in den Boden, dann ist es wenige Zentimeter unter der nassen Oberfläche staubtrocken. Damit tut man den Pflanzen keinen Gefallen und fördert Pilzbefall und Mehltau. Richtiges Gießen muss gelernt sein. Hier einige Regeln:

Die wichtigste Regel ist: Nicht oft, dafür aber gründlicher, durchdringender gießen! Am besten ist es, vorher mit der Hand in den Boden zu greifen und zu prüfen, ob er noch genügend feucht ist. Manchmal sieht der Boden, besonders der gehackte, an der Oberfläche trocken aus, derweil im Untergrund noch genügend Wasser vorhanden ist.

Wenn man zu oft und zu oberflächlich bewässert, verwöhnt man die Pflanzen. Sie bilden dann weniger tief gehendes Wurzelwerk aus und warten auf ihren täglichen Guss.

Das häufige Überbrausen oder Beregnen der Gemüsekultur ist schädlich, besonders bei Sonnenschein. Die Spaltöffnungen auf der Unterseite der Blätter sind dann offen; wenn sie jetzt nass werden, können Pilzsporen die Pflanze leichter befallen.

Gießen – wann und wie?

Die beste Zeit, den Garten zu gießen oder zu sprengen, ist kurz vor oder während eines vorübergehenden Regenschauers, oder wenigstens wenn der Himmel bedeckt ist und es zu regnen droht. Das mag kurios klingen, aber die Pflanzen

»An schönen Sommertagen gehört es zu meinem Morgenritual, ganz früh – ehe es heiß wird – meinen Garten zu besuchen und ausgiebig zu gießen.«

sind dann auf Regen eingestellt. Die beste Tageszeit zum Gießen ist der frühe, taufrische Morgen oder auch der Abend. Wer Probleme mit Schnecken hat, sollte eher am Morgen gießen, da diese gerne nachts über feuchte Böden kriechen und sich über den Salat hermachen.

Viele Gemüse – Bohnen, Salat, Sellerie und besonders Aubergine, Paprika und Tomaten – mögen zwar feuchte Böden, aber keine nassen Blätter. Mit der Gießkanne oder dem Schlauch (mit schwachen Strahl) bewässert man nur den Fuß der Pflanzen.

Kohlpflanzen, Kartoffeln und Wurzelgemüse gedeihen dagegen gut mit einer Bewässerungsanlage. Das regenartig durch die Luft fallende Wasser erhöht die Luftfeuchtigkeit und kommt diesen Gewächsen allgemein zugute.

Jungpflanzen müssen öfter begossen werden.

Für das Gießen ist Regenwasser – von der Dachrinne, im Fass oder Schöpfbehälter aufgefangen – die erste Wahl. Auch Wasser aus dem Gartenteich oder Tümpel eignet sich gut als Gießwasser. Städtisches Wasser aus der Leitung ist oft zu kalt, zu hart oder enthält Rückstände, oft auch Chlor, das für Pflanzen schädlich ist. Wenn möglich, sollte man Wasser verwenden, das temperiert ist. Ein plötzlicher kalter Guss erschreckt die Pflanzen und lässt ihr Wachstum stocken.

Abhängig von Boden und Wind

Nach einem Regenguss oder nachdem der Sprenger gelaufen ist, lässt man die Erde ein wenig abtrocknen. Sobald sie nicht mehr klebt, lockert und zerkrümelt man den Boden zwischen den Gemüsereihen oberflächlich mit Pendelhacke, Ziehhacke oder Kultivator. Dadurch wird die Verdunstung herabgesetzt, die Kapillarbewegung des Wassers unterbrochen, und das kostbare Nass bleibt den Wurzeln erhalten.

Ein guter Humusboden hält das Wasser besser als ein humusarmer Sandboden und braucht weniger oft bewässert zu werden. Pflanzen in mageren Böden verbrauchen mehr Wasser, da sie mehr Flüssigkeit verdunsten müssen, um die gleiche Menge gelöster Substanzen für ihren Stoffwechsel zu bekommen. Eine gute Kompostwirtschaft hilft, den Arbeitsaufwand, der mit dem Bewässern verbunden ist, zu verringern.

Hecken und Windschutzstreifen verbessern das Mikroklima, sie halten austrocknenden Wind ab und verringern dadurch den Wasserverlust.

AUFBINDEN

Einige Gemüse – Stangenbohnen, Erbsen, Tomaten – brauchen Stützen oder müssen aufgebunden werden.

Tomaten leitet man an einem Pfahl hoch und bindet sie so an, dass der Stamm nicht abgeschnürt wird. Dabei kann man gleichzeitig die Geiztriebe (auch Geiltriebe genannt) entfernen, man nennt das Ausgeizen. Der Geiztrieb entspringt den Sprossachseln und konkurriert mit den fruchttragenden Trieben um Wasser und Nährstoffe. Am besten bricht man die Geiztriebe einfach mit den Fingern aus.

Auch die Erbsen und Kefen brauchen Halt. Man kann Zweige mit vielen Verästelungen als Unterstützung neben die Pflänzchen stecken. Oder man stellt ihnen ein Drahtgestell (etwa einen 1,20 Meter hohen Hasendraht) zur Verfügung, den man vor der Aussaat zwischen zwei Saatreihen aufspannt.

MULCHEN

Mulchen bedeutet, dass man den freien Erdboden zwischen den Pflanzen abdeckt. Das Bedecken des Bodens ahmt die Natur nach, die immer versucht, die bloße Erde vor Erosion und Austrocknung zu schützen. Die Bodenbedeckung besteht aus einer 4 bis 8 Zentimeter hohen Schicht aus altem Laub, Stroh, Heu, Gartenabfällen oder anderem organischen, teilweise verrottenden Streumaterial.

Vorteile des Mulchens

- Der Boden wird vor **starker Sonneneinstrahlung** geschützt, wird feucht gehalten und trocknet nicht aus. Die Verdunstung der Bodenfeuchtigkeit wird herabgesetzt.
- Es kommt zu keiner **Verkrustung,** sodass das von Pilzen und anderen Kleinlebewesen abgegebene Kohlendioxid von den Blättern aufgenommen werden kann und nicht im Boden verbleibt, wo es zur Versäuerung beitragen würde.
- **Die Unkräuter** werden besser unterdrückt.
- **Die Erdkrume** wird vor dem Verschlämmen durch aufprallende Regentropfen geschützt, und Erdbeeren, Kräuter und Gemüse bleiben sauber.
- Und, am wichtigsten, die **Bodenlebewesen** einschließlich der Regenwürmer werden mit dem verrottenden Material gefüttert und verbessern so den Humusgehalt der Erde. Die Erdoberfläche bleibt krümelig und locker.

Nachteile des Mulchens

- Wo **Nacktschnecken** ein Problem sind, ist es nicht ratsam zu mulchen. Die gefräßigen Gastropoden würden sich in der Decke verkriechen und gehörig vermehren.
- Auch **Wühlmäuse** haben es leichter unter einer dicken Mulchdecke.
- Der Boden bleibt zu kühl. Man sollte nicht zu früh im Jahr mulchen, damit sich der Boden aufwärmen kann.
- Rindenmulch versäuert den Boden.
- Sägespäne rauben dem Boden und den Pflanzen den notwendigen Stickstoff.
- Frischer Mist »verbrennt« die Pflanzen, führt an einigen Stellen im Acker zu Geilwuchs, an anderen Stellen zu Wachstumshemmungen.
- In einigen Fällen ist es besser, anstatt zu mulchen, den Boden immer wieder flach zu hacken. Die gehackte, krümelige Bodenoberfläche wirkt ähnlich wie eine Mulchdecke.

Erbsen brauchen eine stabile Rankhilfe, an der sie sich festhalten können. Am besten geeignet ist feinmaschiger Hasendraht, der jeweils an den Beetenden an zwei kräftigen Pflöcken befestigt wird.

»SCHÄDLINGE« UND »UNKRÄUTER«

Welche vier-, sechs oder zweibeinigen Mitfresser den Garten überfallen oder befallen, kommt auf die Gegend an, in der man lebt, und auf die ökologischen Zusammenhänge. Hier sind es Mehltau und Wühlmäuse, die dem Gärtner Ärger bereiten, da sind es Maulwurfgrillen und Heuschrecken, dort sind es Blattläuse, anderswo wiederum Käfer, Raupen, Nematoden, Erdflöhe, Amseln oder anderes hungriges Federvieh. Fast überall gibt es inzwischen die roten Nacktschnecken aus Spanien, die Jungpflanzen und Setzlinge systematisch wegputzen.

SCHNECKEN ÜBERALL

Auch in unserem Garten waren es vor allem die gefräßigen roten Nackt- oder Wegschnecken, die uns plagten. Die alten Gärtner kannten sie nicht, denn diese Tierchen kamen erst im Zuge der wirtschaftlichen Globalisierung zu uns. Sie stammen ursprünglich aus Spanien, wo der Faktor Trockenheit ihre Ausbreitung erheblich einschränkt. Mit Gemüsetransporten sind sie dann als blinde Passagiere in die Länder nördlich der Pyrenäen verfrachtet worden. In dem feuchteren atlantischen Klima des nordwestlichen Europa fanden sie beste Überlebensbedingungen. Hier hatten sie keine natürlichen Feinde, dafür wartete saftiges, frisches Grünzeug in Hülle und Fülle.

Anfang der 1970er-Jahre erschien diese Schneckenart in unserem biodynamischen Garten nahe Genf. (Anfang der 1980er erreichte sie Süddeutschland und in den 1990er-Jahren Polen und Skandinavien). Zufällig hatte Manfred Stauffer gerade einen Anschluss an die städtische Wasserversorgung Genfs bekommen und eine automatische Bewässerungsanlage eingerichtet. Das kam den Bedürfnissen dieser feuchtigkeitsliebenden Kriechtiere entgegen. Sie trieben unseren Gärtnermeister in die schiere Verzweiflung. Für ihn waren die schleimigen Kreaturen »verselbstständigte Verdauungsorgane«, die mit ihren unermüdlichen Raspelzungen ein Beet nach dem anderen leerten. Ganze Reihen junger Aussaaten und Salat- und Kohlsetzlinge radierten sie aus. Was sollten wir tun? Gift kam nicht in Frage, denn damit würden wir auch Igel und Blindschleichen, Lurche und Kröten vergiften, auch die hübschen einheimischen Bänderschnecken, die eher harmlos sind.

Ratlose Gärtner

Er heuerte einen illegalen Einwanderer an, einen Flüchtigen der französischen Fremdenlegion, der nur eins konnte: töten. Manfred drückte ihm ein Stilett in die Hand und der Fremdenlegionär machte sich an die grausige Arbeit. Aber je mehr Schnecken er abstach, desto mehr wurden es. Den Grund fanden wir später heraus: Diese Wegschnecken sind Kannibalen, die vom Duft der Verwesung der eigenen Artgenossen von weit her im Umkreis angezogen werden. Das sadistische Abstechen war also keine Lösung. Auch nicht der kluge Rat eines lokalen Gartenphilosophen, der behauptete: »Der Garten braucht die Schnecken, also sammle und ertränke man sie in einem Bottich und mache Jauche aus ihnen. So hat der Garten seine Schnecken, nur in anderer Form, und zwar als Flüssigdünger.«

Das Schneckenproblem spitzte sich weiter zu, weil der Fremdenlegionär auch noch mit Begeisterung die Weinbergschnecken sammelte, die ebenfalls in den Gemüsebeeten zu finden waren. Er hungerte sie aus, brühte sie mit kochendem Wasser und bereitete aus ihnen kulinarische Leckerbissen zu. Dass die hübschen Weinbergschnecken das Gelege, also die Eiablage, der Wegschnecken fressen, wussten wir nicht.

Sanfte Bekämpfung

Die Lösung, auf die wir schließlich kamen, war, in den Wegen Bretter auszulegen. Tagsüber verkriechen sich die Schnecken unter den Brettern, dann kann man die Bretter umdrehen und die Tiere absammeln. Das taten wir dann auch. Ganze Eimer voll sammelten wir und trugen sie fort, über eine Brücke auf das jenseitige Ufer der Rhone, und überließen sie dort ihrem Schicksal.

SCHNECKENPROBLEME LÖSEN

Schnecken gehören zur Ökologie. Die hübschen einheimischen Gartenschnecken, die Bänderschnecken und Weinbergschnecken, fressen zwar auch Grünzeug, aber auch Moder, tierische Ausscheidungen, Aas und abgestorbene oder verletzte Pflanzenteile. Sie werden kaum je zu einem Problem. Man kann sie eher als eine »Gesundheitspolizei« begreifen. Zudem enthalten ihr Schleim und ihr Kot wichtige Botenstoffe und Informationen für die Pflanzen. Im Kompost helfen sie beim Abbau von organischen Abfällen.

Die Spanische Wegschnecke ist dagegen viel gefräßiger und fortpflanzungsfähiger. Seit den Siebzigerjahren hat sie sich zu einer regelrechten Plage entwickelt. Deshalb ist der Gärtner gezwungen, etwas gegen sie zu unternehmen. Pickende Hühner und Amseln, Igel, Spitzmäuse, Blindschleichen und Kröten verschmähen sie.

Vorsicht mit Schneckenkorn

Schneckenkorn mit chemischen Giftstoffen ist effektiv, aber es besteht die Gefahr, dass man auch Regenwürmer, Igel, Kröten, Vögel und andere Nützlinge damit umbringt. Als harmloser gilt der Schneckenköder mit Eisen-III-Phosphat. Die Schnecken hören auf zu fressen, ziehen sich zurück in ihre Verstecke im Erdboden und werden in phosphorhaltigen Pflanzendünger verwandelt. Angeblich soll dieses Mittel den Regenwürmern, Igeln, Bienen und Haustieren nicht schaden. Leider tötet es auch die edlen Weinbergschnecken sowie die gestreiften Egelschnecken (Tigerschnecken), die das Gelege der Spanischen Nacktschnecke fressen. Die hübschen Bänderhausschnecken, die die Kinder so gerne sammeln, gehen ebenfalls drauf.

Die Weinbergschnecken gehören zu den Helfern des Gärtners, fressen sie doch die Gelege der gefräßigen Nacktschnecken auf. Deshalb Vorsicht mit Schneckenkorn: Daran sterben auch die Weinbergschnecken!

WAS HILFT GEGEN SCHNECKEN?

Kaum ein Gartenschädling kann friedliebende Gärtner so rachedurstig werden lassen wie gefräßige Wegschnecken. Deshalb hier die am besten funktionierenden sanften Gegenmaßnahmen:

Aufsammeln

Die beste Methode ist es, die Wegschnecken am frühen Morgen vor Sonnenaufgang oder am Abend nach Sonnenuntergang einzusammeln und zu entsorgen.

Anlocken

Man kann auch Studentenblumen oder Basilikum in den Garten pflanzen; die Schnecken werden von diesen Leckerbissen magisch angezogen und lassen sich dort leicht sammeln.

Am wirksamsten ist wohl die Methode, Bretter in die Wege zu legen, unter denen sich die Schnecken tagsüber verstecken. Diese kehrt man dann um und sammelt die Tiere ein.

Bierfallen locken die Schnecken an, sodass sie gesammelt werden können. Sie werden von der Bierhefe angezogen.

Fressfeinde fördern

Wenn der Garten groß genug ist und man einen Tümpel oder einen Teich hat, kann man Indische Laufenten im Garten halten. Die Enten brauchen das Wasser unbedingt, um sich sauber zu halten und zu schwimmen. Auch wenn sie ab und zu mal ein Salatblatt schnabulieren, fressen sie doch mit Vorliebe die Nacktschnecken. Diese Vögel legen viele Eier – bis zu 150 im Jahr. Für Menschen sind diese Eier gut essbar. Und falls sich die Schnabeltiere zu sehr vermehren, schmecken sie als Entenbraten. An einigen Orten gibt es heutzutage auch die Möglichkeit, für kurze Zeit Laufenten für den Garten zu mieten.

Weinbergschnecken fressen die Gelege der Spanischen Nacktschnecken. Auch die Gemeinen Grabkäfer, diese schwarzen, metallisch glänzenden Laufkäfer, sollte man schützen, denn sie fressen ebenso die Eier der Nacktschnecken.

Schneckenzäune

Es gibt auch Schneckenzäune aus verzinktem Blech mit oben abgebogenen Kanten, die die Schnecken nicht überqueren können. Für Saatbeete oder Sonderkulturen wie Dahlien oder Baldrian machen diese Zäune Sinn. Unsinnig ist es jedoch, den ganzen Garten damit einzuzäunen, denn das würde auch allen Nützlingen – Igeln, Blindschleichen, Raubspinnen, Laufkäfern und anderen, die nicht hüpfen oder fliegen können – den Zugang verwehren.

Fichtenzweige

Der alte Bergbauer Arthur Hermes kochte Fichtenzweige und -zapfen in einem großen Kessel. Die Brühe goss er dann mit der Gießkanne rund um den Garten. Schnecken, die von außen in den Garten eindringen wollen, werden durch diese Duftbarriere abgehalten, weil sie wohl meinen, sie kämen in einen Fichtenwald, wo es für sie wenig zu fressen gibt. Das schien zu funktionieren, musste aber öfter wiederholt werden.

Kein Versteck bieten

Eine weitere Maßnahme ist es, den Schnecken keine Verstecke und Schlupflöcher zu bieten: etwa im Herbst den Boden nicht umzugraben, damit sie sich nicht unter den Schollen verstecken können. Wenn Sie umgraben wollen, dann lieber sehr früh im Jahr. Dadurch werden die in die Erde versenkten Gelege nach oben geholt und gehen in der Kälte zugrunde.

Sprich, wie werd ich die Sperlinge los, so sagte der Gärtner,
Und die Raupen dazu, ferner das Käfergeschlecht,
Maulwurf, Erdfloh, Wespe, die Würmer, das Teufelsgeschlecht?
Lass sie nur alle, so frisst einer den anderen auf.

(Johann Wolfgang von Goethe, Gedichte: Weissagungen des Bakis)

Gesunde Pflanzen – weniger Schnecken

Goethe war ja bekanntlich ein begeisterter Gärtner. Seine Einstellung in Bezug auf die Schädlinge brachte der Dichter mit dem oben stehenden Gedicht zum Ausdruck.

Diese Gelassenheit ist gut angebracht, denn im ökologischen Zusammenhang spielt jede Art ihre Rolle. Das Leben besteht aus einem Kreislauf von Aufbau und Abbau. Im Großen und Ganzen steht dieser Kreislauf, dieses Rad des Lebens, im Zusammenhang mit der Sonne. Im Frühjahr, wenn die Sonne immer weiter in die

Gesunde Pflanzen, die nicht zu dicht stehen, und regelmäßiges Jäten tragen dazu bei, die Schneckenplage in Grenzen zu halten. Je weniger Verstecke die Plagegeister finden, desto eher meiden sie die Gemüsebeete.

höheren Tierkreiszeichen steigt und sie an Kraft gewinnt, nimmt das Wachstum der Vegetation zu. Es entsteht, wie man heute sagt, Biomasse. Wenn im Herbst die Tage wieder kürzer werden, weil die Sonne in die niederen Tierkreiszeichen hinabsteigt, nimmt das Wachstum immer mehr ab. Blätter vergilben, Kräuter welken und verdorren, Pilze, Mehltau und Schimmel treten immer mehr in Erscheinung. Schnecken und Insekten tragen das Ihre dazu bei, die Biomasse wieder abzubauen. Das ist ihre Aufgabe.

Pflanzen stärken

Wenn die Schnecken im Frühling Jungpflanzen angreifen, dann geschieht das häufig, weil diese künstlich aufgepäppelt und mit Kunstdünger im Gewächshaus gezogen worden. Frisch eingepflanzt im Beet, stehen sie dann oft unter Schock. Sie schwächeln, ihnen fehlt die Lebenskraft des »Unkrauts«, so werden sie anfällig für die abbauenden Organismen, angefangen mit Pilzbefall. Auch Pflanzen an ungünstigen Standorten oder solche, denen es an Nährstoffen mangelt, werden befallen. Wir sehen Pilz- und Mehltausporen, die sich auf den Blattoberflächen nur in einer dünnen Schicht ansiedeln, mit dem bloßen Auge meistens nicht. Aber die Schnecken mit ihrem hoch entwickelten Riechvermögen nehmen sie wahr. Sie hören den Ruf der unglücklichen Pflänzchen: »Bitte erlöst uns aus dieser schwierigen Lage!« Übrigens ist auch die Bierhefe, auf die die Schnecken ansprechen, ein abbauender Organismus: Sie baut den Zucker des Getreidemalzes ab und hinterlässt dann den Alkohol als Stoffwechselabfall.

Die Konsequenz für den Gärtner sollte es vor allem sein, die Lebenskräfte der Pflanzen zu unterstützen. Das bedeutet, den Pflanzen einen guten, humusreichen Boden zur Verfügung zu stellen, die Setzlinge so abzuhärten, dass sie die nötigen Abwehrkräfte haben; sie sorgfältig zu vereinzeln, sodass sie Raum haben, sich zu entfalten, und zuzusehen, dass sie ohne Stockungen wachsen können. Vor allem aber ist es ein lebendiger, humusreicher Boden, der die beste Möglichkeit bietet, dass auch die abbauenden Organismen, die sogenannten Schädlinge, Teil des harmonischen Garten-Ökotops sein und nicht allzu großen Schaden anrichten können.

WÜHLMÄUSE ODER SCHERMÄUSE

Neben den Nacktschnecken waren die Wühlmäuse im Genfer Gemüsegarten eine Problem. Sie nagten an Möhren, Schwarzwurzeln, Sellerie und anderen Wurzelgemüsen und setzten auch den Obstbaumwurzeln zu. Mit viel Geduld stellte Manfred Drahtfallen in die Gänge, die den Garten durchzogen. Ab und zu fing er eins der Tiere. Daraus machte er dann »Wühlmauspfeffer«. Er zog den rattengroßen Nagern das Fell ab, verbrannte es an jenen Tagen, an denen sich die Venus im Tierkreiszeichen Skorpion befand, und streute die Asche fein dosiert über den Garten. Er behauptete, das würde den Schermäusen die Fortpflanzungsfreude vergällen. Der Planet Venus sei schließlich nach der Göttin der Sexualität benannt, und Skorpion sei mit dem Lendenbereich verbunden. Damals kam mir das sehr abstrus vor. Wissenschaftlich ließ es sich auf jeden Fall nicht begründen. Inzwischen bin ich mir nicht mehr so sicher, ob an den alten bildhaften Vorstellungen nicht doch etwas dran sein könnte.

Hund und Katz als Mäusejäger

In unserem Überlebensgarten hoch oben im Allgäu hatten wir am Anfang keinen Ärger mit irgendwelchen Schädlingen. Die Population hatte sich noch nicht aufgebaut; und was die Schermäuse betrifft, so verbrachte unsere alte schwarze Katze den ganzen Tag geduldig wartend vor den Mauselöchern in der Wiese, bis sie wieder eine gefangen hatte. Es schien, als würde sie die Nager telepathisch aus ihren Löchern locken.

In den ersten Jahren auf dem Einödhof hatten wir keinen Hund. Wir konnten es uns einfach nicht leisten, noch ein hungriges Mäulchen mit durchzufüttern. Nach ein paar Jahren kam dann Idefix zu uns, ein ganz kleiner Hund, der wirklich wenig fraß. Einige Jahre später wurden es dann noch mehr Hunde. Die Kinder liebten sie als Spielgefährten, und sie hielten uns gleichzeitig neugierige Fremde vom Leib. Leider aber verschärften sie das Wühlmausproblem. Unter der Scheune wohnte nämlich ein Mauswiesel-Paar – im Volksmund »Hermännchen« genannt. Das sind hübsche kleine Raubtiere, die in der kalten Jahreszeit ein schneeweißes Winterfell tragen. Mauswiesel und die nah verwandten Hermeline leben von unterirdischen Nagern, sie verfolgen die Wühlmäuse bis tief in ihre Gänge und halten sie in Schach. Eines Tages sah ich, wie die Hunde die kleinen Wiesel stellten und totbissen. Es sind auch nie wieder Mauswiesel nachgezogen. Blöde Hunde!

Haustiere sind eine Möglichkeit, tierische Eindringlinge aus dem Garten fernzuhalten. Wenn es kalt oder regnerisch ist, schlafen unsere Hunde allerdings hinter dem Ofen, und Füchse und Rehe haben leichtes Spiel!

Verheerende Mäuseplage

In den darauffolgenden Jahren führten sich die Wühlmäuse ganz besonders übel auf. Manchmal sah ich, wenn ich in den Garten kam, wie ein Porreestängel wackelte, weil eine Wühlmaus an der Basis fraß. Ganze Reihen Pastinaken, Schwarzwurzeln, Haferwurzeln und sogar Kartoffeln verschwanden. Mit Vorliebe machten die Nager sich über den Topinambur her.

Im Kapitel über Obst und Wildobst habe ich schon von den zwölf Hochstamm-Obstbäumen berichtet, die ich im November pflanzte, ehe der »Weiße Riese« das Land mit Schnee bedeckte. Die Bäumchen grünten im Frühling und wuchsen gut an. Im dritten Winter nach der Pflanzaktion jedoch entdeckten die Wühlmäuse die

Bäume und machten sich über die Wurzeln her, sodass sechs der Bäumchen schräg hingen und so locker waren, dass man sie mit einer Hand hin und her bewegen konnte. Drei davon – zwei Birnbäume und ein Apfelbaum – gingen ganz ein, und die anderen drei dümpeln schwer geschädigt vor sich hin. Das ist sehr ärgerlich, denn Obst auf diesen Höhen ist etwas besonders Kostbares.

Es schien, als glaubten die Nager, wir hätten den Garten für sie alleine angelegt. In einem Jahr waren sie so schlimm, dass sie die Hälfte der Kartoffeln vernichteten. Sie hatten sie nicht einmal gefressen, sondern einfach mit ihren Zähnen zerschreddert. Immer dringender wurde die Frage, was man gegen sie tun könne.

Flaschen, Knoblauch, Wühlmausschreck

Die Bäuerin im Tal schlug vor, leere Flaschen mit der Öffnung nach oben in den Boden zu setzen. Wenn der Wind darüberfährt, erzeugt er ein Pfeifgeräusch, das den Wühlern einen Schrecken einjagt. Leider funktionierte das nicht, denn Wald und Wildobsthecke hielten den Wind ab.

Andere gaben mir den Ratschlag, Narzissen, Knoblauch, Kaiserkronen und die Kreuzblättrige Wolfsmilch in den Garten zu pflanzen, denn deren Geruch mögen die Tiere nicht und verschwinden. Das Ergebnis war: Die Wühlratten verlegten ihre Gänge einfach einige Zentimeter weiter von den Wurzeln entfernt. Drahtfallen waren ebenso unwirksam. Es schien, dass die klugen Nager den Trick bald durchschaut hatten und die Fallen einfach umgingen.

Dann las ich in einer Gärtnerzeitschrift von einem batteriebetriebenen Apparat (»Wühlmausschreck«) aus China, der verschiedene pulsierende Schallwellen von sich gibt, welche die Wühlmäuse vertreiben. Anfangs schien das zu funktionieren. Aber nach einem Jahr hatten die Tiere ihre Angst verloren; wenigstens war ihr Fresstrieb stärker als ihre Angst.

Langsam steigerte sich die Auseinandersetzung zu einem Kleinkrieg. Ich habe Hemmungen, Tiere zu töten, aber die Hemmungen vergingen mir in diesem Fall. Fressköder mussten her. Vergiftetes Johannisbrot. Das nahmen sie aber nicht an. Jemand sagte, man könne sich ihrer mit Autoabgasen entledigen, die man durch einen Schlauch in die Wühlmausgänge leitet. Aber das war auf unserem unzugänglichen Gelände nicht möglich. Schließlich kaufte ich mir Gaspatronen. Damit soll man vorsichtig sein und die toxischen Dämpfe keinesfalls einatmen. Instinktiv schnupperte ich dennoch kurz daran und verätzte mir dabei die Lungen, sodass ich die brutale Aktion das ganze nächste Jahr bereuen musste.

Esoterische Lösung

Kluge Esoteriker rieten mir: »Rede mit ihnen. Rede mit ihrer Gruppenseele, ihrem Engel. Pflanze für sie ein Beet mit Topinambur an und sage ihnen, dass du das für sie tust und sie bittest, deine Beete in Ruhe zu lassen.« Was blieb mir anderes übrig. Mithilfe eines Freundes, der ein Didgeridoo spielt, dessen Ton den Geist in anderen Dimensionen schweben lässt, versuchten wir, Kontakt mit dem Wühlmausgeist herzustellen. Die ganze Nacht saßen wir im Garten und vertieften unsere Meditation. Und tatsächlich erschien in tiefster Nacht, gegen drei Uhr, als eine Art Traumgebilde ein Wühlmausgeist. Er sah unfreundlich aus, seine schwarzen Augen stechend und die prominenten Nagezähne bedrohlich zuckend.

»Ich pflanze euch ein Beet mit Topinambur am Gartenrand; die könnt ihr haben, aber lasst meine Gemüse in Ruhe!« So versuchte ich ihn freundlich zu stimmen.

Er aber ließ mich wissen: »Vergiss es. Über Jahrtausende habt ihr uns verfolgt, vergiftet und mit Fallen gequält! Wir handeln nicht mit euch. Wir machen keine Deals!«

Später wurde mir klar, dass das mit dem Topinamburbeet sowieso nicht funktioniert hätte, denn anscheinend stellen die Schermäuse ihre Fruchtbarkeit auf das Futterangebot ein. Je mehr Futter, desto fortpflanzungsfreudiger sind sie. Wenn die Population das Nahrungsangebot übersteigt, dann kommt es wie bei den verwandten Lemmingen zu einem Kollaps. Folglich gibt es alle fünf bis acht Jahre ein sogenanntes Schermausjahr, wenn es kurz vor dem Populationszusammenbruch zu einer Massenvermehrung kommt.

Beim Umgraben im nächsten Frühling stieß ich auf ein gut gepolstertes Wühlmausnest mit einem halben Dutzend junger, nackter, noch blinder Jungen. Die meisten starben sofort vor Schreck. Die Hunde fraßen sie gleich auf. Aber ein kleines Mäuslein überlebte. Ich rief meine Tochter – sie muss ungefähr sechs Jahre alt gewesen sein –, um ihr das niedliche Ding zu zeigen.

»Wie lieb!«, sagte sie und holte einen alten Wollhandschuh, von dem sie einen Finger abschnitt, um das Tierchen hineinzustecken, damit es nicht friere. Sie taufte es »Mausi« und fütterte es mit warmer Milch aus einer winzigen Puppen-Babyflasche. Tag für Tag kümmerte sie sich um Mausi.

Eines Tages waren wir Einkaufen in der Stadt – wir hatten damals schon wieder ein Auto. Das Mädchen drängelte: »Wir müssen sofort nach Hause. Mausi muss gefüttert werden!«

Tatsächlich waren wir zu lange weg gewesen. Als wir zurückkamen, war die kleine Wühlmaus tot. Das Mädchen weinte sehr. Sie liebte ihr kleines Mausekind.

Nach diesem Erlebnis merkte ich, dass die Wühlmäuse erträglicher wurden. Es dämmerte mir, warum das so war: Eine liebevolle Begeg-

Mindestens eine gute Mausjägerin in Form einer Hauskatze lehrt die Mäuse das Fürchten und hält die Mäusepopulation und die Fraßschäden im Gemüse- und im Obstgarten niedrig.

nung zwischen Menschenseele und Tierseele hatte stattgefunden. Das ist etwas anderes als der Versuch, einen Deal auszuhandeln; das ist die einzig wahre Kommunikation mit dem Gruppengeist einer Tierart.

Gelassen bleiben

Die Nager sind noch da, aber ich rege mich immer weniger über sie auf. Auch wenn sie hier und da an den Gemüsewurzeln fressen, immer bleibt genug für uns übrig. Irgendwie sind sie meine Mitgärtner. Sie verpflanzen den Beinwell, den Japanischen Knollenziest, Topinambur und andere Wurzeln, die dann plötzlich in anderen Beeten auftauchen. Manchmal findet man beim Umgraben oder im Kompost ihre Vorratsspeicher mit sorgfältig angehäuftem Knollenziest oder Schwarzwurzelstücken. Die brauchen wir nur zu waschen, zu putzen und schon ist ein feines Mittagessen fertig. So ähnlich haben es auch die Indianer gemacht, die die Vorratsnester der Eichhörnchen und Prärieratten plünderten.

Es ist nicht einfach, ein liebevolles Verhältnis zu den problematischen Tieren aufzubauen. Heucheln hilft nicht.

Topinambur (mit gelber Blüte) breitet sich im ganzen Garten aus. Ich lasse ihn gern wachsen, damit die Mäuse die leckeren Knollen verzehren und dafür mein Gemüse verschonen.

Das hilft gegen Wühlmäuse

Wühlmäuse haben eine hoch empfindsame Nase. Falls man Fallen stellt oder Giftköder auslegt, sollte man Gummihandschuhe tragen, damit sie nicht misstrauisch werden. Ich hatte aber, wie gesagt, wenig Erfolg mit Fallen oder Ködern.

Besser wirkt eine Jauche oder eine starke Brühe aus den stinkenden Blättern des Zwergholunders oder Attich, die man in die Gänge der Nager gießt. Eine Jauche aus den Zweigspitzen des Lebensbaumes, in die Gänge gegossen, soll ebenfalls wirksam sein. Thuja ist nicht nur aromatisch, sondern auch ein starkes Nervengift.

Buttersäure (Butansäure) in ihren Gängen soll Wühlmäuse ebenfalls vertreiben.

Wo es Maulwürfe gibt, da verziehen sich die Wühlmäuse.

Ein heißer Tipp, den mir eine amerikanische Gärtnerin gab, ist es, Kaugummi (mit Fruchtgeschmack) oder Bubble-Gum in die Wühlmauslöcher zu legen. Die Nager fressen sie, bekommen Magenprobleme und sterben.

Für Magier und Hellsichtige wäre noch der Tipp, sich mit den Gartenzwergen in Verbindung zu setzen und ihnen zu sagen, sie sollen doch bitte mit den Wühlmäusen reden.

Attichbrühe gegen Wühlmäuse

1 Kilogramm Attichblätter gibt man in einen großen Kessel mit 10 bis 15 Litern Wasser, kocht das Ganze auf und gießt die Brühe in die Wühlmausgänge.

»Maulwürfe sind meine Freunde. Sie verstehen sich offenbar auch nicht mit den Wühlmäusen.«

TIERE, DIE DEM GARTEN NÜTZEN

Meistens kümmere ich mich kaum um die sogenannten Schädlinge, denn es gibt viele Nützlinge im Garten, die sie in Schach halten. Wenn man richtig biologisch gärtnert, den Boden durch gute Kompostwirtschaft gesund hält und auch nicht mit Gift und Galle – Insektiziden, Herbiziden, Schneckenkorn – gegen Tier und Unkraut vorgeht, dann hat man wenig Probleme.

Säugetiere

Zu den nützlichen Gartenbewohnern gehören insektenfressende Säugetiere. Die wichtigsten und bekanntesten sind:

Fledermäuse
Sie bleiben tagsüber unsichtber, vertilgen aber von Einbruch der Dämmerung an fliegende Nachtinsekten.

Igel
Die stacheligen Gartenbewohner fressen auf ihren nächtlichen Raubzügen Insekten, Larven, Käfer, junge Schnecken, Würmer und sogar nestjunge Mäuse. Sie richten sich gern als Dauergäste ein, wenn man ihnen Unterschlupfmöglichkeiten unter einem Haufen von Ästen und Gestrüpp oder in wilden Ecken im Garten bietet.

Maulwürfe
Die unterirdischen Grabemeister sind bei vielen Gärtnern unwillkommen, da sie ihren Aushub auf Rasen und Wiese hinterlassen. Ich dagegen freue mich, wenn ich Maulwurfshügel sehe, denn wo es Maulwürfe gibt, da trauen sich die Wühlmäuse nicht hin. Außerdem ist die aufgeworfene Erde hervorragend geeignet für Blumenkästen und -töpfe. Die kleinen Säuge-

Damit die Feuerbohne so schöne Blüten hervorbringt, muss man die Bohnenpflänzchen über das gefährliche Jungpflanzenstadium retten: Junge Bohnenpflanzen gehören zur Lieblingsspeise von Nacktschnecken. ›

tiere fressen Insektenlarven wie Egerlinge, Regenwürmer, Drahtwürmer und andere Bodenbewohner, aber nie nagen sie an den Wurzeln.

Spitzmäuse
Die kleinen Spitzmäuse mit ihrem Raubtiergebiss sind keine richtigen Mäuse, sie gehören zu den Insektenfressern. Die Gartenspitzmäuse haben einen äußerst schnellen Stoffwechsel und müssen deshalb ununterbrochen fressen. Pro Tag müssen sie ihr Körpergewicht an Nahrung aufnehmen. Sie vertilgen Insekten, Schnecken, Larven, Drahtwürmer, Egerlinge und sogar die Brut von Wühlmäusen und Feldmäusen.

Wie beim Igel sollte man ihnen in einer ruhigen Ecke des Gartens Unterschlupfmöglichkeiten wie Stein-, Reisig- und Laubhaufen oder dergleichen zur Verfügung stellen. Leider jagen und töten die Katzen diese wertvollen Tiere, fressen sie aber nicht.

Vögel

Vögel gelten auch als nützliche Gartenbewohner. Nicht nur dass sie Kerbtiere, Larven und Puppen vertilgen, ihr Gezwitscher und Gesang erfreut die Menschenseele und sie sind schön anzusehen. Es gibt wissenschaftliche Studien, die zeigen, dass Pflanzen positiv – mit besserem Wachstum – auf Vogelgesang reagieren. Mit wenig Aufwand kann man unsere gefiederten Freunde mit Nistkästen und Nisthöhlen versorgen und für Futter und Wasser sorgen: Vogeltränken aufstellen, Wildobsthecken pflanzen und Winterfütterung betreiben. Bei den Futterhäuschen sollte man darauf bedacht sein, dass die Katzen sie nicht erreichen können.

Es gibt jedoch auch Vögel, die man weniger gerne im Garten sieht, wie die Amsel zum Beispiel: Sie singt herrlich und frisst Insekten, macht sich aber über Kirschen und Beerenobst her und scharrt den Komposthaufen und die Humuserde in den Beeten auf. In dem Fall bin ich der Katze nicht böse, wenn sie sich, anstatt die Mäuse zu jagen, auch mal eine Amsel holt. Auch Elstern und Eichelhäher sind als Obstdiebe und Nesträuber im Garten wenig willkommen.

Kröten, Lurche und Echsen

Amphibien wie Kröten, Molche oder Frösche und Reptilien wie Blindschleichen, Eidechsen oder Ringelnattern sind im Garten gern gesehen, denn auch sie halten viele Schädlinge in Schach. Bei mir leben die Blindschleichen im Kompost und Frösche und Salamander im Teich.

Die nachtaktiven Kröten verweilen tagsüber oft in Löchern im Erdboden oder im Komposthaufen. Deshalb bin ich besonders vorsichtig, wenn ich mit der Grabgabel arbeite. Gartenteiche, die diesen Amphibien die Möglichkeit zum Laichen geben, sind ein wichtiger Bestandteil eines biologischen Gartens. Kröten sind ortstreu. Um sie bei mir anzusiedeln, habe ich Krötenlaich von einem anderen Tümpel geholt und bei mir im Teich ausgesetzt.

Spinnentiere

Echte Spinnen, Weberknechte und Raubmilben helfen ein harmonisches Gleichgewicht im Garten herzustellen und verhindern ungehemmten Schädlingsbefall. Die Raubmilben halten Spinnmilben, »Rote Spinnen« (Obstbaumspinnmilben), junge Schildlauslarven und schädliche Thripse (Fransenflügler) in Schach.

Regenwürmer

Unsere Urgroßeltern, die noch in der Zeit der Kaiser Wilhelm oder Franz Josef lebten, waren überzeugt, dass die Regenwürmer schädlich seien. Als Junge musste mein Großvater sie aus den Gartenbeeten sammeln und den Hühnern geben. Es ist das große Verdienst des Biologen Charles Darwin, erkannt zu haben, dass diese Würmer dem Boden guttun, dass sie ihn durchmischen, belüften und guten Humus erzeugen. Heute weiß man, dass der Regenwurmkot elfmal so viel Kalium, siebenmal so viel Phosphor, fünfmal so viel Magnesium und doppelt so viel Kalk wie der umgebene Erdboden enthält. Diese für das Pflanzenwachstum so wichtigen Stoffe sind zu stabilen Riesenmolekülen verkettet, den sogenannten Ton-Humus-Komplexen. Auch bei starkem Regen werden sie nicht ausgewaschen, können aber leicht von den Wurzelhärchen der Pflanzen aufgenommen werden.

Im normalen Ackerboden befinden sich rund drei Millionen Regenwürmer pro Hektar. Das macht ein Gewicht von fünf bis sechs Kühen aus. Sie erzeugen auf dieser Fläche 20 bis 40 Tonnen feinster, nährstoffreicher, stabiler Regenwurmerde. Wer würde schon so dumm sein, diese wertvollen Tierchen mit leichtsinnig versprühten und verstäubten Pestiziden zu töten und an deren Stelle Tonnen von Kunstdünger ankarren lassen? Der Gärtner sollte seine unterirdischen Helfer genauso sorgfältig pflegen wie seine Hühner oder Kühe. Am besten gelingt ihm das, indem er den Boden mit genügend organischer Materie versorgt – mit Bodenbedeckung (Mulch), untergepflügter Gründüngung (insbesondere Lupine), eingehackten Unkräutern, Kompost, verrottetem Mist, verrotteten Sägespänen – damit sie genügend Futter haben. Wo der Boden zu sauer ist, hilft ihnen eine Gabe gemahlener Kalkstein oder Kalkmergel. Ätzkalk verbrennt, ebenso wie Kunstdünger oder frische Gülle, die Haut dieser hilfreichen Tiere. Wo wenig Tonmineralien vorhanden sind, wie etwa in Sandböden, hilft es, eine dünne Schicht zermahlenen trockenen Ton oder Lehm auf den Boden zu streuen oder über den Kompost einzubringen. Ein Tee aus Baldrian, über die Beete oder den Kompost gesprüht, kommt dem Regenwurm auch zugute.

Bei Regen an die Oberfläche

Regenwürmer heißen so, weil sie bei starkem Regen an die Oberfläche kommen. Weltweit gibt es mehrere Tausend Arten, bei uns in Mitteleuropa sind es rund 40. Manche, wie der dicke, blau-rötlich gefärbte Tauwurm oder Gemeine Regenwurm, senken ihre Gänge bis zu 2,5 Meter in die Erde. Aus den Tiefen holen sie Tonmineralien herauf und mischen sie mit organischer Materie. Sie lockern den Boden, sodass er besser Feuchtigkeit aufnehmen kann. Ihre unterirdischen Gänge verschaffen den aeroben Bodenbakterien und den Pflanzenwurzeln den zum Leben notwendigen Sauerstoff. Andere Regenwurmarten, wie der Kompostwurm, auch Mistwurm genannt, und der Rote Waldregenwurm, verwandeln den Kompost in feinste Humuserde. Dass der Kompost reif ist, lässt sich leicht daran erkennen, dass die Würmer ihn verlassen haben.

Insekten

Auch unter den Kerbtieren befinden sich wertvolle Gehilfen des Gärtners. Hier einige der wichtigsten, die jeder Gartenbesitzer unbedingt kennen und schützen sollte:

Florfliegen

Wie schillernde kleine Elfenwesen sehen sie aus, mit ihren filigran geäderten, durchsichtigen Flügeln und ihren goldenen Augen. Ihre flinken Larven werden zu Recht Blattlauslöwen genannt, denn sie vertilgen massenweise Blattläuse, Käferlarven, kleine Raupen, Thripse und die Eier von Milben. Deshalb werden sie für die biologische Schädlingsbekämpfung gezüchtet.

Laufkäfer

Die metallisch glänzenden, oft schwarzen, schnell laufenden, nachtaktiven Käfer jagen andere Insekten, fressen ihre Larven und Eier. Auch die Gelege der Wegschnecken stehen auf ihrem Speiseplan.

Libellen

Wo es Wasser gibt, da findet man die farbenprächtigen großen Insekten. Die Flugakrobaten können nicht nur eine Zierde des Gartens sein, sie jagen auch fliegende Insekten wie Mücken und Fliegen.

Kapuzinerkresse gehört in jeden Garten! Blüten, Blätter und Knospen schmecken lecker im Salat, die Pflanze hält, unter Obstbäume gesät, Läuse fern. Kohlweißlingsraupen lieben sie und verschonen deshalb den Kohl.

Marienkäfer

Der rote Marienkäfer mit sieben schwarzen Punkten galt den Europäern als heiliges Tier: Er ist der Glückskäfer, der einst der Göttin Freya und später der Maria geweiht war. Auch für den Garten ist er ein Glücksfall. Die Marienkäferlarve, die wie ein winziger Drache aussieht, frisst bis zu 800 Blattläuse am Tag, dazu Schildläuse, Spinnmilben und sogar die Myzelien vom Mehltau. Der noch gefräßigere asiatische Marienkäfer, der zur biologischen Blattlausbekämpfung aus Japan eingeführt wurde, hat sich jedoch als Plage erwiesen, da er den einheimischen Marienkäfer verdrängt und in Weinbauregionen die reifen Trauben frisst.

Ohrwürmer

Es stimmt nicht, dass die Ohrwürmer oder Ohrenkneifer nachts in die Ohren der Menschen kriechen und mit den gekrümmten Hinterleibzangen ins Trommelfell zwicken. Als Allesfresser jagen sie Raupen und Blattläuse, weiden Pilzrasen auf befallenen Pflanzen ab, machen sich aber auch über Fallobst und gelegentlich über zarte Blütenknospen her.

Raubwanzen

Diese räuberischen Wanzen – sie sind nicht mit den eher schädlichen Blattwanzen zu verwechseln – holen sich Insekten und Insekteneier und saugen sie aus. Eine verwandte Art, die Blumenwanzen, wird in Gewächshäusern häufig zur biologischen Kontrolle von Blattläusen, Fransenflüglern, Spinnmilben und Weißen Fliegen eingesetzt.

Schlupfwespen

Die Weibchen dieser kleinen Wespen legen ihre Eier mit einem Legestachel in die Körper von Raupen und Larven anderer Insekten. Die winzigen Wespenlarven fressen dann ihre Wirte von innen her auf, ehe sie ausschlüpfen. Biologen haben herausgefunden, dass es oft die Pflanzen selber sind, die mittels Pheromonen (Duftstoffausdünstungen) diese Schlupfwespen rufen, wenn sie von fressenden Insekten angefallen werden.

Schwebfliegen

Diese gelb und schwarz gestreiften »Mini-Wespen« werden auch Stehfliegen genannt, denn sie können beim Schwirrflug in der Luft stillstehen. Die freundlichen Zweiflügler sind nach den Bienen die wichtigsten Blütenbestäuber. Sie ernähren sich vor allem von Nektar und Pollen. Die Larven jedoch sind Blattlausjäger.

SCHADINSEKTEN, NEMATODEN, RAUPEN

Blattläuse

Es gibt verschiedene Arten Blattläuse, und manche, wie die Schwarze Bohnenlaus, die zum Beispiel die Favabohnen befällt, können sehr lästig sein. Blattläuse haben eine erstaunliche Fortpflanzungsfähigkeit, sie bringen im Jahr bis zu zehn Generationen hervor, und die Weibchen können sich sogar ohne Befruchtung vermehren. Beim Saugen sondern die Blattläuse süßen Saft (Honigtau) ab, den die Ameisen gierig verzehren. Deshalb transportieren die Ameisen Blattläuse auf die Pflanzen, ähnlich wie der Milchbauer seine Kühe auf die Weide bringt. Die Ameisen beschützen die Läuse vor ihren Feinden und melken ihnen den Zuckersaft ab.

Meist unternehme ich nichts gegen Blattläuse, da ihre Feinde wie Florfliegen, Marienkäfer, Gallmücken, Schwebfliegen, Ohrwürmer und andere Nützlinge sie in Schach halten. Richten sie dennoch zu viel Schaden an, dann gieße ich die befallenen Pflanzen mit Brennnesseljauche. Damit ändert sich die Zusammensetzung der Pflanzensäfte und die Läuse verlassen ihren Wirt von alleine. Nur im äußersten Notfall braue ich eine Giftbrühe aus Knoblauch, Rainfarn, Wermut oder Mutterkraut, um ihnen den Garaus zu machen.

Erdflöhe

Die Erdflöhe sind winzige, schwarze, wie Flöhe springende Käfer, die im Frühling an den jungen Blättern und auch Keimblättern der Kreuzblütler (Kohl, Rettich, Radieschen) fressen und diese regelrecht durchsieben können. Wenn es

Deutlich sichtbar sind an den Radieschenblättern die Fraßspuren der Erdflöhe. Manchmal durchlöchern sie die Blätter von Kreuzblütlern regelrecht. Sie lieben die Trockenheit, deshalb hält man sie mit Gießen und Mulchen in Schach.

warm und trocken ist, geht manchmal dabei die Saat ein. Sie mögen keine Feuchtigkeit, deshalb kann man sie mit Hacken und Gießen, auch mit Mulch, der den Boden feucht hält, zurückdrängen. Das Gießen von verdünnter Brennnesseljauche, mit der Gießkanne mit Brauseaufsatz, ist eine geeignete Maßnahme gegen die Erdflöhe. Eine Mischkultur aus Kreuzblütlern mit Spinat und Schnittsalat trägt auch zu ihrer Abwehr bei. Spitzmäuse, Laubkäfer und Raubinsekten sind die Helfer, die diese »Flöhe« begrenzen. Im äußersten Notfall kann man die befallenen Kreuzblütler auch mit Rainfarn- oder Wermuttee abbrausen. Man muss sich aber im Klaren darüber sein, dass diese ziemlich starken biologischen Gifte auch die nützlichen Insekten töten können.

Fransenflügler, Thripse, Blasenfüße oder Gewittertierchen

Diese winzigen Insekten, die als »Gewittertierchen« in der schwülheißen Luft vor einem Gewitter schwärmen, saugen Pflanzensaft. Vor allem in Gewächshäusern können sie zu einem Problem werden, weniger im Garten. Raubmilben sind ihre größten Feinde.

Maulwurfsgrille, Erdkrebs oder Werre

Diese krebsartige Heuschrecken- oder Grillenart lebt unterirdisch, ist nachtaktiv und hat Schaufeln, die an Maulwurfschaufeln erinnern. Lange wurden die Grillen als Schädlinge bekämpft, da sie, wenn sie in Massen auftreten, Jungpflanzenwurzeln anbeißen, kahle Stellen im Rasen verursachen, Beete aufwühlen und manchmal Wurzelgemüse mit Löchern versehen. Das sind aber nur Kollateralschäden, denn eigentlich ist das Insekt ein Jäger und reiner Fleischfresser, ein Nützling sozusagen. Heißhungrig vertilgt es Würmer, Maden, Schneckeneier, Egerlinge, Raupen, Drahtwürmer und andere Insektenlarven. Eigentlich sollte man die Maulwurfsgrillen nicht bekämpfen, auch nicht biologisch mit den parasitären SC-Nematoden, wie es heute in »biologischen« Kreisen in Mode gekommen ist, denn sie gelten als stark gefährdet und stehen auf der Roten Liste. Bei mir im Garten kommen sie jedenfalls nicht vor.

Nematoden, Fadenwürmer oder Älchen

Es gibt Tausende Arten dieser kleinen, glatten Würmer. Sie sind Teil des Bodenlebens und einige werden sogar zur biologischen Schädlingskontrolle eingesetzt, zum Beispiel eine räuberische Art, die Nacktschnecken anfällt. Gelegentlich befallen Wurzelnematoden die Möhren, Rote Beete und anderes Wurzelgemüse, verursachen Kümmerwuchs und Missbildungen; im großflächigen industriellen Gemüseanbau sind sie ein ernsthaftes Problem.

Wenn der Gärtner jedoch auf die richtigen Fruchtfolgen achtet und seine Beete mit Kompost versorgt, dann kann das kaum passieren. Andere Bodenorganismen – Springschwänze, Milben, verschiedene Bakterien und Pilze – halten sie in Schach. Die Wurzelausscheidungen von Studentenblumen und Ringelblumen helfen sie einzudämmen.

Raupen

In einem biologischen Garten mit einer Vielzahl von Organismen sind Raupen kaum ein Problem. Im Gegenteil, ich freue mich, wenn ich die Larven der Schmetterlinge und Nachtfalter hier und da im Garten finde. Manche, wie die Raupen des Schwalbenschwanzes, die am Fenchel und anderen Doldengewächsen fressen, sind sogar ausgesprochen schön. Sogar die gefräßigen Raupen des Kohlweißlings haben in einem Biogarten ihren Platz.

Jedes Jahr keimen in meinem Garten große Mengen Kapuzinerkresse, die ich größtenteils ausjäte; einige lasse ich jedoch wachsen, nicht nur weil die orange blühenden Blumen so schön sind und die Pflanze sich als Salatbeigabe und als keimhemmendes Heilmittel eignet, sondern weil die Kohlweißlinge sie den Kohlköpfen vorziehen. Überhaupt halten die vielen Vögel, Schlupfwespen, Spitzmäuse, Kröten, Käfer und manche Wanzen die Raupen in Schach.

TIERGESCHICHTEN

Es war im frühen Sommer. Trotz des sonnigen Wetters saß ich in meinem Zimmer und arbeitete an einem Manuskript. Ab und zu blickte ich hinaus in den Garten. Alles wuchs schön, die ersten Erdbeeren waren schon reif.

Fuchs im Erdbeerbeet

Plötzlich sah ich einen stattlichen Fuchsrüden in den Garten spazieren. Gut, dachte ich, der geht sicher auf Wühlmausjagd. Willkommen, Meister Reineke! Doch – von wegen Wühlmäuse jagen! Er lief schnurstracks ins Erdbeerbeet und pflückte die reifen Erdbeeren. Vorsichtig nahm er sie ins Maul; wenn sie nicht reif genug waren, spuckte er sie aus. Wo waren denn meine Hunde? Diese Penner müssten doch merken, dass da ein fremdes Tier im Garten ist! Ich vertrieb ihn durch Klopfen an die Fensterscheibe.

Am nächsten Tag war wieder ein Fuchs im Erdbeerbeet. Er war noch ziemlich jung. Es musste sich herumgesprochen haben, dass da Beeren reiften. Ich rannte die Treppe hinunter und rief die drei Hunde. Sie verfolgten den überraschten Fuchs in die Wiese. Das Weibchen lenkte den jungen, unerfahrenen Fuchs ab, während unser große Rüde, Sumo, den Erdbeerdieb am Nacken packte und totschüttelte. Aber auch Sumo kam nicht ungeschoren davon. Der Fuchs hatte ihm die Wange durchbissen.

Keine Rehe

Ein Bauer im Tal wunderte sich, dass das Rehwild unseren großen Gemüsegarten nicht leer fraß, obwohl wir keinen Gartenzaun hatten. Im Dorf sei es fast unmöglich, einen Garten ohne Zaun zu haben. Die Rehe würden nachts kommen und sogar über die Zäune springen, wenn diese nicht hoch genug waren. Ob ich zaubern würde? Nein, zaubern kann ich nicht. Vielleicht hatten die Rehe Angst vor den Hunden. Doch das konnte nicht sein, denn die Hunde schliefen nachts im Haus und bekamen wenig davon mit, was draußen los war – obwohl sie jederzeit ins Freie konnten. Nur wenn die Käuzchen riefen, machten sie einen Mordskrawall.

Es war schließlich der Jäger, der uns aufklärte. »Euer Hof und der Garten sind von dichtem Brennnesselgestrüpp umwuchert. Die Rehe mögen da nicht durchgehen«, sagte er. »Es brennt sie am Bauch, da haben sie weniger Fell.«

Mysteriöse Apfeldiebe

Einige Jahre später hingen im frühen Herbst schon schöne große, reife Äpfel an den Bäumen. Eines Tages entdeckte ich, dass alle Äpfel in Reichweite vom Boden aus gepflückt worden waren. Es zog sich sogar eine verdächtige Trampelspur durch die Brennnesseln. Die Spur der Diebe führte über den Lattenzaun, den ich für den Fall errichtet hatte, dass die Almrinder aus ihren Weiden ausbrechen und in den Garten stampfen sollten. Würde jemand tatsächlich hier auf den Berg steigen, nur um ein paar Äpfel zu klauen? Nicht mal im Tal wurden alle Äpfel geerntet; oft ließ man sie einfach am Boden vergammeln. Das Rätsel lüftete sich, als ich genauer auf den Lattenzaun schaute. Da klebten einige Hirschhaare. Ganz still und vorsichtig waren die Hirsche nachts über den Zaun gestiegen, ohne dass es die Hunde gemerkt hatten.

Ab und zu buddeln Füchse oder Dachse im Sammelkompost. Aber das ist nicht weiter schlimm. Komposthaufen oder auch Reisighaufen bieten einen guten Unterschlupf für helfende Tiere wie Kröten, Igel, Blindschleichen und Laufkäfer. Igel gibt es bei uns leider keine, da in den 1980er-Jahren der uns umgebende Wald und Fichtenforst wegen Borkenkäferbefall von der Luft aus mit Pestiziden besprüht wurde. Ein kurzfristiger Erfolg. Denn bald verschwanden die Vögel und andere Nützlinge und es wurde still im Wald. Zum Glück hat man von dieser Methode abgelassen und ist auf Pheromon-Fallen und schnelle Entfernung befal-

Ringelblumen leuchten wie kleine Sonnen aus jedem Garten. Die beliebten Heilpflanzen sind einjährig und werden im April ausgesät. Dann keimen und wachsen sie rasch und blühen unentwegt bis zum Frost.

lener Fichten übergegangen. Allmählich kehren die Vögel zurück; der Wald singt wieder. Kürzlich hat sogar jemand wieder einen Igel gesehen.

MEHLTAU, SCHIMMEL – PILZBEFALL

Gelegentlich legt sich ein grauweißer Film auf die Blätter der Gurken oder anderer Gemüse. Es ist der sogenannte Mehltau, ein Pilz, dessen Myzelien in die Blattoberfläche eindringen und die Zellen aussaugen. Der Befall erfolgt, wenn den Pflanzen die Lebenskraft fehlt. Oft wurden sie zu eng gepflanzt und erhielten zugleich eine zu hohe Stickstoffdüngung. Wenn dann feuchtes, kühles Wetter hinzukommt, gefolgt von einer heißen Trockenperiode, ist das die beste Voraussetzung für den Pilzbefall. Auch schlechte Bewässerungstechnik, wenn etwa in der Tageshitze die Gemüse mit kaltem Wasser gesprengt werden, können die Pilze fördern.

Weitere Pilzschädlinge sind der Rost, der als kleine braune Pusteln die Blätter von Malven, Bohnen und andere Pflanzen befallen kann, die Stängelfäule, die junge Keimlinge im Saatbeet umkippen lässt; die Braunfäule, die im Herbst die Tomaten angreift, oder der Grauschimmel, der vor allem Gewächshausgemüse wie Salat, Gurken, Tomaten, Paprika und auch Bohnen und Zwiebeln befallen kann. Konventionelle Gärtner rücken dann mit schweren Geschützen an, mit Kupfer-, Schwefel- oder Quecksilbermitteln, die sie sprühen oder verstäuben.

Biologisch arbeitende Gärtner haben da weit weniger Probleme, denn bei ihnen hilft gute Kompostwirtschaft; die Pflanzen werden weniger mit löslichem Stickstoffdünger zu unnatürlichem Wachstum getrieben. Falls es dennoch zu einem Befall kommt, hilft das Sprühen mit pilzwidrigem Kamillentee, am besten gemischt mit der kieselhaltigen Abkochung des Ackerschachtelhalmkrauts. Auch das Sprühen eines Knoblauchextrakts wirkt fungizid.

Neu entdeckt und sehr wirksam sind die Extrakte der Wurzeln des Japanischen Staudenknöterichs, der heutzutage als gefürchteter invasiver Neophyt Straßenränder und Flussauen dicht besiedelt und gegen den Einsatz von Herbiziden zunehmend resistent ist. Die Wurzelabkochungen dieses Riesenknöterichs wirken vorbeugend bei Mehltau, Blattpilz und Feuerbrand. Auch gegen Krautfäule an Tomaten, Grauschimmel an Paprika und Gurken, Erdbeeren und Salat hat sich der Auszug bewährt. Zudem ist dieses Mittel ungefährlich für Bienen.

Japanischer Staudenknöterich gegen Pilzbefall

Eine Handvoll klein gehackte Wurzeln des Japanischen Staudenknöterichs in vier Liter Wasser köcheln lassen und die erkaltete Brühe unverdünnt direkt auf die Pflanzen sprühen.

BEGLEITKRÄUTER ODER »UNKRÄUTER«

Unkräuter gibt es in der Natur nicht. Die außerordentlich vitalen und anpassungsfähigen Kräuter, die sich auf unseren Gartenbeeten ansiedeln, sind vor allem Pionierpflanzen. Sie sind die Ersten in der natürlichen Pflanzenabfolge oder Sukzession, wie es die Botaniker nennen. Schnell bedecken sie einen offenen, verletzten oder erodierten Boden und bereiten ihn für die Besiedlung durch eine spätere permanente Pflanzendecke vor. Sie sind sozusagen das Pflaster, das die Schürfwunden auf der Haut der Mutter Erde schützend bedeckt. Wenn der Bauer pflügt oder der Gärtner umgräbt oder hackt, dann »verwundet« er den Boden sozusagen und schafft die Voraussetzung für das Keimen dieser Pionierkräuter. Und das geht schnell: Bodenproben haben ergeben, dass der normale Erdboden in unseren Breiten pro Quadratmeter bis hinun-

Der Spitzwegerich ist eines unserer wirksamsten Kräuter gegen Husten und Erkältung, aufgelegte frische Blätter wirken blutstillend und mindern Juckreiz. Für den Winter sollte man rechtzeitig einen Vorrat trocknen.

ter zur Pflugsohle im Durchschnitt bis zu 7000 in Samenruhe verharrende, keimfähige Samen enthält. Wenn die Bedingungen günstig sind, keimen sie sofort.

Der Begriff »Unkraut« ist keine biologische, sondern eine kulturell-sprachliche Kategorie. Menschen aus Jäger-und-Sammler-Kulturen kennen den Begriff nicht. Auch nicht die Völker, die einfachen Hackbau betreiben. Für sie sind die wild wachsenden Kräuter wie alle Pflanzen Kinder der Mutter Erde. Sie sind Nahrungspflanzen, Heilpflanzen, Giftpflanzen (wie etwa die saponinhaltigen Gewächse, die beim Fischfang, oder andere, die als Pfeilgifte verwendet werden), psychoaktive Zauberpflanzen, aphrodisische oder zum Färben benützte Pflanzen oder solche, die den Geistern und Göttern gehören. Erst für die wirklich Landwirtschaft betreibenden Völker der Jungsteinzeit wurden sie lästige Konkurrenten der Kulturpflanzen. Ackerunkräuter und Ruderalpflanzen (das sind Pflanzen, die solche Flächen besiedeln, auf denen die natürliche Vegetation vom Menschen komplett zerstört wurde, etwa Schutthalden), wie der trittfeste Ampfer, Kamille und Wegerich, Klatschmohn, Gänsedisteln, Königskerzen, Kletten, Malven, Leinkräuter, Kornblumen, Kornraden und viele andere, hielten mit den ersten Bauern Einzug im mittleren Europa, den Bandkeramikern, die vom Südosten her siedelten. Unkräuter sind, wie »Untiere« oder »Unmenschen«, Teil des Weltbildes, das die Schöpfung in Gut und Böse teilt. Ein besseres Wort für diese Pflanzen wäre etwa Garten- oder Ackerbegleitkräuter.

Was man heute oft nicht bedenkt, ist, dass viele unserer Kulturpflanzen zunächst als Unkraut in den ersten Feldern wuchsen. Allmählich mauserten sie sich zu brauchbaren Gewächsen. In den ersten Weizenfeldern wuchsen Roggen und Hafer als Begleitkräuter, die später eigenständig in Kultur genommen wurden. Linsen, Tomaten, Buchweizen, Gemüsemelde, Fuchsschwanz, Feldsalat und viele andere Gemüse und Feldfrüchte waren ursprünglich »Unkräuter«.

Begleitkräuter als Zeigerpflanzen

Die Gartenbegleitkräuter sind gute Zeigerpflanzen. Ihr Erscheinen im Jahr und ihr Aufblühen zeigt – im Gegensatz zu dem starren, abstrakten, offiziellen Kalender – den wirklichen oder natürlichen (phänomenologischen) Kalender an, der jedes Jahr verschieden und für den Gärtner wesentlich ist.

Weiterhin zeigen die dominanten Begleitkräuter den Zustand des Bodens an: Ist der Standort trocken oder feucht, nährstoffarm oder nährstoffhaltig, ist er sauer (kalkarm) oder alkalisch, ist der Boden verdichtet oder hat er eine gute Gare? Hier einige Beispiele für solche Zeigerpflanzen:

- **Säureanzeiger:** Auf mageren kalkarmen Böden wachsen unter anderem der Kleine Sauerampfer, Ackerspörgel, Sauerklee, Blutwurz, Hasenklee, Hohlzahn und Sandstiefmütterchen.
- **Alkalianzeiger:** Auf kalkreichen Böden wächst die Ackerhaftdolde, Ackerrittersporn, der Venuskamm, der Ackerkohl, der Blaue Gauchheil, der Kleine Wiesenknopf, Wegwarte und Wiesensalbei.
- **Stickstoffanzeiger:** Auf nährstoffreichen, nitratreichen Böden findet man Einjähriges Bingelkraut, Bärenklau, Brennnessel, Franzosenkraut, Hühnerhirse, Klettenlabkraut, Quecke, Raue Gänsedistel, Taubnessel, Vogelmiere, Wiesenkerbel.
- **Anzeiger nährstoffarmer Böden:** Das sind Hungerblümchen, Blutwurz, Hornkraut.
- **Feuchteanzeiger:** Feuchte oder staunasse Böden werden besiedelt von Ackerschachtelhalm, Kriechendem Hahnenfuß, Ruhrkraut, Rossminze, Scharbockskraut und Vergissmeinnicht.
- **Verdichtete Böden:** Auf verdichtete Böden weist ein Bewuchs mit Ackerschachtelhalm, Ampfer, Huflattich, Vogelknöterich und Breitwegerich hin.

»Es ist erstaunlich, wie viele wirksame Heilkräuter sich unter den Gartenunkräutern befinden, die sich von selbst in jedem Garten ansiedeln.«

Die Unkräuter im Ökosystem Garten

Diese Begleitkräuter sind nicht etwas Böses, gegen das man entschlossen mit Gift, Feuer und mechanischen Mitteln vorgehen sollte. Genauer betrachtet, haben sie unzählige positive Eigenschaften. Viele, wie Vogelmiere, Gundermann, Gauchheil oder der Persische Ehrenpreis, schützen den Boden als Bodendecker, halten ihn feucht und fördern die Gare. Die Blüten vieler Begleitkräuter spenden Nektar und Pollen für nützliche Insekten oder Samen für Singvögel.

Wasserdost ist ein Feuchteanzeiger – in der Natur wächst er gern an Bachläufen. Im Garten braucht die Staude einen Platz am Rand, wird er doch bis zu zwei Meter hoch. Als Tee oder als Kaltauszug stärkt er das Immunsystem.

Die meisten Unkräuter sind Tiefwurzler, die mit ihren Wurzeln die Pflugsohle durchbrechen, den verdichteten Boden lockern und durchfasern, den Untergrund für schwächere Kulturpflanzen erschließen, versickerte Nährstoffe und Grundwasser kapillarisch nach oben steigen lassen. Oft unterstützen sie durch ihre Ausscheidungen die Regenwürmer und andere Bodenorganismen sowie die Kulturpflanzen, die in ihrer Nachbarschaft wachsen. Unkräuter wie Stechapfel und Fuchsschwanz haben zum Beispiel einen günstigen Einfluss auf alle Kürbisgewächse. Brennnessel erhöht den Gehalt an ätherischen Ölen bei den Minzen. Melde und Gänsedistel helfen den Gurken und Melonengewächsen; Löwenzahn fördert Erdbeeren, und so weiter.

Ich bekämpfe die Unkräuter nicht, sondern arbeite mit ihnen. Herbizide kommen bei mir im Garten ebenso wenig infrage wie sogenannte »Pflanzenschutzmittel«. Selbstverständlich sollen die Begleitkräuter die junge Saat im Frühling nicht ersticken. Die beste Methode, um das zu verhindern, ist die rechtzeitige Vernichtung durch fleißiges Hacken. Später im Jahr lasse ich manchmal ganz gerne einige Begleitkräuter als Nachbarschaftspflanzen stehen. Wenn sie zu groß oder lästig werden, kann man sie immer noch mit der Hacke oder dem Spaten herausheben.

Welches Unkraut wächst in meinem Garten?

Der Gärtner sollte jedes Unkraut, das in seinem Garten wächst, kennen. Er sollte wissen, zu welcher Familie es gehört, welche Schmetterlinge, Käfer oder andere Insekten damit verbunden sind, wie tief es wurzelt und welche Rolle es im ökologischen Zusammenhang spielt. Jedes einzelne kennenzulernen, ist eine aufregende Entdeckungsreise. Manch ein Teekraut, manche Heilpflanze, Salat- oder Suppenbeigabe findet sich darunter. Viele Geschichten können solche Kräuter erzählen, denn als symbolträchtige Pflanzen wurden sie mit mancher vorchristlichen Gottheit oder mittelalterlichen Heiligen assoziiert; sie spielen im Volksbrauchtum sowie im Aberglauben eine wichtige Rolle. Sie sind Teil unserer Kultur und können uns sagen, wer wir sind.

Immer wieder erzählen mir Leute, dass sie unter den Unkräutern ihres Gartens gerade das spezifische Heilkraut fanden, das für sie gesundheitlich relevant ist. Ähnliches sagte einst auch Paracelsus: »Dieselben energetischen Kräfte, die im Haus eine Krankheit verursachen, bringen im Garten, im Umfeld des Hauses, die entsprechende Heilpflanze hervor.«

Das mag stimmen oder nicht. Es ist jedoch erstaunlich, wie viele wirksame Heilkräuter sich unter den Gartenunkräutern befinden. Die häufigsten Begleitkräuter, die in meinem Garten in den Beeten wachsen, sind folgende:

Ackerschachtelhalm (1)

Den Schachtelhalm, der im Volksmund häufig auch Zinnkraut oder Katzenschwanz genannt wird, haben wir schon ausführlich besprochen (siehe Seite 24). Ich sehe die Pflanze weniger als Problem, sondern als wertvolle Heil- und Hilfspflanze für den Garten.

Ackerwinde (2)

Auf die Ackerwinde und auch die Gemeine Zaunwinde kann man gut verzichten. Sie kostet den Gärtner Zeit und Nerven. Als Heilpflanze lässt sie sich kaum verwenden, auch wenn man früher die gewundenen weißen Wurzeln als Abführmittel nutzte; sie ist eher leicht giftig. Wie kleine, zarte Elfenhändchen wachsen die Sprosse im Frühling aus dem Boden hervor, verwandeln sich aber binnen Kurzem – wie Gärtnermeister Jürgen Dahl schreibt – in unerbittliche Schlangen, die alles, was sonst noch wachsen will, umschlingen und erwürgen. Man wird die Würger schwer los, denn jedes winzige Wurzelstück treibt unermüdlich aus und bildet eine neue Pflanze. Ihre Samen können zwanzig Jahre keimfähig im Boden ruhen. Am besten wird sie mit Mulch unterdrückt.

Der Ackerschachtelhalm ist eines der hartnäckigsten Unkräuter im Garten und gleichzeitig eines der stärksten Heilkräuter: Er wirkt als Umschlag, Packung oder Badezusatz wundheilend und blutstillend.

Gewöhnliches Greiskraut oder Gemeines Kreuzkraut

Die gelben Blüten dieses Acker- und Gartenbegleiters reifen zu einem weißen Schopf aus winzigen Fallschirmen, die der Wind weiterträgt. Die Ruderalpflanze hatte einst den Status einer wichtigen Heilpflanze. Das blühende Kraut wurde als Blutstiller appliziert und zerstampft als Umschlag gegen alle Schwellungen und eitrigen Wunden eingesetzt. Sein englischer Name *groundsel* bedeutet Eiterschlucker. Der Tee, der abführend, harntreibend und wurmwidrig wirkt, wird heutzutage nicht mehr verwendet, da man entdeckt hat, dass Pyrrolizidin-Alkaloide in der Pflanze enthalten sind.

Brennnessel 3

Wie schon erwähnt, sind Brennnesseln ein Segen für den Garten (in der Form von Jauche oder Tee), für die Tiere auf dem Hof (mit getrockneten Brennnesseln gefütterte Pferde bekommen ein glänzendes Fell; Hühner legen gesündere Eier mit kräftigerem Eigelb) und auch für die Gärtnerfamilie (als Gemüse und Medizin). Auch wenn man die Nesseln nicht im Beet haben will, sollte man wenigstens einige Ecken im Garten für sie reservieren, wo sie ungestört wachsen dürfen.

Gundermann 4

Der Gundermann oder die Gundelrebe ist eine aromatische, kriechende Pflanze mit blau-purpurnen Lippenblüten. Ich liebe diese Pflanze, da sie nicht nur ein gutes Gewürz ist, sondern eines der besten Heilmittel. Der gut schmeckende Tee leitet Schwermetalle aus dem Körper und hat eine heilende Wirkung auf die Niere; in fetter Ziegenmilch gekocht und getrunken, hilft das Kraut bei Bronchitis und Lungenleiden. Auch im Namen Gundermann ist das altgermanische

Wort *Gund* (= Eiter) enthalten, da das Kraut zur Behandlung von schlecht heilenden Wunden verwendet wurde. Einst wurde das alltägliche Bier, welches die Hausfrauen brauten, nicht mit Hopfen, sondern mit Gundermann gewürzt und haltbar gemacht.

Helmkraut

Den hübschen kleinen, hellblau blühenden Lippenblütler findet man nicht häufig in Gärten als Unkraut. Bei mir jedoch gedeiht er gut, weil der Boden eher feucht und humusreich ist. Unabsichtlich habe ich ihn mir mit Kräutersetzlingen aus einer Wildkräutergärtnerei in den Garten geholt. Das Helmkraut, als Tee getrunken oder auch geraucht, hat eine tief beruhigende, entspannende Wirkung, es lindert Angstzustände und gilt als gutes Nerventonikum.

Kriechender Hahnenfuß

Wenn man nicht fleißig hackt, verbreitet sich der Kriechende Hahnenfuß dank seiner vitalen Ausläufer recht schnell. Schade, dass er sich nicht als Heilmittel oder Wildgemüse eignet. Er ist unbekömmlich und wegen dem hautreizenden Scharfstoff Protoanemonin schwach giftig. Nur in der Homöopathie wird er als Mittel für Hautkrankheiten verwendet.

Leinkraut

Das Blattwerk des gewöhnlichen Leinkrauts, das man auch Frauenflachs nennt, ähnelt der Zypressenwolfsmilch, und die zusammengepressten Lippen der gelb-orangen Blüte haben eine ähnliche Form wie die des verwandten Löwenmauls. Das hübsche Unkraut ist mehrjährig und treibt jedes Jahr erneut aus den kriechenden Wurzeln aus. Wo es die Gemüsekulturen nicht stört, lasse ich es stehen, denn die Blüte ist nicht nur schön, sondern auch eine gute Nektarweide für Hummeln. Auch dieses Kräutlein war einst eine beliebte Heilpflanze. Aus ihm kochte man Salbe gegen Juckreiz und Hämorrhoiden. Der Tee wurde äußerlich zur Waschung von Geschwüren und Hautunreinheiten verwendet. Innerlich wirkt er schweißtreibend und sollte bei »Leber- und Milzverstopfung« helfen.

Das wunderschöne blau-lila blühende Helmkraut ist eine mehrjährige Staude, die jedes Jahr wieder erscheint. Sie wirkt nicht nur nervenberuhigend und schlaffördernd, sondern befreit auch von Kopfschmerzen.

ner vom Frühling bis in den Spätherbst an. Ihr Nektar ernährt die Schwebfliegen, die ja ihrerseits die Blattläuse in Schach halten. In der Heilkunde gelten die Ehrenpreisarten als entgiftend. Das ist auch bei dieser Art der Fall. Ein Tee aus dem Kraut wirkt verdauungsfördernd, stoffwechselanregend und entschlackend. Äußerlich hilft der Tee bei Juckreiz, etwa bei Neurodermitis und bei Verbrennungen. Blüten und Blättchen können in den Salat gemischt werden.

Purpurrote Taubnessel 5

Dieser schnell wachsende Lippenblütler bietet Insekten reichlich Nektar. Schon in vorchristlichen Zeiten bereiteten sich die Frauen aus dem blühenden Kraut einen reinigenden Tee bei Frauenleiden; auch zum Waschen von Hautverletzungen und Verbrennungen wurde der Tee verwendet. Seltener kommt bei uns die Weiße Taubnessel vor. Sie sieht ihrer Schwester sehr ähnlich, hat aber leuchtend weiße Blüten. In der Heilwirkung gleichen sich die beiden Taubnesselarten.

Die zarten Blüten des Leinkrauts sehen aus wie Mini-Löwenmäulchen. Die nur etwa 15 bis 20 Zentimeter hoch werdende Pflanze wurde früher als bitterer Tee gegen Leber-, Gallen- und Darmerkrankungen verwendet.

Persischer Ehrenpreis

Diese hübsche Veronika-Art wuchert, ähnlich wie die Vogelmiere, als Bodendecker in vielen Gartenbeeten, sodass man glauben könnte, sie sei eine alte einheimische Art. In Wirklichkeit kommt sie als Neophyt aus dem Kaukasus und entwich 1805 dem Botanischen Garten in Karlsruhe. Sie kann Winterkälte und Trockenheit gut überstehen. Ihre zarten blauen Blüten mit dem weiß-gelblichen Schlund lachen den Gärt-

5

6

Quecke 6

Die Quecke ist eine zähe Grasart, eine echte Pionierpflanze. Die Wurzeln können bis zu einem Meter pro Jahr durch den Boden kriechen. Aus jedem winzigen Wurzelstückchen wächst eine neue Pflanze heran. Die beste Art und Weise, sie unwillentlich zu vermehren, ist es, mit einer Gartenfräse oder dem Kultivator über einen Acker mit Quecke zu fahren. Nach dem Umgraben des Bodens sollte man die Wurzelausläufer sorgfältig mit dem Rechen herauskämmen. Die Quecke hat aber auch ihre guten Seiten. Als Aufguss wirken die Wurzeln harntreibend und helfen bei Harnleiterentzündungen und Nierengrieß. In Osteuropa werden die Queckenwurzeln getrocknet, gemahlen und dann zum Strecken des Mehls oder als Suppenzutat verwendet.

Rainkohl 7

Der Rainkohl, ein gelb blühender Korbblütler, ist ein weiteres eher angenehmes Gartenbegleitkraut. Die jungen Blätter eignen sich hervorragend als Wildgemüse. Sie kommen in den Salat, in Suppen, Aufläufe und ins Rührei. Das Kraut hilft, frisch oder gedämpft, als Auflage bei Schnittwunden und Hautentzündungen. Der englische Name *nipplewort* verrät uns, dass der Rainkohl das probate Mittel bei Brustwarzenentzündung stillender Mütter war. Früher trank man den Tee bei Lymphknotenentzündung.

Saudistel

Die Saudistel, eigentlich Kohl-Gänsedistel, ist ein gelb blühender, milchsafttragender Korbblütler mit leicht stachligen Blatträndern. Die Pflanze ist verwandt mit dem Lattich, dem Gartensalat und der Endivie. Das Kraut eignet sich als Wildgemüse und wurde im Mittelalter sogar ausgesät. Der Milchsaft soll gut für die Leber sein.

Stechapfel

Warum der Stechapfel bei mir als Unkraut wächst, ist mir ein Rätsel. Ich jäte ihn nicht vollständig, sondern lasse immer einige Exemplare dieses bizarr anmutenden Nachtschattengewächses stehen. Besonders die weißen Blüten und die stachelige Frucht haben es mir angetan. Der Stechapfel ist eine Giftpflanze, eine regelrechte Hexenpflanze, die zu mancherlei Zauberei benutzt wurde.

Vogelmiere 8

Dieser schnell wachsende Bodendecker ist eine typische Pionierpflanze, mit der sich der entblößte Erdboden schnell ein neues grünes Kleid webt. Zwei bis drei Generationen pro Jahr und 15 000 Samen pro Pflanze bringt sie hervor. Als Ackerbegleitkraut kennt man sie schon seit der Jungsteinzeit. Die saftigen, zartgrünen Blätter und Stängel sind ein hervorragendes Wildgemüse – frisch schmecken sie wie junger Mais – und enthalten viele Vitamine.

7

8

»Meine Gartenzwerge stehen
stellvertretend für die unsichtbaren Energien,
die im Garten am Werk sind.«

GARTENWEGBESIEDLER

Die festgetretenen Wege zwischen den Beeten sind ein ganz besonderes Ökotop. Die Pflanzen, die dort wachsen, bilden, wie es die Botaniker nennen, eine »Trittrasengesellschaft«. Es macht ihnen nichts aus, dass man auf ihnen herumtrampelt, denn das eliminiert andere Kräuter, die ihnen Konkurrenz machen könnten. Ihre Samen haften an Schuhsohlen, Hufen oder Pfoten und werden dadurch verbreitet. Zu diesen Kräutern gehören folgende:

- **Breitwegerich:** Den Breitwegerich, ein wertvolles Wildgemüse und als Heilmittel ein wirksamer Blutstiller, haben wir schon kennengelernt. Seine Samen verbreiten sich, weil sie an den Schuhsohlen kleben bleiben, was der Pflanze bei den Indianern den Namen »Fußstapfen des Weißen Mannes« eingebracht hat. Die alten Europäer verehrten die zähe Widerstandskraft der Pflanze; im Angelsächsischen Kräutersegen aus dem 11. Jahrhundert heißt es über sie: »... über dich knarrten Wagen, über dich ritten Frauen, über dich schritten Bräute, über dich schnaubten Stiere; allen widerstandest du und setztest dich entgegen: So widersteh du auch dem Gift und der Ansteckung und dem Übel, das über das Land dahinfegt.«
- **Kamille:** Die anspruchslose Kamille, eine der bekanntesten Heilpflanzen, scheint ein so zartes, zerbrechliches Wesen zu sein. Aber im Grunde genommen wächst auch sie gerne dort, wo auf sie getreten wird. Auch ihre Samen haften an den Fußsohlen und werden so weitergetragen. Wenn ich nicht aufpasse, überwuchert sie die schmalen Wege zwischen den Beeten. So dicht wächst und blüht sie da, dass Besucher gar nicht darauf laufen wollen, denn sie meinen, es seien keine Wege, sondern extra angelegte Kamillenbeete.
- **Strahlenlose Kamille:** Auch diese Kamillenart, die erst vor ungefähr 150 Jahren als Neophyt zu uns kam, wächst auf festgetretenen Wegen. Auch sie ist, wie wir schon erfahren konnten, eine wertvolle Heilpflanze (siehe Seite 28).
- **Vogelknöterich:** Wegtritt wird er auch genannt, der einjährige Knöterich mit seinen zähen, mit Knoten versehenen Stängeln. Auch er ist eine mächtige Heilpflanze. Kräuterpfarrer Kneipp folgt der Volksheilkunde und setzt sie ein zur Behandlung von Lungen- und Nierenleiden, Gicht, Durchfall, Darmblutung und schlecht heilenden Wunden.

Die Samen des Breitwegerichs hat man schon vor Urzeiten geerntet und im täglichen Getreidebrei gegessen. Sie enthalten Schleimstoffe und wirken unter anderem gegen Entzündungen im Darm.

GARTEN-
KALENDER

Der noch intakte pazifische Urwald in Oregon zog in den 1970er- und 1980er-Jahren viele Siedler an. Es waren Menschen, die der gnadenlosen Konsumwut und der schleichenden Umweltverwüstung, die vor allem in Südkalifornien stattfand, entfliehen wollten; es waren ausgebrannte Stadt-Hippies und Anhänger der Alternativkultur, die von einem Leben in und mit der Natur träumten. »Zurück zum Garten – zum Garten Eden – und mit einem Herzen voller Liebe in Harmonie mit der Erde leben, so wie es Jesus und Krishna gewollt hatten!« – das war die Devise. Sie bauten sich Hütten und geodätische Kuppeln im Wald, rodeten einige Flächen und säten Mais, Kürbisse und anderes Gemüse.

DAS SONNENJAHR

Ich kannte viele von diesen alternativen Neusiedlern. Die meisten von ihnen hatten keine Ahnung, wie viel Arbeit es sein kann, von der Erde zu leben. Ich sah, wie eine von dem Mystiker Georges Gurdjieff inspirierte Kommune – sie kam aus dem sonnigen Los Angeles – gegen Ende Oktober fröhlich Mantras singend Mais und Wassermelonen aussäte. Hatten die wirklich keine Ahnung von den Sonnenrhythmen? Wussten sie nicht, dass die Sonne im Herbst an Kraft verliert und die Pflanzen keine Überlebenschancen haben? Was da kümmerlich wuchs, wurde von Insekten befallen. Deren Aufgabe ist es ja, das wegzuputzen, was nicht lebensfähig oder am Absterben ist. »Haut ab! Lasst unser Gemüse in Ruhe und fresst das, was wir für euch im anderen Beet angepflanzt haben!«, brüllte der von kalifornischem Wein berauschte Anführer der Gruppe in den Garten hinein. »Man muss mit denen reden«, belehrte er mich, »außerdem haben wir ein Beet extra für sie gepflanzt.«

Der Kommunenführer hatte schon recht, dass man mit der Natur kommunizieren muss. Das macht ja jedes Naturvolk. Man muss aber auch die Sprache der Natur verstehen, und die lernt man nicht in den Büchern aus dem Esoterikladen. Die lernt man durch genaues Beobachten von Pflanzen, Tieren, Wetter und der Bewegungen der Himmelskörper, und man lernt sie durch die Arbeiten, die man täglich zu verrichten hat. Die Träume vieler dieser Neusiedler sind dann bald in (Marihuana-)Rauch aufgegangen.

Pflanzen sind keine in sich abgeschlossenen Wachstumsautomaten. Sie stehen in vollkommener Verbindung mit ihrer Umwelt und sind nur im Zusammenhang mit ihr zu verstehen. Sie spiegeln den Zustand des Erdbodens, des Wetters und auch der Kräfte, die vom Kosmos auf sie einwirken. Schon lange wusste man, dass die sichtbaren Bewegungen und Kräfte der Sonne, des Mondes, aber auch der Planeten einen Einfluss auf Pflanzen haben, auf ihre Gestaltung, auf ihr Wachstum und ihre Gesundheit. Das wurde schon seit langer Zeit in der Form von Gärtner- und Bauernregeln vermerkt. Manche alte Bäuerinnen kennen solche Regeln noch.

Tierkreisbilder

Dass die Pflanzen in ihrem Keimen, Wachsen, Blühen und Fruchten, ihrem Werden und Vergehen, der Sonne folgen, sollte für jeden offensichtlich sein. Die Pflanzen folgen der Sonne in dem großen Bogen, den sie im Jahreskreis umschreibt.

Im Jahreskreis durchwandert die Sonne, von der Erde aus gesehen, zwölf Tierbilder. Die Tierkreisbilder, die man als Phänomen mit den Augen sehen kann, bedecken verschieden große Himmelsfelder; sie sind nicht identisch mit den Tierkreiszeichen, die Abschnitte von jeweils 30 Grad decken. Ausgehend von der Wintersonnenwende im Sternbild Schütze, wandert das Tagesgestirn von den niedrigen Bildern zu den höheren. Dabei werden die Tagesstunden länger und die Nachtstunden kürzer. Die Pflanzen reagieren auf das zunehmende Tageslicht mit erhöhtem Wachstum. Zur Frühlings-Tagundnachtgleiche, dem Zeitpunkt, an dem Tag und Nacht gleich lang sind, befindet sich die Sonne

Kamillenblüten, noch feucht vom Morgentau, glitzern in den ersten Sonnenstrahlen. Kamillentee gegen Magenschmerzen kennt jeder. Verzehren Sie auch einmal ganze Kamillenblüten – sie wirken Wunder gegen Stress.

im Tierkreisbild der Fische. Nun steigt sie weiter, durch den Widder und den Stier, und erreicht ihren höchsten Stand in den Zwillingen. Es ist Mittsommer, Johanniszeit und Sommersonnenwende. Dann geht es wieder abwärts in die niedrigen Tierkreisbilder, durch den Krebs und den Löwen zur Jungfrau. Wenn sich die Sonne in der Tierkreisregion Jungfrau befindet, dann ist Herbst-Tagundnachtgleiche. Die Nächte werden länger als die Tage. Das Pflanzenwachstum nimmt rapide ab, der Laubfall beginnt, einjährige Kräuter versamen und verwelken, das Leben zieht sich zurück in die Wurzeln und in die Erde. Die schwächer werdende Sonne durchwandert Waage und Skorpion und befindet sich danach wieder am tiefsten Punkt im Zodiakus, im Sternbild Schütze. Der Mond macht dieselbe Reise durch den Tierkreis, aber viel schneller. Anstatt ein Jahr braucht er knapp 28 Tage. Man kann das Pflanzenwachstum, das Werden und Vergehen der Vegetation ohne Verbindung zu den kosmischen Rhythmen nicht verstehen. Das hat nichts mit Glauben oder Esoterik zu tun, sondern das sind Phänomene, die man beobachten kann.

Im Februar, wenn sich die Sonne im Wassermann befindet, keimen die Samen, und der Saft in den Bäumen fängt an zu fließen. Zur Frühlings-Tagundnachtgleiche befindet sich die Sonne im Tierkreisbild der Fische. Nun grünt und sprießt es überall, und der Gärtner kann anfangen zu säen und zu pflanzen. Aber da es noch Fröste geben kann, sollte er nur die frostverträglichen Pflanzen – Kohlsorten, Kresse, Karotten, Schwarzwurzel, Rote Bete und eventuell auch Kartoffeln, die von der Erde vorläufig geschützt sind – aussäen oder setzen. Mitte Mai, wenn die Sonne das Tierkreisbild des Widders verlässt und in den Stier eintritt, kann er die wärmeliebenden Gemüse wie Tomaten, Gurken, Zuckermais, Paprika, Aubergine, Bohnen, Zucchini, Melonen und so weiter ausbringen, die keinen Frost vertragen.

Der Zeitpunkt, an dem die letzten Spätfröste vorbei sind, ist von Ort zu Ort verschieden. In hügeligen Regionen kommt es auf den Winkel der Sonneneinstrahlung an. Der Südwesthang ist wärmer und trockener als etwa der Nordosthang, wo es länger dauert, bis der Morgentau weggetrocknet ist. Im Frühling bleibt der höher gelegene Garten etwas wärmer als der im Tal, da sich nachts die kühlere Luft talwärts bewegt. Ein dunkler Humusboden erwärmt sich schneller als ein reflektierender, heller, sandiger Boden. Es gibt also keinen festen Termin im Jahr, wann die frostfreien Tage beginnen. Generell jedoch bleibt es warm, nachdem der Kuckuck gerufen hat, die Schwalben angekommen sind, das Fell der Wiesel sich wieder braun gefärbt hat, die klei-

»So merkt man sich im Allgäu die Bauernregel von den Eisheiligen: Pankrazi, Servazi, Bonifazi, das sind die drei heiligen Bazi. Und danach fehlt nie die kalte Sophie.«

nen Spinnen aus ihren Hüllen gekrochen sind und die Eschen blühen. Das ist die Sprache der Natur. Der Kirchenkalender gibt das ungefähre Datum mit den »Eisheiligen« (12. bis 14. Mai) und der »kalten Sophie« (15. Mai) als letztem Kälteschub an.

Auch der Tagesrhythmus der Pflanze hängt mit der Sonne zusammen, das zeigt unter anderem die Blumenuhr, die sich der große Botaniker Linnaeus in seinem Garten in Uppsala, Schweden, anlegte. Anhand der unterschiedlichen Zeiten des Öffnens und Schließens der Blüten-

Langtagpflanzen – Kurztagpflanzen

Ebenfalls mit dem Sonnenrhythmus verbunden ist die sogenannte Fotoperiodizität. Dieses komplizierte Wort meint die Fähigkeit der Pflanzen, auf die Länge des Tageslichts zu reagieren. Die Langtagpflanzen fangen an zu blühen, wenn das Tageslicht länger als zwölf Stunden währt. Kurztagpflanzen blühen, wenn weniger als zwölf Stunden Tageslicht herrscht. Tagneutrale Pflanzen werden in ihrer Blühzeit nicht von der Tageslänge beeinflusst.

Nun wissen wir, warum Radieschen, Spinat, Salate und Lattiche in die Blüte schießen, wenn es auf den Hochsommer zugeht. Und auch warum man sie in den Herbsttagen getrost erneut aussäen oder auspflanzen kann.

In den Tropen ist es daher auch schwer möglich, Samen der Langtagpflanzen zu gewinnen, weil die Tage einfach nicht lang genug sind, um den Blühimpuls auszulösen. Sie sind eben an kältere Klimazonen angepasst. Zudem brauchen die zweijährigen Gemüse wie Kohlsorten, Rübengewächse (Rote Bete, Zuckerrübe, Mangold) und Doldenblütler (Möhren, Pastinaken, Dill) einen Kälteschock. Die Samen müssen eine Kälteperiode durchmachen, damit sie im nächsten Jahr blühen.

Pflanzen im Sonnenrhythmus

Langtagpflanzen

Die folgenden Pflanzen blühen erst bei mehr als zwölf Stunden Tageslicht:

Im ersten Jahr:
- Erbsen
- Radieschen
- Salat, Lattich
- Sommerblumen
- Spinat

Im zweiten Jahr:
- Karotten
- Kohlsorten
- Pastinaken
- Rote Bete
- Schwarzwurzel
- Sellerie

Kurztagpflanzen

Diese Pflanzen blühen, wenn das Tageslicht weniger als zwölf Stunden währt:

- Chrysanthemen
- Cosmea
- Dahlien
- Hanf
- Mais
- Tabak
- Topinambur

Tagneutrale Pflanzen

Diese Pflanzen sind in ihrer Blütezeit nicht von der Länge des Tageslichts abhängig:

- Sonnenblumen
- Tomaten
- Viele Gartenunkräuter

kelche konnte er ziemlich genau die Tageszeit ablesen. Tag- und Nachtstellung der Blätter und spezifische Zeiten des Duftens der Blüten – manche duften nur nachts und werden von bestimmten Nachtfaltern besucht – sind weitere Indikatoren der Periodizität der Pflanzen. Auf Grundlage dieses Rhythmus kommt es bei den Pflanzen am frühen Nachmittag zum Assimilierungshöhepunkt und nach Mitternacht zu einem Stärkeakkumulationshöhepunkt. Praktisch bedeutet das, dass man Gemüse am besten am frühen Morgen erntet.

In den alten heidnischen Kulturen Europas verglich man den Einklang der Vegetation mit dem Jahres- und Tagesrhythmus der Sonne als einen Tanz des Götterpaares. Die Pflanzengöttin, die liebliche Tochter der Erdmutter, tanzt den alljährlichen Reigen mit dem Sonnengott, dem strahlenden Sohn des Himmels – ein schönes Bild von der Beseeltheit der Natur, das den kosmischen und irdischen Naturerscheinungen entspricht.

MONDRHYTHMEN

Über Mondrhythmen und das Gärtnern mit dem Mond ist in den letzten Jahren viel geschrieben worden. Das Mondgärtnern klingt geheimnisvoll und mystisch; es kommt der Sehnsucht der heutigen Menschen entgegen, deren Alltag kopflastig geworden ist und von einer alles umfassenden Technologie beherrscht wird. Der Mond lädt zum Träumen ein, er gehört den Liebenden und Poeten. Tatsächlich übt er aber auch, durch seine Schwerkraft, seine wandelnde Lichtintensität und seine jeweiligen Position im Tierkreis, einen starken Einfluss auf das Wachsen und Gedeihen der Vegetation aus. Seine Anziehungskraft bewegt Ebbe und Flut des Meeres und wirkt auf alles, was Wasser enthält. Die Zellen der lebenden Organismen, die der Menschen, Tiere und Pflanzen, bestehen größtenteils aus Wasser, und die Fortpflanzungsrhythmen der primitiven Tiere stehen völlig im Einklang mit den Mondphasen.

Mit Mondrhythmen zu arbeiten, ist jedoch nicht einfach. Es gibt nämlich fünf verschiedene. Zusätzlich kompliziert wird es, da der Mond nicht der einzige Wanderer am Himmelsgewölbe ist: Es gibt ja auch noch die verschiedenen Planeten. Auch ihre Stellung im Tierkreis, ihre direkten und rückläufigen Bewegungen, ihre Konjunktionen, Oppositionen und Konstellationen mit anderen Planeten, der Sonne und dem Mond wirken sich – wie Untersuchungen biologisch-dynamischer Forschungsanstalten zeigen konnten – auf die Vegetation aus. All diese kosmischen Einflüsse spiegeln sich im Pflanzenwachstum des Gartens. Nach Maria Thun soll die Stellung des Mondes sogar einen Einfluss auf die Keimfreudigkeit bestimmter Unkräuter haben.

Fünf Mondrhythmen

Welche fünf Mondrhythmen haben die Himmelsbeobachter erkannt? Am offensichtlichsten ist der zunehmende und abnehmende Mond. Dieser sogenannte synodische Mond wird von Bauern und Gärtnern auf der ganzen Welt, auch den Naturvölkern, am meisten beachtet. Dann ist die Stellung des Mondes im Tierkreis wichtig. Sein monatlicher Umlauf bewegt sich an Fixsternen vorbei, die in zwölf Konstellationen

Astronomischer Kalender

Um die Phänomene, die man am Himmel sehen kann, genau zu erkennen und zu wissen, wo sich Sonne, Mond und Planeten, von der Erde aus gesehen, jeden Tag befinden, hilft ein guter astronomischer (nicht astrologischer) Kalender. Der beste Kalender dieser Art ist der *Sternkalender,* jedes Jahr neu herausgegeben vom Goetheanum in Dornach in der Schweiz. Dieser Kalender begleitete uns Gärtner in dem großen Gemüsegarten von Manfred Stauffer an der Rhone Jahr für Jahr.

Wie eine Mondsichel biegt sich tauschwer das Lauchblatt. Wenn die Sonne es aufwärmt, rinnt das erfrischende Nass genau dort in den Boden, wo die durstigen Wurzeln in der Erde warten.

oder Tierkreisbildern zusammengefasst werden. Einst glaubte man, dass aus jeder dieser Regionen verschiedene archetypische Kräfte auf die Erde herabströmen und dass insbesondere die Pflanzen in ihren geometrischen Mustern und Wachstumsgesten diese Kräfte widerspiegeln. Vielleicht wussten unsere Urahnen Dinge, die wir lange vergessen haben oder nicht mehr begreifen? Hier nun die fünf lunaren Rhythmen:

Siderischer Mond

Dieser Rhythmus beschreibt den Umlauf des Mondes durch die zwölf Tierkreisregionen. Der Umlauf dauert 28 Tage (genau 27,32166 Tage), bis er wieder an derselben Stelle angekommen und der Kreis geschlossen ist. In der Renaissance verband man die Tierkreiszeichen mit den vier Ur-Elementen (Erde, Wasser, Luft, Feuer):

- Erdzeichen sind Stier, Steinbock und Jungfrau.
- Wasserzeichen sind Krebs, Fische und Skorpion.
- Luftzeichen sind Zwillinge, Wassermann und Waage.
- Feuerzeichen sind Löwe, Widder und Schütze.

Gemäß den Regeln, die zum Beispiel Maria Thun in ihrer Konstellationsforschung ausgearbeitet hat und jedes Jahr im Heft *Aussaattage* darstellt, soll man die Wurzelgemüse in den Tagen aussäen und bearbeiten, wenn der Mond sich in den Erdzeichen befindet. Blattgemüse wird ausgesät oder ausgepflanzt und bearbeitet, wenn sich der Mond in den Wasserzeichen befindet. Blumen und Blütenpflanzen gehören dem Mond in den Luftzeichen; und Samenpflanzen, Obst und Fruchtgemüse sollten bearbeitet werden, wenn der Mond sich in den Feuerzeichen befindet.

Synodischer Mond

Damit sind die Mondphasen gemeint, der Wechsel zwischen dem dunklen Neumond und dem hellen Vollmond, mit dem zunehmenden und dem abnehmenden Halbmond dazwischen. Dieser Kreis schließt sich in 30 Tagen (genau 29,531 Tage). Neben dem Licht ist bei diesem Rhythmus die Anziehungskraft ein Faktor. Während zunehmendes Licht das Wachstum der oberirdischen Pflanzenteile anregt, stimuliert das Nachlassen der lunaren Anziehungskraft die Wurzelentwicklung. Beste Zeit zum Pflanzen und Säen der Blattgemüse wäre also der zunehmende Mond kurz vor dem Vollmond. Tatsächlich keimen die Samen schneller zwei Tage vor dem Vollmond. Nach dem Vollmond kann man Wurzelgemüse säen. Arthur Hermes sammelte Wasser am Vollmondtag, um es zum Gießen zu benutzen; das »Vollmondwasser«, sagte er, enthalte stärkere ätherische Kräfte.

Tropischer Mond

Im süddeutschen Sprachraum, vor allem im alemannischen Südwesten, spielt der sogenannte »tropische«, der von den tieferen Tierkreisregionen aufsteigende und der wieder von den oberen Tierkreisregionen absteigende Mond eine wichtige Rolle. Dieser Rhythmus markiert die Rückkehr der Höchst- und Tiefststellung des Mondes am nördlichen und südlichen Wendepunkt und dauert 27,32158 Tage. Alles, was nach oben wachsen soll, wird im aufsteigenden Mond gepflanzt, gesät oder bearbeitet, alles, was in den Boden wachsen soll, im absteigenden Mond – gejätet und geschnitten wird ebenfalls im absteigenden Mond.

Anomalistischer Mond

Hier haben wir es mit dem Rhythmus der Erdnähe und Erdferne des Mondes zu tun. Das Hin- und Herpendeln dauert 27,555 Tage. Traditionell galten Tage der Erdnähe wie auch der Erdferne als ungünstig für das Pflanzen, Säen oder andere Gärtnerarbeiten.

Drakonischer Mond

Dieser Rhythmus beschreibt die Wiederkehr des Mondes zum gleichen Mondknoten nach 27,212 Tagen. Von der Erde aus gesehen pendelt der Mond oberhalb und unterhalb der Sonnenbahn (Ekliptik). Jene Tage, an denen er die Ekliptik überquert, werden als Mondknotentage bezeichnet. Solche Knotentage gelten als ungünstige Tage für den Garten.

Wir sehen, allein schon mit dem Mond gibt es mehrere verschiedene Kreisläufe und Rhythmen. Manchmal stimmt das Mondzeichen für eine gewisse gärtnerische Arbeit, jedoch die Phase ist ungeeignet, oder es herrscht gerade Erdnähe oder Erdferne oder ein Mondknotentag. Manchmal besteht eine ungünstige Konstellation mit einem Planeten wie Mars oder Saturn – beide gelten als »hemmend«. Und wenn dann doch der seltene Fall eintritt, dass alles, was den Mond betrifft, stimmt, dann kann es sein, dass gerade das Wetter ungünstig ist. Als Gemüsegärtner, die einen riesigen Produktionsgarten in Gang hielten, waren wir uns immer bewusst, in welcher Phase der Mond sich befand. Meistens jedoch konnten wir uns bei den anstehenden Arbeiten nicht daran halten. Die Pflanzen wuchsen trotz allem und der Garten gedieh gut. Diese Erfahrung hat mich zur Überzeugung gebracht, dass das Beachten von Mondkonstellationen zwar interessant, aber zweitrangig ist.

Was den Mond betrifft, so richte ich mich vor allem nach dem Phänomen, das am offensichtlichsten ist, nämlich der Wandel zwischen Neumond und Vollmond. Wenn irgendwie möglich, säe oder pflanze ich in der zweiten Mondphase, also in der Woche, wenn es auf den Vollmond zugeht. Um Wurzelgemüse kümmere ich mich vor allem in der dritten Mondphase, das ist die Woche nach dem Vollmond. Gejätet und geschnitten wird um Neumond herum.

ARBEITSKALENDER UND GARTENJAHRESZEITEN

Wenn man, wie wir, abgelegen und so weit entfernt vom weltlichen Getriebe lebt und wenn man zudem, wie es lange der Fall war, weder Fernseher noch Zeitung hat, dann verändert sich das Zeitbewusstsein. Dann weiß man oft nicht, welcher Tag oder welcher Monat gerade ist. Dann gibt die Natur selber den Kalender vor. Man achtet auf den Mond, wie er tatsächlich am Himmel zu sehen ist, und auf den Wechsel und Wandel auf der Wiese, im Feld und im Wald. Nachdem der Schnee weg ist, erscheinen die fettgrünen Blättchen des Scharbockkrauts auf der kargen Weide; mit dem Wachstum der Gräser werden die Matten allmählich grüner, dann blühen die Gänseblümchen und das rosa-weiße Wiesenschaumkraut. Da wird einem bewusst: Es ist wieder einmal Wiesenschaumkrautblütezeit. Es dauert nicht lang, und die Weiden werden strahlend gelb – der Löwenzahn blüht üppig und kurz darauf der gelbe Hahnenfuß: Hahnenfußzeit! Nun bricht aus dem schwarzen, dornigen Geäst in der Hecke die weiße Blütenpracht hervor: Schlehenblütezeit!

Kurz darauf sind die Wiesen plötzlich weiß – der Wiesenkerbel hat seine Blütezeit, und dazwischen haben sich die Löwenzahnblüten in weiße, kristalline Pusteblumen verwandelt. Aus dem Wald leuchtet nun das hellgrüne Laub der Buchen. Das Gras der Weiden ist kniehoch, und es wird nicht allzu lang dauern, bis die Rinder auf die Höhe kommen.

Vor jedem Einsäen oder Pflanzen – ob im Frühling oder auch im Sommer für die Nachkultur – messe ich die Beete genau aus: Sie dürfen nicht zu breit sein, damit man von den Wegen aus gut alle Stellen im Beet erreichen kann.

Und so geht es weiter, bis es Erdbeerzeit ist, wenn die wilden Erdbeeren reif werden. Diese Zeit geht über in die Himbeerzeit, gefolgt von der Heidelbeerzeit und der Johannisbeerzeit, die dann von der Brombeerzeit abgelöst wird. Und nun ist es Herbst. Da schüttet die Göttin Fortuna aus ihrem Füllhorn schwarze Holunderbeeren, Hirschholunderbeeren, Vogelbeeren, Felsenbirnen, Hagebutten, Äpfel, Birnen, Quitten und Schlehen aus. Und all das geschieht im Einklang mit der Wanderung der Sonne durch den Tierkreis. Ein göttlicher Reigen! Man braucht nur zu schauen und die Sinne zu öffnen. Das ist keine abstrakte Idee, sondern unsere natürliche Wirklichkeit.

An diese Wirklichkeit, diesen Naturkalender, muss sich der Gärtner anpassen, und nicht an irgendwelchen Angaben, die in einem Gartenbuch stehen.

Die Jahreszeiten im Garten

Einen allgemeingültigen Gartenkalender zu erstellen, ist schwierig. Am warmen Kaiserstuhl in Baden zieht der Frühling einen Monat früher ein als im kalten Allgäu. Und wenn bei uns noch Schnee liegt, wird es im Tal schon grün. Die Angaben in diesem Buch stellen also keine absoluten Werte dar. Der Gärtner sollte sich an den Naturkalender halten, so wie er in Wald und Wiese in Erscheinung tritt, und nicht an rigide schriftliche Regeln. Hier nun eine ganz allgemein gehaltene Anleitung zu den gärtnerischen Arbeitsgängen im Lauf des Jahres.

Winter

Der Winter, insbesondere die Wintersonnenwendtage um Weihnachten, ist die Zeit der Muße. Während der Garten unter Schnee und Frost ruht, nimmt er im Geist des Gärtners Gestalt an. In aller Ruhe können die Bestückung der Beete, die Fruchtfolgen und die wichtigsten Arbeiten visualisiert und geplant werden. Man liest Gärtnerlektüre, auch Bestimmungsbücher, damit man weiß, welcher Käfer, welche Raupe einem da im Sommer vor den Füßen herumkrabbelt. Wenn der Garten später im Aufbruch ist, hat man meistens keine Zeit dazu. Samen, die man nicht selbst gezogen hat, bestellt man nun aus einem Samenkatalog für biologische Sorten. Gehölze, Obstbäume, Beerenbüsche, Hecken können noch gelichtet werden, ehe der Safttrieb beginnt. Falls ein Obstbaumschnitt erforderlich ist, sollte man ihn in dieser Jahreszeit vornehmen. Wenn das Wetter es erlaubt, kann man sich um den Kompost kümmern und ihn einmal wenden. Man kann Holzasche auf den vorgesehenen Kartoffelacker streuen.

Früher Frühling

Für die alten Bauern und Gärtner fing der Vorfrühling mit Maria Lichtmess am 2. Februar an. Das Fest geht auf vorchristliche Zeiten zurück und war der Frühlingsgöttin geweiht. Nach altem Glauben war sie es, die umgeht und die gefrorenen Gewässer wieder zum Fließen bringt, den Saftfluss in den Bäumen anregt und die schlummernden Samen zum Keimen aufruft. In ihrer Gestalt als Freya nahm die Göttin ihren Schlüsselbund – die sonnengelb blühenden Schlüsselblumen –, um damit das Tor für den Frühling aufzuschließen. Nun fängt die Gärtnerarbeit richtig an. Sobald die Schneedecke den Boden freigibt, kann alter Mulch oder erfrorener Gründünger von den Beeten geharkt und – wenn notwendig – der Boden umgegraben und glatt gerecht werden. Nun ist es Zeit, die Beete und die Wege dazwischen auszumessen. Spinat, Frühsalat und Radieschen können unter Folien ausgesät werden, falls man sich die Mühe machen will. Man muss aber aufpassen, dass man sie an warmen Tagen abdeckt, damit sie nicht geilwüchsig werden oder gar verbrennen. Auch das Gießen darf man nicht vergessen – selbstverständlich mit einem Brausekopf auf der Gießkanne, man will die Saaten ja nicht einschlämmen. Im Vorfrühling kann man auch Stauden umpflanzen und ausdauernde Kräu-

Erste Freilandsaaten im März

- Feldsalat
- Gartenkresse
- Gartenlöwenzahn
- Gartenmelde
- Gartensauerampfer
- Haferwurzel
- Karotten
- Kerbelrübe
- Kohlrabi
- Kohlrübe
- Mairüben
- Pastinaken
- Petersilie
- Radieschen
- Rote Bete
- Speiserübe
- Wurzelpetersilie

ter versetzen. Dabei sollte man beachten, dass man sie nicht zu dicht pflanzt – man muss sich vorstellen, wie groß sie im Sommer werden. Im März kann man meistens schon den Kasten für die Aufzucht von Jungpflanzen einrichten. Kohlarten wie Brokkoli, Blumenkohl und Rosenkohl, Salate, Lattich, Mangold, Lauch und einige Sommerblumen werden da hineingesät.

Der Tag der heiligen Gertrud, der »ersten Gärtnerin«, am 17. März gilt als Stichtag, an dem man früher offiziell mit dem Gärtnern anfing. Wo das Klima es erlaubt, kann man am Gertrudentag schon mit den ersten Freilandaussaaten anfangen. Der alte Gärtnerspruch lässt uns wissen: »Wer dicke Erbsen und Möhren will essen, darf Sankt Gertrud nicht vergessen.«

Puffbohnen (Favabohnen) und Erbsen, Zwiebeln und Schalotten können jetzt gesteckt werden, Lauch- oder Porree-Setzlinge werden gepflanzt. Bei den Lauchsetzlingen sollte man die Spitzen einige Zentimeter kupieren und die Wurzeln auf 3 Zentimeter stutzen, das schadet ihnen nicht, und auf diese Weise lassen sich die Jungpflanzen mit dem Pflanzholz leichter in den Boden setzen. Auch Topinambur, Japanischer Knollenziest und mehrjährige Stauden wie Meerrettich, Kermesbeere, Rhabarber und Beinwell können gesetzt werden. Für die Iren ist der 17. März der Tag ihres Nationalheiligen, des heiligen Patrick; an diesem Tag werden in Irland und auch vielerorts in Amerika die ersten Kartoffeln gepflanzt. Das Erdbeerbeet sollte nun gründlich gereinigt, mit altem Kompost gedüngt und mit Stroh zwischen den Reihen versehen werden. Da das helle Stroh kühlt, benutzen manche Gärtner schwarze Folie, die mehr Wärme anzieht, um eine frühere Beerenernte zu haben.

Vollfrühling

Die Sonne steigt höher – vom Tierkreiszeichen der Fische in den Widder. Das Gras auf der Weide schießt in die Höhe, und das Blühen nimmt zu. Für den Gemüsegärtner gehen die im März begonnenen Arbeiten auf Hochtouren weiter.

Die Zöglinge im Mistbeetkasten und im Saatbeet bedürfen guter Pflege (Ausdünnen, Jäten, Bewässern, Pikieren; auch Lüften, wenn es zu warm ist, und Zudecken, wenn Frostgefahr besteht). Im warmen Mistbeet wachsen die Setzlinge heran, die erst nach den frostfreien Tagen in ihre vorgesehenen Beete kommen.

Ins Freiland werden weiterhin gesät: Karotten, Pflücksalat, Chicorée, Rote Bete, Mangold, Sommerrettich.

Die Lauchsetzlinge werden entlang einer gespannten Schnur in eine ordentliche Reihe gesetzt, damit man später beim Hacken und Jäten die Pflänzchen nicht verletzt.

Setzlinge im Mistbeet

- Abelmosch (Okra)
- Aubergine (Eierfrucht)
- Gurken
- Malabarspinat
- Neuseeländer Spinat
- Paprika
- Peperoni
- Tomaten
- Zucchini

Knollensellerie und Gemüsefenchel können zwar leichten Frost vertragen, bilden dann aber keine fleischigen Knollen, sondern schießen eher in die Blüte. Deshalb pflanzt man die Setzlinge auch erst nach den Eisheiligen ins Freiland.

Die Eisheiligen: Beginn der warmen Jahreszeit

Für den Gemüsegärtner sind die Eisheiligen von besonderer Bedeutung, denn nun können die frostempfindlichen Pflanzen, die ursprünglich aus den Subtropen kommen, ausgesät und ausgepflanzt werden. Die Eisheiligen ziehen Mitte Mai durchs Land und bringen tiefe Temperaturen und Spätfröste. Der Volksglaube hat die kalten Tage personifiziert als Pankratius (12. Mai), Servatius (13. Mai) und Bonifatius (14. Mai). Auf sie folgt eine Frau, die »kalte Sophie« am 15. Mai. Die Tage der Eisheiligen sind nicht nur Folklore, sondern beruhen auf Naturbeobachtungen. Um diese Zeit entsteht fast jedes Jahr eine Wetterdynamik, die kalte Polarluft nach Mitteleuropa bringt. »Wenn die kalte Sophie vorbei, ist der Frühling wieder frei«, besagt die Bauernregel.

Nun geht es in rasanten Schritten auf den Sommer zu. Bald blüht der Schwarze Holunder. Die Blüten sollte man sammeln und trocknen, damit man sich in der kalten, feuchten Jahreszeit einen wärmenden, virenhemmenden Fliedertee kochen kann. Aus den frischen Holunderblütendolden kann man zu dieser Zeit leckere Holunderküchlein backen.

In günstigen Lagen werden die ersten Erdbeeren reif. Auch sonst gibt es schon etwas im Gemüsegarten zu ernten: Pflücksalat, Spinat, Radieschen, junge Zwiebeln, Kresse und Senfgemüse. Die Gartenarbeit besteht nun hauptsächlich in der Pflege der heranwachsenden Kulturen. Wenn es trocken ist, wird gegossen; man hackt regelmäßig den Boden und jätet das Unkraut. Bohnen, Lauch, Kohl, Gurken, Tomaten und Mais werden mit Erde angehäufelt.

Mittsommer oder Johanniszeit

Die Tage sind lang und die Sonne steht am Zenit im Sternbild Zwillinge; es ist warm, und die Erde träumt den Mittsommertraum. Für den Gärtner geht die Pflegearbeit weiter, das Ausdünnen der in Reihen gesäten Pflanzen, das Hacken und Jäten. Es ist aber keine Eile mehr geboten, man kann entspannt arbeiten, ganz im Gegensatz zu dem Druck, der den Gärtner im Frühling auf Trab hält. Nun erntet man keinen Spargel mehr und keine Rhabarberstängel. Die Stauden müssen sich erholen, und der Oxalsäuregehalt im Rhabarber nimmt zu. Dafür werden die ersten Kirschen reif. Es ist nun möglich, noch eine Folgesaat von Erbsen, Zuckererbsen und Buschbohnen in den Boden zu bringen. Wenn man noch Beete frei hat oder einige Beete mit Frühkulturen abgeräumt sind, kann man noch einmal Salat und Kohlrabi, auch Herbstkohl, Zuckerhut und Lattich, pflanzen oder noch

Nach den Eisheiligen ins Freiland

Säen: Zuckermais, Stangenbohnen, Buschbohnen

Pflanzen: Aubergine, Gurken, Knollensellerie, Kürbisse, Paprika, Tabak, Tomaten, Zucchini, Malabarspinat, Neuseeländer Spinat,Basilikum, einjähriges Bohnenkraut, Majoran, Rosmarin, Salbei, Sommerblumen

^
Selbst geerntet schmecken die Erdbeeren am allerbesten! Zwar sind unsere Kinder schon groß, aber auch die Nachbarskinder kommen gern zum Schauen und zum Naschen in unseren Garten.

Schnittsalat, Karotten, Schwarze Rettiche, Kohlrüben, Mairüben und Spinat aussäen. Jetzt ist die beste Zeit, Endivien zu säen.

Kohl, Mais, Gurken und andere Starkzehrer freuen sich jetzt über eine Kopfdüngung mit reifem Kompost, verdünnten Kräuterjauchen oder aufgelösten Kuhfladen. Auch die Erdbeeren werden noch einmal gedüngt, damit sie für das nächste Jahr Kraft sammeln können; sie werden ausgelichtet, gemulcht und ihre Ableger in ein neues Beet gepflanzt. Tomaten bindet man weiterhin auf und entfernt die Geiz- oder Geiltriebe.

Hochsommer

Zuckererbsen, Schal- und Markerbsen werden reif, auch die ersten Frühkartoffeln. Das ist eine gute Kombination auf dem Teller. Auf den abgeernteten Kartoffelbeeten können noch die letzten Buschbohnen, Radieschen, Spinat, Blattsalat, Feldsalat, Radicchio und Wintergemüse wie Karotten, Teltower Rübchen, Rettich, Chinakohl, Wurzelpetersilie, Knollenfenchel und Rote Beete ausgesät werden.

Zucchini sollten täglich, oder sobald sie etwa eine gute Handspanne lang sind, geerntet werden, denn solange man die jungen Früchte schneidet, produziert die Pflanze neue Blüten. Die Erdbeerernte ist vorbei. Himbeeren, Johannisbeeren und Stachelbeeren werden nun reif. Wenn die Vögel sich für die Beeren interessieren, sollte man Netze über die Beerenbüsche spannen. Mulchen oder Hacken und Bewässern sind nun die wichtigsten Pflegearbeiten.

»Wir trocknen unsere Kräuter zu Büscheln gefasst, luftig unter die Dachbalken gehängt. Früher glaubte man, dass das auch gegen Blitzschlag hilft.«

Frühherbst

Das Wort Herbst ist verwandt mit dem englischen *harvest* (=Ernte). Für die alten Europäer fing nun die Erntezeit an. Auch für den Gemüsegärtner ist die Ernte voll im Gang. Es ist Zeit der Fülle. Die Erntegöttin schüttet ihr Füllhorn aus. Pflanzen, die man für die Samenzucht behalten will, sollten nun markiert werden. Mitte August ist die beste Zeit, um die Heil- und Gewürzkräuter zu ernten und zu trocknen. Mariä Himmelfahrt (15. August) war seit Jahrhunderten der Tag, an dem die Kräuterbüschel zusammengestellt und geweiht wurden. Grüne Bohnen können nun eingemacht, eingelegt oder als Dörrbohnen getrocknet werden.

Die geernteten Zwiebeln werden locker zusammengebunden und anschließend luftig an einem trockenen Ort, etwa unter dem Dach, aufgehängt, damit sie bis zum nächsten Jahr halten.

SAATGUT SELBER ZIEHEN

Man lässt die Samen an der Mutterpflanze so lange wie möglich reifen. Eine über die Samenstände gebundene Tüte schützt die Samen vor Vogelfraß oder Ausfall. Oft kann man die reifen, trockenen Samen in der Tüte ausdreschen. Bohnen, Erbsen und Mais lässt man in den Hülsen bzw. Kolben nachreifen. Fleischige Früchte wie Tomaten, Kartoffelbeeren, Kürbisse, Gurken, Auberginen oder Paprika lässt man am Stock überreif werden. Dann kratzt man die Samen heraus und legt sie für einen oder zwei Tage in Wasser, damit sie leicht gären – so säubert man sie vom klebrigen Fruchtfleisch. Daraufhin trocknet man sie auf Löschpapier oder feinmaschigem Gitter, ehe man sie verstaut.

Einjährige

Die Samen von einjährigen Gemüsepflanzen wie Hülsenfrüchten, Nachtschattenarten, Gurken und Kürbisarten, Radieschen, Chinakohl, Gartenmelde, Kopfsalat, Kresse, Spinat und Neuseeländer Spinat kann man innerhalb eines Jahreslaufs gewinnen.

Zweijährige

Zweijährige Arten, wie die verschiedenen Kohlsorten und die Doldenblütler (Karotten, Pastinaken, Wurzelpetersilie usw.), Rote Bete, Mangold, Porree und Zwiebeln brauchen ein Jahr Winterruhe mit tiefen Temperaturen. Erst im zweiten Jahr blühen sie und bringen Samen hervor. Man belässt diese Mutterpflanzen also den Winter hindurch im Beet unter einer schützenden Mulchdecke, oder man gräbt sie mitsamt Wurzelballen aus und bewahrt sie bis zum Frühling im Wurzelkeller auf, ehe sie wieder ins Beet ausgepflanzt werden. Falls Fenchel, Sellerie oder auch Porree schon im ersten Jahr in die Blüte schießen, nimmt man diese frühreifen Exemplare nicht als Saatgut. Auch die Samen von Hybrid-Sorten eignen sich nicht, da man nicht weiß, wie die nächste Generation aussehen wird oder welche Eigenschaften sie besitzt.

Bei manchen Gemüsepflanzen werden die Blüten von Insekten bestäubt, andere vom Wind, und wieder andere sind Selbstbestäuber. Letztere – wie Tomaten, Bohnen, Erbsen oder Mais – machen es dem Gärtner leicht, Saatgut zu gewinnen.

Vorsicht, Kreuzung!

Bei anderen Pflanzen ist die Saatgutgewinnung etwas schwieriger. Bei Salat soll man vorsichtig sein, dass kein Stachellattich in der Nähe wächst, der mit ihm Bastarde erzeugen könnte. Auch Haferwurzel, Chicorée und Gartenlöwenzahn könnten mit wild wachsenden Verwandten wie Wiesenbocksbart, Wegwarte oder Feldlöwenzahn kreuzen. Man muss aufpassen, dass Paprikaschoten und Chili sich nicht gegenseitig bestäuben. Die Zucchini können mit anderen Kürbisarten wunderliche Bastarde hervorbringen. Die windbestäubten Beta-Arten, wie Rote Bete, Zuckerrübe oder Mangold, können unerwünschte Kreuzungen hervorbringen. Selbstverständlich kreuzen sich auch die von Bienen und Schmetterlingen angeflogenen Kohlsorten sehr leicht. Die Gartenmöhre wird manchmal von der Wilden Möhre bestäubt, wobei die Nachfahren dann oft harte, holzige Wurzeln haben. Die Gewinnung von eigenem Saatgut ist also nicht ganz einfach und erfordert Hingabe, gute Beobachtung und Erfahrung.

Spätherbst

Im September wandern bei uns die Schumpe (Jungvieh) wieder hinunter ins Tal. Die Sonne zieht hinab ins Sternbild der Jungfrau. Nach der Herbst-Tagundnachtgleiche werden die Tagesstunden kürzer als die Nachtstunden. Es wird kühler. Es kann jederzeit Frost geben. Im Garten geht das Abernten weiter. Äpfel, Birnen, Pflaumen, Zwetschgen, Vogelbeeren, Brombeeren, Holunderbeeren und anderes Obst und Wildobst laden zur Ernte ein. Weißkohl und geplatzte Spitzkohle und Wirsingkohle können nun zu Sauerkraut verarbeitet werden, Gurken werden eingemacht, Tomaten geerntet, eingelagert oder getrocknet. Es gibt also, wie im Frühling, wieder alle Hände voll zu tun. Im Gemüsegarten kann man noch Knoblauchzehen in die Erde setzen. Die Herbstrüben, die Teltower Rüben, der Feldsalat und andere späte Saaten werden vereinzelt und gepflegt. Wenn es nicht schon vorher geschehen ist, werden die abgeernteten Beete mit Gründüngung eingesät. Nun blühen die Knollensonnenblumen, die Topinambur – ein sicheres Zeichen, dass die nahrhaften Knollen nun reif zum Verzehr sind.

Um die Saison zu verlängern, kann man Tomaten und Paprika noch mit einem Folienzelt schützen und mit einem Wurzelextrakt aus dem Japanischen Staudenknöterich behandeln, um Mehltau und Grauschimmel vorzubeugen. Erdbeeren, Spargel und Rhabarber werden nun mit verrottetem Mist gemulcht und mit Fichtenzweigen zugedeckt. Zuckerhut und Feldsalat können laufend geerntet werden, sodass man bis Winteranfang immer frisches Salatgrün auf dem Teller hat. Am Ende der Saison lohnt es sich, den Kompost noch einmal umzusetzen und den Haufen dann über den Winter mit einer Schicht Laub oder Stroh zu bedecken. Die leeren Beete, falls sie nicht mit Gründüngersaat bedeckt sind, kann man entweder mit einer

Der erste Oktoberschnee ist schon fast wieder verschwunden, doch jetzt wird es Zeit, die frostempfindlichen Gemüse zu ernten und einzulagern – etwa Steckrüben und Mangold.

Mulchdecke aus Stroh oder Laub bedecken oder leicht umgraben. Da das Leben nun zur Ruhe kommt, können Obstbäume und Beerenbüsche gepflanzt werden. Die wichtigste Aufgabe ist nun das Einlagern der Ernte.

Der dunkle Mond im November signalisierte für die europäischen Ureinwohner das Ende des Jahres. Für die Kelten war es Samhain oder Halloween. Nun wurde nichts mehr geerntet, weder Obst noch Beeren oder Kräuter. Diese gehörten nun den *Pukken*, den Geistern, und waren für die Menschen tabu. Das Vieh kam nun endgültig von der Weide in den Stall; die Menschen blieben mehr im Haus und verrichteten häusliche Arbeiten wie das Spinnen und Weben. Auch für den Gärtner ist das Jahr vorbei. Das Wintergemüse ist zum großen Teil abgeerntet und eingewintert, Gartenwerkzeuge sind repariert, geputzt und eingelagert. Eventuell sollten noch die Obstbäume mit Maschendraht vor hungrigen Feldhasen geschützt werden.

Strengen Frost halten nur wenige Gemüsepflanzen aus. Hier trotzen Grünkohl und Lauch der Kälte – sie können auch im Winter auf dem Beet bleiben. Eine Schneedecke schützt sie, macht aber das Ernten schwierig.

Winter

Wann genau der Winter mit Eis und Schnee Einzug hält und der Jahreskreis sich schließt, hängt von der geographischen Lage ab. Bei uns kommt der erste Schnee schon im Oktober, anderswo erst um Weihnachten. Der Gemüsegarten ruht, dort gibt es nun nichts mehr zu tun. Die kristallinen kosmischen Kräfte durchwirken den Erdboden in Form von Frostkristallen und Schnee und hinterlassen eine gute Bodengare.

EINLAGERN DER ERNTE

Grünkohl, Rosenkohl, Lauch und Feldsalat kann man getrost auf den Beeten lassen und bei Bedarf ernten – solange der Schnee sie nicht vollkommen bedeckt. Nach dem Frost schmecken Grünkohl und Rosenkohl besonders gut. Auch viele Wurzelgemüse halten sich in ihren Beeten in der Erde am besten. Man kann sie mit der Grabforke ernten, solange der Boden nicht hart gefroren ist. Wenn die Wühlmäuse es nicht zu arg treiben, lassen sich auch Pastinaken, eventuell auch Möhren, Schwarzwurzeln, Haferwurzeln, Petersilienwurzeln und Zuckerwurzeln gut im Gartenbeet überwintern. Eine dicke Schicht Stroh oder Mulch helfen, dass die Wurzelhälse nicht erfrieren. Topinambur und Knollenziest sollte man ebenfalls in der Erde lassen, denn im Keller gelagert bleiben sie nicht knackig frisch.

Wurzelkeller

Die beste Art, das geerntete Gemüse über den Winter zu lagern, ist die Unterbringung in einem kühlen, feuchten Wurzelkeller. Alte Häuser verfügen hie und da noch über einen solchen Keller. In den gut isolierten Kellern der neueren Häuser ist es zu warm und zu trocken für ein Gemüselager. Auch eine ungeheizte Garage oder ein kühler Abstellraum eignen sich als Winterlager.

Man kann sich aber auch im Garten einen Wurzelkeller bauen oder Erdmieten anlegen. Der Boden eines solchen Kellers besteht am besten

Wurzelgemüse und Kohl lässt sich in Sand eingeschlagen im Keller lagern oder auch in einer Erdmiete im Freien. Wer keine Miete hat, wickelt die Kohlköpfe in Zeitungspapier und lagert sie in Kisten gepackt.

aus gestampften Lehm, und der Keller sollte mit einem Belüftungsschacht oder -rohr versehen werden. Schließlich sind die Wurzeln und Kohlköpfe lebendig und atmen. Wenn man keinen Keller für das Einwintern zur Verfügung hat, kann man einen Schacht ausheben oder auch das leere Mistbeet verwenden. Die Grube, ungefähr 50 bis 75 Zentimeter tief, wird zusätzlich mit Laub oder Stroh ausgelegt und, um Mäuse abzuhalten, mit einem feinen Maschendraht ausgekleidet. Das in Schichten eingelagerte Wurzelgemüse deckt man dann mit Laub ab, eventuell kommt noch eine Schicht Erde, Bretter und/oder Strohballen darüber.

Gemüse und Kartoffeln sollten unbedingt getrennt von Äpfeln aufbewahrt werden. Die Äpfel geben Äthylengas ab, das die anderen Gemüse schneller reifen und verderben lässt.

Lagergemüse sollte im Spätherbst bei kaltem Wetter geerntet und verstaut werden, ohne dass es noch einmal warm wird. Man lagert nur die gesunden Pflanzenteile ein, keine verletzten, wurmstichigen oder angenagten. Diese würden nämlich schneller faulen.

Von Karotten, Knollensellerie und Roter Bete dreht man das Laub ab. Es soll nicht mit dem Messer abgeschnitten werden, denn dann »verbluten« die Wurzeln leichter und werden faul. Sie können gut in Sand, notfalls auch in feuchte Sägespäne eingepackt gelagert werden. Der Lagerraum sollte kühl und dunkel sein und nicht allzu feucht, aber auch nicht zu trocken. Wenn es zu warm und zu feucht ist, treiben die eingelagerten Gemüse aus. Die ideale Temperatur liegt um die 3 Grad Celsius; die ideale Luftfeuchtigkeit beträgt etwa 80 Prozent.

Kohlköpfe kann man umgedreht in Sand einschlagen oder sie in Kisten, aber nicht zu eng gepackt, auf Regalen aufbewahren. Den Kohl sollte man jede Woche nach faulen Blättern inspizieren und diese entfernen. Auch Endivien, Zuckerhut und Chinakohl lassen sich in Zeitungspapier in Kisten aufbewahren.

Zwiebeln mögen es nicht so feucht und kalt. Man lagert sie luftig, etwa in einem ungeheizten Raum oder auf dem Dachboden in Gemüsekisten, oder hängt sie zu Zöpfen geflochten unter die Decke.

Auch die Kürbisarten vertragen keinen feuchten Gemüsekeller. Man sollte sie unbedingt vor dem Frost ernten und dann an einem kühlen, luftigen Ort aufbewahren.

Trocknen

Vom Dörrobst (Trockenbeeren und Apfelschnitz) haben wir schon kurz gesprochen (siehe Seite 67). Das Trocknen macht zwar ein bisschen Arbeit, aber auch Gemüse lässt sich gedörrt gut aufbewahren. Dazu muss man es erst säubern, in kleine Stücke schneiden, blanchieren – das heißt, kurz in kochendes Wasser tauchen – und dann an der Luft trocknen. Zum Trocknen legt man die Stücke in Netze, die am besten an der Decke in der warmen Stube, in der Nähe von Herd oder Kachelofen, aufgehängt werden. Oder man schichtet sie luftig in Kisten, deren Böden aus dünner Gaze oder Siebblech bestehen. Man kann auch Girlanden mit aufgefädelten Bohnen, Tomaten, Stielmangold und anderem geeigneten Gemüse unter die Zimmerdecke hängen. Gut gedörrtes Gemüse hält sich lange und nimmt wenig Lagerraum ein.

Einlegen und Einsäuern

Beim Einlegen wird Gemüse in Essig oder Öl konserviert. Einsäuern bedeutet das Haltbarmachen von Gemüse durch Milchsäuregärung. Das bekannteste milchsauer vergorene Gemüse ist das Sauerkraut, das aus Weißkohl hergestellt wird. Das vorgesehene Gemüse – Kohl, Möhren, Gurken, Bohnen, Zwiebeln, Sellerie, Rote Bete, Rüben und so fort – wird sorgfältig gesäubert, in Steingutbehälter geschichtet, mit einer Salzlake (15 Gramm Meersalz pro Liter Wasser) übergossen, die bis 2 Zentimeter unter den Gefäßrand reicht, und dann mit einem Deckel abgedeckt. Gewürze wie Dill, Kümmel oder Wacholderbeeren geben Geschmack. Das Salz verhindert, dass sich Fäulnisbakterien ansiedeln. Die Gärung gedeiht am besten bei Zimmertemperatur. Man sollte jede Woche mindestens einmal schauen, ob die Gärung richtig verläuft, und dabei den oberen Rand mit Salzwasser abwischen.

Wenn die Ernte gut untergebracht und das Holz im Schuppen aufgeschichtet ist, dann kann der Winter kommen. Auch wenn die kalte Jahreszeit bei uns auf dem Berg lange dauert, freuen wir uns auf die Ruhepause im Gartenjahr. Wie die Murmeltiere igeln wir uns in unserem warmen Haus ein, schüren das Feuer im Ofen und freuen uns über die Fülle an Gemüsen, Obst und Kräutern, die uns das vergangene Jahr geschenkt hat. Dieses Gefühl der wohligen Zufriedenheit über selbst gezogene und selbst geerntete Nahrung wiegt die Mühe des Gartenjahres auf – es ist ein Glücksgefühl, das uns gekaufte Lebensmittel nie vermitteln. In unserem Winterschlaf schöpfen wir wieder Kraft und Energie für das nächste Gartenjahr in Licht und Sonne – ebenso wie die Pflanzen in unserem Garten.

Rosenkohl schmeckt besonders gut, wenn er Frost abbekommen hat. Er bleibt den ganzen Winter auf dem Beet, sodass der Gärtner selbst im Januar frisches Gemüse aus dem eigenen Garten ernten kann.

NÜTZLICHE ADRESSEN UND LITERATURHINWEISE

Adressen

Deutschland:

www.artemisia.de
Artemisia Allgäuer Kräutergarten bietet ökologisch angebaute Kräuter, Heil- und Gewürzpflanzen.

www.blumenschule.de
Die Blumenschule in Schongau hat eine große Auswahl biologisch gezogener Pflanzenschätze.

www.dreschflegel-verein.de
Der gemeinnützige Verein Dreschflegel e.V. unterstützt biologische Züchtung, informiert über Agro-Gentechnik und fördert die Pflanzenvielfalt. Im Online-Shop kann man Saatgut beziehen.

www.gentechnikfreie-saat.de
Die Interessengemeinschaft hat das Ziel, Saatgut ohne Gentechnik zu sichern.

www.lueneburger-landgarten.de
Kooperation von Erzeugern, Gastronomen, Vermarktern und Hobbygärtnern des Lüneburger Landes. An Hobbygärtner werden Saatgut und Kartoffeln alter Sorten abgegeben.

www.nutzpflanzenvielfalt.de
Der Verein zur Erhaltung der Nutzpflanzenvielfalt e.V. verschickt eine Samenliste, anhand derer Saatgut bestellt werden kann.

Österreich:

www.arche-noah.at
Gesellschaft für die Erhaltung der Kulturpflanzenvielfalt und ihre Entwicklung.

www.reinsaat.co.at
Die Firma Reinsaat in Österreich züchtet und verkauft biologisch-dynamisch erzeugtes, samenfestes Saatgut für Gemüsepflanzen.

Schweiz:

www.prospecierara.ch
ProSpecieRara ist eine schweizerische Stiftung für die kulturhistorische und genetische Vielfalt von Pflanzen und Tieren. Die Seite informiert über die Aktivitäten der Stiftung zur Erhaltung gefährdeter Arten von Kulturpflanzen und Nutztierrassen.

Bücher von Wolf-Dieter Storl
(Auswahl)

Bekannte und vergessene Gemüse. Ethnobotanik, Heilkunde und Anwendungen, AT Verlag, Aarau (CH)

Der Kosmos im Garten. Gartenbau nach biologischen Naturgeheimnissen als Weg zur besseren Ernte, AT Verlag, Aarau (CH)

Der Selbstversorger: Mein Gartenjahr. Säen, pflanzen, ernten, Gräfe und Unzer Verlag, München

Die alte Göttin und ihre Pflanzen. Wie wir durch Märchen zu unserer Urspiritualität finden, Kailash, München

Heilkräuter und Zauberpflanzen zwischen Haustür und Gartentor, AT Verlag, Aarau (CH)

Ich bin ein Teil des Waldes. Der Schamane aus dem Allgäu erzählt seine Lebensgeschichte, Franckh-Kosmos, Stuttgart

Mit Wolf-Dieter Storl durch's Jahr 2017, Aurum in J. Kamphausen Mediengruppe, Bielefeld

Ur-Medizin. Die wahren Ursprünge unserer Volksheilkunde, AT Verlag, Aarau (CH)

Wandernde Pflanzen. Neophyten, die stillen Eroberer - Ethnobotanik, Heilkunde und Anwendungen, AT Verlag, Aarau (CH)

Ein vollständiges Verzeichnis der Bücher von Wolf-Dieter Storl und viele weitere Informationen finden Sie auf der Website **www.storl.de.**

Der Selbstversorger: Das Videoportal

www.der-selbstversorger.de

Do it yourself – Gartenvideos mit den besten Gartentipps, Ideen und Anleitungen von Wolf-Dieter Storl. Ein verständlicher Video-Ratgeber für Anfänger und Fortgeschrittene gleichermaßen.

REGISTER DER DEUTSCHEN UND LATEINISCHEN PFLANZENNAMEN

STICHWORTREGISTER

Der Autor

Dr. Wolf-Dieter Storl,

geboren 1942 in Sachsen, ist Kulturanthropologe, Ethnobotaniker und Autor. Als er elf Jahre alt war, wanderten seine Eltern nach Ohio aus, wo er seine Freizeit größtenteils in der Wildnis der Wälder verbrachte. Er studierte Botanik und später Anthropologie. Nach dem Studienabschluss wurde er Vollzeitdozent für Soziologie und Anthropologie. Er promovierte in Bern zum Doktor der Ethnologie. Es folgten Lehraufträge an internationalen Universitäten. Wolf-Dieter Storl unternahm viele Reisen in ferne Länder und betrieb ethnografische und ethnobotanische Feldforschungen. Das Gärtnern, aber auch die ursprüngliche Natur, die Wildpflanzen und Tiere, waren immer schon seine Quelle der Inspiration. Seit 1988 lebt er mit seiner Familie im Allgäu.

Der Fotograf

Frank Brunke,

geboren 1960 am Rand der Schwäbischen Alb, interessierte sich von Kindheit an für die Pflanzenwelt seiner Umgebung. Er arbeitete als Landschaftsgärtner und Gartengestalter, studierte die Pflanzen, führte viele eigene Versuche durch und eignete sich über Jahrzehnte ein umfassendes Fachwissen an. Aufenthalte in verschiedenen europäischen und asiatischen Ländern erweiterten seine botanischen Kenntnisse. Aus einem tiefen persönlichen Erlebnis heraus entwickelte sich das Verlangen, Pflanzen und ihren Charakter fotografisch festzuhalten. Frank Brunke leitet Seminare und Naturführungen für Kinder, Jugendliche und Erwachsene. Seit 1992 lebt er mit seiner Familie im Allgäu.

GU ist eine eingetragene Marke der GRÄFE UND UNZER VERLAG GmbH, www.gu.de

ISBN 978-3-8338-5894-9
8. Auflage 2022

Aktualisierte Neuausgabe von Der Selbstversorger. Das Praxisbuch zum Eigenanbau, GRÄFE UND UNZER VERLAG GmbH, 2013, ISBN 978-3-8338-2657-3

Projektleitung: Anja Schmidt (Erstausgabe), Maria Hellstern (Neuauflage)
Lektorat: Dorothea Steinbacher
Bildredaktion: Petra Ender (Neuauflage)
Covergestaltung: Anzinger und Rasp, München
Layout: Sabine Krohberger, ki 36 Editorial Design, München
Satz: Petra Schmidt (Erstausgabe); Ludger Vorfeld (Neuauflage)
Herstellung: Susanne Mühldorfer
Repro: Repro Ludwig, Zell am See
Druck: aprinta, Wemding
Bindung: m.appl, Wemding

Bildnachweis:

Alle Fotos in diesem Buch stammen von Frank Brunke, mit Ausnahme von:

Blickwinkel: 167-1; Botanikfoto: 95; Florapress: 37-3, 167-2; Björn Gaus: 192-1; GettyImages: 35-4, 37-2; Fotolia: 9; Fotosearch: kleine grüne Illus; Bernhard Haselbeck: Cover, 192-1; Bettina Stickel: Illustrationen 53, 117; Sabrina Rothe: Aufmacher (Styling: Pia Janssen); Stefan Ibele: 192-2; Pixelio: 160; Frank Teigler: 108-2; Shutterstock: 27-1, 28-2, 29-2, 92-2, 96-1, 96-3, 103-4, 111-1; Ingo und Ingrid Lisa Storl: 24, 25, 26, 27-2, 28-1, 28-3, 29-1, 29-3, 30, 32, 33, 34, 35-1, 35-2, 35-3, 36, 37-1, 47, 48, 86, 87, 88, 91, 92-1, 92-3, 92-4, 96-2, 96-4, 99, 100, 103-1, 103-2, 103-3, 105, 106, 108, 111-2, 113, 163, 164, 166; Wikipedia Commons: 169.

www.facebook.com/gu.verlag

QUALITÄTS G|U GARANTIE

LIEBE LESERINNEN UND LESER,

wir wollen Ihnen mit diesem Buch Informationen und Anregungen geben, um Ihnen das Leben zu erleichtern oder Sie zu inspirieren, Neues auszuprobieren. Wir achten bei der Erstellung unserer Bücher auf Aktualität und stellen höchste Ansprüche an Inhalt und Gestaltung. Alle Anleitungen und Rezepte werden von unseren Autoren, jeweils Experten auf ihren Gebieten, gewissenhaft erstellt und von unseren Redakteur*innen mit größter Sorgfalt ausgewählt und geprüft.

Haben wir Ihre Erwartungen erfüllt? Sind Sie mit diesem Buch und seinen Inhalten zufrieden? Wir freuen uns auf Ihre Rückmeldung. Und wir freuen uns, wenn Sie diesen Titel weiterempfehlen, in Ihrem Freundeskreis oder bei Ihrem Online-Kauf.

Sollten wir Ihre Erwartungen so gar nicht erfüllt haben, tauschen wir Ihnen Ihr Buch jederzeit gegen ein gleichwertiges zum gleichen oder ähnlichen Thema um.

KONTAKT ZUM LESERSERVICE

GRÄFE UND UNZER VERLAG
Grillparzerstraße 12
81675 München
www.gu.de

GRÄFE UND UNZER

Ein Unternehmen der
GANSKE VERLAGSGRUPPE

Wichtiger Hinweis

Manche der in diesem Buch vorgestellten Pflanzen sind regional geschützt, bzw. Anbau und Verbreitung sind untersagt. Dazu zählen insbesondere Pflanzen, die als aggressive Neophyten eingestuft werden oder die unter das Betäubungsmittelgesetz fallen wie etwa Hanf. Bitte informieren Sie sich bei den Behörden Ihres (Bundes-)Landes über die geltenden Vorschriften. Wild wachsende Pflanzen, die nicht unter Naturschutz stehen, dürfen in der Regel genutzt werden; sammeln Sie jedoch nur einzelne Pflanzen, sodass der Bestand geschont wird. Die Informationen in diesem Buch wurden von Autor und Verlag sorgfältig geprüft. Dennoch kann bei Schäden, die durch die gegebenen Tipps, Hinweise und Rezepte entstehen, keine Haftung übernommen werden.